邱伟云 著

道不远人

中国近代『道』概念
的盈虚消长

中西書局

本书为教育部人文社会科学研究规划基金项目"数字人文视野下中国近代'道'的概念的转型与变迁研究"(19YJA770012)成果

目　　录

自　序

　　2007年我进入台湾政治大学就读博士，原本研究明代邱濬的理学与史学思想，在博二阶段修习了金观涛老师开设的"观念史研究"与"中国政治思想史"两门课程后，就一头栽进了中国近代思想史研究的行伍中，那年是2009年。而后2010年，金观涛与刘青峰老师在政大组织了一个学术研究群，目的是共同讨论如何利用数据库方法进行中国近代政治观念史的研究，当时参加的学友很多，台湾的几所顶尖高校都有学友前来参与（约有十几个人），每两周一次的学友汇报甚是精彩，可以听到不同学友汇报各自研究观念的最新情况，如"主义""自然""英雄""民族主义""迷信"等等。虽然学友们汇报的观念各异，却都同时分润共享着同一个时代语境，因此得以在聆听他人的观念研究时也滋养着自身对于中国近代思想语境的理解，这是一种很好的学术组织与氛围。然时光虽好却为时不久，殊为可惜，当时学友们或因课业繁忙，或因面临毕业论文压力，或因畏惧数据库方法视野下需读的史料相对以往一般定性研究方法中选精集粹式的文献更多之难，而渐渐不来参与两周一次的汇报，最后学术研究群的规模缩小，只剩我与两个学弟继续跟着老师们进行相关讨论。正是在此时，我们在台湾大学项洁老师举办的第二届数字人文国际研讨会中发现，原来我们的思考与尝试可以称为"数字人文"，此刻在政治大学内部随即由郑文惠老师领衔组织了跨领域的数字人文学研究团队，同步开启了政治大学的数字人文研究探索工作。在政治大学的数字人文探索中，计算机、统计学、历史、文学、哲学、政治学等不同领域的研究者共聚一堂，诸位学友们"各显神通"，天马行空地思考应当如何基于叙述统计与自然语言处理技术，去处理数据库中高达一亿两千万字的中国近代巨量史料，从中挖掘出有用的历史信息，这正是我十三年来数字人文学探索工作的起点。

　　在持续参与政治大学数字人文研究探索工作的过程中，我一并准备着毕业论文，当时实在是不敢以数字人文方法撰写博士论文，而是用一般观念史研究方法去讨论中国近代"平等"观念的形成轨迹与历史意义此一问题。之所以未敢使用数字人文方法去写博士论文，是因为那个时候"数字人文"还是个刚刚起步的研究方法，没有人能担任答辩委员，也无法用以作为敲门砖在大学中谋得教职。因此一方面为了谋职需求，一方面也是因为当时"数字人文"的主体性尚未确立，2013年我在台湾大学社会系林端教授与台湾政治大学中文系林启屏教授的指导下，仍是基于一般定性的人文社科方法完成了博士论文，有趣的是这部论文还获得了台湾中文学会第一届"四贤博士论文奖"的第二名，因为是第一届，所以第一名从缺，以候来者。后来因为取得博士学位后比较有底气，开始敢于进行新的研究尝试，毕业后就立即投入由政治大学郑文惠老师主持、金观涛老师担任共同主持人的大型数字人文研究计划项目，担任博士后研究员。从2013年进站到2016年出站，三年中我与团队成员专心一意地从事数字人文研究方法的各种探索，正是在这个时期研发出了诸多数字人文研究方法，并在多次参与数字人文国际会议的过程中，发现东西方在数字人文研究发展上是同步的，不像过去东方都是慢西方一步，是跟着西方之后学步的姿态，这很鼓舞团队成员。博士后的三年是我最全心全意创研数字人文方法的时光，由于前无古人，所以每一个创想都是新的，但每一个创想也都因为没有前人"背书"而必须小心翼翼地以厚重的论文成果去证明其存在的合理性，因此当时团队成员发表了很多厚重的数字人文研究论文，而我对"数字人文"这一概念的掌握也在一篇篇论文的发表中逐步清晰与明朗。

2016年我从台湾政治大学博士后出站，随即到湖北经济学院新闻与传播学院任教，虽仍保持与台湾政治大学数字人文团队的交流和合作关系，但因相隔遥远，也因需花大量时间进行备课与授课，因此无法像之前那样有宽裕的时间去天马行空地创想数字人文新方法。然而我不想放弃数字人文这一有趣的研究方向，因此当时唯一能做的就是尝试将之前团队成员们共同提出的诸多数字人文方法进行沉淀与锤炼，汇聚出一套数字人文方法论。这一工作在2017年我从湖北经济学院调至山东大学历史文化学院后，在优良的教研环境下初步完成，我开始推进沉淀数字人文方法论的想法，以我最感兴趣的价值观概念为题，运用数字人文方法探索各种价值观的演变轨迹。我关注讨论的正是本书主题——"道"的概念，因为这一概念可以说是中华文化的根本核心概念之一，古往今来几乎无人不谈，但"道"到底是什么？似乎即使有着汗牛充栋般的定性研究成果，仍无法给出一个明确的边界性定义。因此我思考能否用定量方法描绘出"道"概念的内涵与外延及其近代转型历程，并由此延伸参与到"中国式现代性"此一大命题的讨论中。基于此，我从2017年开始进行相关研究，探索过程中，在几个传统人文领域的研讨会中进行相关汇报,但似乎都没有引起讨论,因为当时数字人文给一般人文研究者的感觉就是"不明觉厉",虽不懂其内涵,但见到诸多数据与可视化图表后,便在"科学"的光芒底下觉得"厉害",但为何"厉害"、亮点何在又似乎难以掌握,因此当时实未产生有益的对话。这经验启示了我应该要为数字人文的发展再做些什么,以求让数字人文为人文社会科学界所接受。为此,我基于之前的研究基础,申请并获得了2019年教育部人文社会科学研究规划基金项目的立项支持。

从项目通过至本书出版历经四年,其中受到外部环境如新冠肺炎疫情,内在因素如结婚、生子、育儿,还有我2021年从山东大学调至南京大学等种种人生重大事件的影响,四年后我才完成此一研究计划,最终交出了我自2010年开始投入数字人文研究至今长达十三年探索时光的一份答卷,虽仍有不满意之处,却也是我对数字人文学到底是什么、能做什么、人文学科为何需要数字人文方法等一系列问题的回答。在这份厚重的答卷中终于确立了一套数字概念史方法,用此方法重审了中国近代思想转型的几个重要命题,观察并提出了中国近代思想转型发展中所内在具备的一种独特的"有机盈虚消长机制"。这份厚重的答卷作为十三年探索时光的独白,其中有很多问题还可以并且也必须再进一步展开讨论,诸如方法学,以及目前参与计算的史料数据仍不够全面等问题,但我必须先交出一份答卷,才能作为师友们未来的研究"靶子",让各位师友在批判讨论中获得更进一步的数字人文研究思考,希望能达到"旧学商量加邃密,新知培养转深沉"的功效,如此方不负这份厚重答卷的存在意义。

而在长达十三年的数字人文探索过程中要感谢的人太多,首先要感谢的是金观涛与刘青峰老师,谢谢两位老师带领我走入数字人文的研究世界,他们认真治学的精神影响着我直到现在,对我来说他们是经师也是人师,是我毕生学习的典范。其次要感谢的是台湾政治大学的郑文惠老师,从博士一年级开始我便修习她开设的"空间、记忆与文学、文化研究专题"课程,并长期参与由她主持的中国近代画报研究群,因郑老师的引领,我开始意识到中国近代文化与思想如此丰富有趣,而有从明代转向近代研究的念头。她对政治大学数字人文团队贡献卓著,负责着组织申请计划、组织研究团队、主办刊物、召开各种重要会议等事务,长期为护持数字人文学发展而努力,我在过去的数字人文探索过程中也是与她讨论最多,很多新的研究创想与实践都是在与她的对话合作下出现的,感谢她在我修读博士与担任博士后的九年时光中的各种支持。再次,要感谢我在台湾政治大学数字人文研究团队担任博士后的三年中与我合作的师友们,如统计学系的余清祥老师和梁颖谊老师，资讯科学系的刘昭麟老师和沈锰坤老师，也许是跨领域的关系，我与这些计算机学界与统计学界的"大佬"们能亦师亦友，无话不谈，因为轻松的关系而能进行各种有趣的发想，他们是我数字人文探索中最重要的跨领域合作伙伴。再次是我在数字人文学圈子中遇见的诸多师友，感谢大家对我提供的很多帮助，谢谢台湾大学项洁老师，北京大学王军老师、杨浩老师、朱本军老师、邵燕君老师、苏祺老师、位通老师，南京大学陈静老师、王涛老师、陈刚老师、梁晨老师，澳门理工大学桑海老师，浙江大学姜文涛老师，武汉大学王晓光老师，哈尔滨工业大学深圳校区何捷老师，江西师范大学左家莉老师，山东大学苗威老师，华东师范大学许鑫老师，南京农业大学李惠老师，南京师范大学李斌老师，上海外国语大学欧阳剑老师，中国社科院文学研究所赵薇老师，清华大学数字人文研究团队的刘石老师、李飞跃老师，德国马克斯-普朗克研究所陈诗佩研究员，韩国翰林大学宋寅在老师，韩国首尔大学许洙老师，美国莱斯大学赵沈允老师，等等诸位，还有中国中文信息学会社会媒体处理专委会的各位计算机学界的师友们，感谢他们在各自领域对我的启发，让我加深了对数字人文学的深入思考。

　　学术研究探索绝对离不开知音、伯乐在物质层面的支持与精神层面的肯定和帮助，这其中包含着项目支持、平台支持、学术支持与友情支持等。在项目支持方面，感谢在我十余年的数字人文探索工作中诸多项目计划的支持，使得研究工作得以持续，特别是本书研究资料主要来自中国近代思想史专业数据库与英华字典数据库，特此感谢。在平台支持方面，感谢中西书局大力支持及几位编辑的用心，让本书得以付梓面世；感谢长期以来肯定并支持我数字人文研究探索工作的刊物，包括《清华大学学报》《南京大学学报》《新亚学报》《云南师范大学学报》《文艺理论与批评》《南京社会科学》《西南民族大学学报》《澳门理工学报》《图书馆论坛》《中国文哲研究通讯》《二十一世纪双月刊》等，谢谢刊物审查委员与编辑老师们的支持，让探索成果得以面世，进而能获得"2022年版人大复印报刊资料重要转载来源作者"历史学部分的收录。在学术支持方面，感谢在概念史研究领域中的诸多师友有以教我，我从他们的研究成果中得以借鉴最前沿的概念史理论与实践成果，成为我深化数字概念史方法论的养料。感谢《东亚观念史集刊》的作者群。感谢南京大学学衡研究院同仁孙江老师、张凤阳老师、李恭忠老师、李里峰老师、刘超老师、王楠老师、于京东老师、宋逸炜老师，还有复旦大学章可老师，"中研院"近代史研究所黄克武老师、陈建守老师，台湾大学韩承桦老师，北京师范大学方维规老师，谢谢他们在概念史研究上的各种研究成果，以及感谢中国美术学院中国思想史与书画研究中心的研究同仁徐莺老师、王平老师、彭卿老师等师友们与我在图像概念史研究理论方面的讨论,深化了我对图像概念史研究数字转向的认识。在友情支持方面,还须感谢过去几年来肯定我数字人文探索工作的师友们,如"中研院"文哲研究所刘苑如老师在意大利会议中给我打气,博士导师台湾政治大学中文系林启屏老师给予我研究探索的自由,"中研院"近代史研究所潘光哲老师对我做词汇概念计算的鼓励,清华大学仲伟民老师对我研究实践的肯定等,谢谢他们给予了我极大的鼓舞与心理支持。

　　当然,最后必须感谢我的家人们,感谢大家包容我长期研究探索与撰写书稿过程中的各种任性,分担了我本应对家庭付出的责任,感谢他们作为我坚强的后盾,让我终于能交出这份厚重的答卷。感谢我的父母邱治能先生与温菊金女士,在我因时空因素无法回家之际能照顾好自己不让我担心;感谢我的岳父岳母严以刚先生与王晓丽女士,在我因研究与撰写书稿而未能承担全部家庭与育儿工作时适时给予援手,分担我的任务;感谢内子严程女士,她自己也是任务繁重的高校教师,但从不曾因怀孕与育儿辛苦而埋怨我,而是尽最大力气支持我的研究探索,还对书稿进行了实质的审读工作,作为我的爱人与我研究上的对话者,她是我人生最好的伴侣。还要谢谢与这本书一起成长的小儿乃久,没有因我将时间多用于研究而不开心,虽然他才一岁半,也不知道我作为一名父亲应该陪伴他多久才算合格,不过我自己认为陪伴他不够,所以还是谢谢他包容我,因为小儿是在本书撰写过程中出生的,所以我与内子为他取名常容,小名乃久,取意知常容、道乃久,希望他未来能知常容人,如道长久。对于上述诸位师友与家人们的无尽给予,实无以为报,谨将这部厚重的答卷献给他们,也献给我十三年来为探索数字人文学所逝去的青春时光,以及未来与本书结缘的各位读者。

邱伟云 2023.4.1

南京往北京 G10 高铁上

第一章 绪 论

第一节 作为问题的"道"概念

"道"是什么？宇宙六合都要依其秩序运转，天地人都要遵循其规律与秩序，如此重要的"道"，真如老子所言"道可道，非常道"①一般不可言说吗？东西方的人类都遵循同一个"道"吗？若是，那为何无法产生一种共有的认同？若非，那么各自的"道"又是什么？能否通过探索"道"的概念，以言说解开"道"的自明性，发现求同存异的真正共有之"道"，进而凝聚出人类命运共同体的认同呢？综上，观察东方的"道"的概念在与西方之"道"相遇时的消长，追问"道"概念在盈虚之间的变与不变，擘画出共通之"道"，即本书的关切所在。

为了解答上述关切中提及的问题与实现追寻共通之道的愿景，本书将从学界集中关注的"道"的意义、去留和现代性三大议题着手讨论。

有关第一个议题，"道"的意义，包含"道"的概念和以"道"为核心的概念。"道"在东方世界的意义就如同西方的 logos 概念，乃是天地与人世共同遵守的秩序与理念，同时具备哲学与神学意涵。学界有关中国"道"的概念研究可归纳为以下三个主要方面。哲学史上，张立文曾归纳中国的"道"有六种含义，并讨论了从先秦至近代重要思想家的"道"论；②陈丽桂从出土简帛中分析"道"的哲学观念本身的内在理路；③吴展良讨论近代之际，严复（1854—1921）如何将太极、

---

① 王弼注，楼宇烈校释：《老子道德经注校释》（北京：中华书局，2008），页1。

② 关于"道"的六种含义，参见张立文：《中国哲学范畴发展史·天道篇》（北京：中国人民大学出版社，1988），页40—51。张氏从哲学史角度出发讨论"道"的概念在中国传统乃至近代的发展历程，详见张立文主编：《道：中国哲学范畴精粹丛书》（北京：中国人民大学出版社，1989）。

③ 陈丽桂：《"道"的异称及其义涵衍化——"一"与"亘"》，《成大中文学报》第46期（2014年9月），页1—32。

逻各斯(logos)、理则(rationality)、自然公例(natural law)等西方概念融入中国的"道"的概念之中。① 思想史上，宇野精一(1910—2008)指出"道"字原为道路之意，后道家解说成是经由理性思维后的抽象恒常之道，到了《左传》《国语》则出现了先王、君子、人生之道等正确之法的抽象概念意涵；②王中江指出近代中国具有"人道/正义/公理主义"与"天道/唯力/强权主义"两种"道"的类型；③罗志田指出："中学为体，西学为用"之说等于承认了中学与西学皆为"道"，只是未曾言明，就此形成中西二元对立的"道出于二"思维框架，此情况在民初之际有人开始主张以西学为尊时产生变化，出现了"道通为一"的思潮，自此就有从"道出于二"转回"道通为一"的发展趋势，④到了北伐前后，西学再发生分裂，成为中、欧、俄三足鼎立结构，因此进入"道出于三"的阶段。⑤ 训诂学上，魏培泉从字源角度出发，指明"道"字的道路名词原义，因与中国哲学重体用特色呼应，故"道"字被借以表达人事遵循的准则。⑥ 除了上述指出的直接研究"道"的概念外，以"道"为核心的概念词研究亦多，如"天道""人道""王道"诸概念都曾为学界所关注。张立文、陈来对中国传统"天道"概念内涵作过充分论述，⑦郝大维(David Hall)与安乐哲(Roger Ames)从西方观点出发研究并比较中国的"天道"概念，⑧王中江则讨论了进化主义与"天道"概念间的关系。⑨ 陈少峰指出人道主义乃由个性主义与博爱主义作为主线，以自由观念为核心所形成；⑩林怡、蓝华生探讨严复

① 吴展良：《中西最高学理的缩合与冲突：严复"道通为一"说析论》，《台大文史哲学报》第 54 期(2001 年 5 月)，页 305—332。
② 宇野精一：《道の意味とその变迁》，收入铃木博士古稀记念祝贺会编：《铃木博士古稀记念东洋学论丛》(东京：明德出版社，1972)，页 111—126。
③ 王中江：《近代中国思维方式演变的趋势》(成都：四川人民出版社，2008)，页 177—267。
④ 罗志田：《道出于二：过渡时代的新旧之争》(北京：北京师范大学出版社，2014)。
⑤ 罗志田：《道出于三：西方在中国的再次分裂及其影响》，《南京大学学报》(哲学·人文科学·社会科学)2018 年第 6 期，页 77—94。
⑥ 魏培泉：《从道路名词看先秦的"道"》，收入郑吉雄主编：《观念字解读与思想史探索——文献与诠释研究论丛》(台北：学生书局，2009)，页 1—51。
⑦ 张立文：《中国哲学范畴发展史·天道篇》。陈来：《第三章·天道》，《古代思想文化的世界：春秋时代的宗教、伦理与社会思想》(北京：生活·读书·新知三联书店，2002)，页 61—78。
⑧ David L. Hall and Roger T. Ames, *Thinking through Confucius* (Albany: State University of New York Press, 1987).
⑨ 王中江：《进化主义在中国的兴起：一个新的全能式世界观》(增补版)(北京：中国人民大学出版社，2010)。
⑩ 陈少峰：《生命的尊严：中国近代人道主义思潮研究》(上海：上海人民出版社，1994)。

的人道思想；① 章可研究"人道"一词与 Humanism、Humanitarianism 等概念间的翻译与流通过程。② 陈玮芬指出日本从"道"的跨时空普遍特性出发，连结到天皇神儒之道，提出以"皇道"消弭"王道"概念，避免"王道"概念带来汤武伐桀，鼓吹尊王的危险；③ 吴义雄则指出孙中山（1866—1925）在 1924 年反思"一战"中，推出从霸道帝国主义回转到儒家王道思想，运用中国传统以兼善天下为基础的"王道"概念，对抗西方"霸道"文化以及具有西方中心论预设的世界主义思潮，建构成其国际关系思想体系的主张，他从孙中山的王霸之道思想出发，以点带面地初步勾勒出"道"的概念在近代的发展图谱。④ 由上可见，在历史语境里，"道"的概念与总体时代思潮间呈现持续纠缠互动的发展状态。

有关第二个议题，"道"的去留，亦即"道"是消失了或是被替代了吗？近代天演论传入中国后，物竞天择、适者生存的思潮风行，以损有余而补不足为秩序规律的"道"的概念，在面对弱肉强食的天演论时，是屈服，还是抵抗，还是收摄，还是被转化？关于这一问题杨联陞（1914—1990）指出，中国传统"道"的概念内涵即天道报施、赏善罚恶思想，若"道"未能满足人的法感（the Sense of Justice），将形成"道之无用论"，以"新道"取代"旧道"。⑤ 王汎森则进一步指出中国近代有以"主义"取代"道"的现象，在近代用"主义"翻译"ism"之前，人们常使用"道"之类的字眼去翻译，如把 Socialism（社会主义）翻译成"公用之道"，而从"道"发展到"主义"，则有一从传统包容性概念转化成一贯性、排他性、意志论概念的发展趋势。⑥

有关第三个议题，在现代性之下，对带有神学意涵的传统之"道"而言，除魅与理性化的近代思想转型浪潮意味着什么？林毓生（1934—2022）指出在中国近代思想转型时代中，总体呈现一种意识形态化趋势，"五四"时期产生了政治、社

---

① 林怡、蓝华生：《从"求富强"到"尊人道"——论严复社会学思想的嬗变》，收入习近平编：《科学与爱国：严复思想新探》（北京：清华大学出版社，2001），页 166—178。

② 章可：《中国"人文主义"的概念史（1901—1932）》（上海：复旦大学出版社，2015）。

③ 陈玮芬：《近代日本汉学的"关键词"研究：儒学及相关概念的嬗变》（台北：台湾大学出版中心，2005），页 149—190。

④ 吴义雄：《王道的再发现——传统文化与孙中山的国际观念》，《学术研究》2012 年第 4 期，页 89—98。

⑤ 杨联陞：《报——中国社会关系的一个基础》，段昌国译，收入费正清（J. K. Fairbank）主编：《中国思想与制度论集》（台北：联经出版公司，1976），页 349—372。

⑥ 王汎森：《"主义时代"的来临——中国近代思想史的一个关键发展》，《东亚观念史集刊》第 4 期（2013 年 6 月），页 3—90。

会、文化三重危机，因此需要意识形态指导人们的行动方向，①这样的趋势与罗志田指出的近代的激进化、许纪霖指出的“五四”时期的政治化、王汎森指出的近代具有的主义化等趋势相互呼应，②而这些趋势恰恰指明了“道”的近代转型方向。金观涛与刘青峰二先生则在《中国现代思想的起源》一书中，敏锐地指出晚清思想界中存在一种“儒学价值逆反”现象：

> 在以道德本身为终极关怀的文化系统中，鉴于道德价值非好即坏的两极性，当某种道德被证明不可能实现或是坏的，那么，相反的价值系统就被认为是可欲的或好的，我们称这个过程为价值逆反。甲午战败宣布儒家道德理想的不可欲，普遍出现价值逆反，造就了汹涌澎湃的维新思潮，它是中国文化第二次融合的开始。③

中国近代知识分子正是在上述儒学价值逆反思潮中，改走了一条“以新为道”的发展道路，以一套有别于传统中国儒学思想，围绕着西方物竞天择、适者生存，带上“文明阶梯论”色彩的天演进化论，④重新对作为合理性与正当性基础的“道”的概念进行赋义，并以之推动由西学及日本东学处引入新思想、新制度、新事物的启蒙与救亡工作；⑤同时，知识人也以这批“道”的论述，作为启蒙、救亡、革命等社会行动的理论依据。因此从史料线索出发，可看见“道”的概念在上述

---

① 林毓生：《五四思想意识形态化的发展过程》，《热烈与冷静》（上海：上海文艺出版社，1998），页114—119。

② 以上参见罗志田：《新的崇拜：西潮冲击下近代中国思想权势的转移》，《权势转移——近代中国的思想、社会与学术》（武汉：湖北人民出版社，1999），页18—81；许纪霖：《五四：一场世界主义情怀的公民运动》，收入许纪霖主编《启蒙的遗产与反思》（南京：江苏人民出版社，2010），页256—284；王汎森：《“主义时代”的来临——中国近代思想史的一个关键发展》，《东亚观念史集刊》第4期（2013年6月），页3—90。

③ 金观涛、刘青峰：《中国现代思想的起源：超稳定结构和中国政治文化的演变》（第一卷）（香港：香港中文大学出版社，1999），页277—278。

④ 关于近代中国出现的文明阶梯论缘起与发展，参见刘文明：《欧洲“文明”观念向日本、中国的传播及其本土化述评——以基佐、福泽谕吉和梁启超为中心》，《历史研究》2011年第3期，页66—77；黄克武：《从“文明”论述到“文化”论述——清末民初中国思想界的一个重要转折》，《南京大学学报》（哲学·人文科学·社会科学）2017年第1期，页68—78。

⑤ 关于中国近代以新为道的现象，可参见罗志田：《新的崇拜：西潮冲击下近代中国思想权势的转移》，《权势转移——近代中国的思想、社会与学术》，页18—81；王中江：《近代中国思维方式演变的趋势》，页320—345；郑文惠、邱伟云：《数位人文视野下近代中国“新/旧”话语的交锋与激辩》，《清华中文学报》第22期（2019年12月），页173—246。余例不详举。

时空转换语境下,如何伴随思潮与世变,主动或被动地改变其内涵,并在"以言行事"(illocutionary force)与"以言取效"(perlocutionary force)向度上,①不断推动历史上的人、事、物前进与发展,最终完成"道的近代思想转型"发展历程。

综观前人对"道"的意义、去留和现代性的讨论,可发现尚有三点不足之处。其一,未深刻发掘出与"道"的概念互动,进而助其完成近代转型的关键概念,因此无法描绘出"道"的概念转型的发展框架,也就未能整体地指出"道"的意义。其二,过去研究皆较少关注"道的失能"现象,因此无法准确地理解"道"的去留问题,本书将结合这一现象观察并解释"道"概念的盈虚消长,指出在去留之间的另一种可能。其三,过去对"道"的现代性问题较少结合社会思潮去讨论,然而"道的近代转型"发展是不能脱离思想的,本书将关注这些思潮如何推进"道"的转型发展及其背后所共谱出的"中国现代性"内涵。本书将运用擅长处理长时段、复杂、巨量史料的数字人文方法,有效地回应以上问题,为东方之"道"的概念史研究乃至何谓"中国现代性"等宏大问题提出一己之见。

第二节　作为方法的数字人文

为勾勒"道"的概念在中国近代长时段中的发展轨迹,本书不同以往,首度运用结合概念史方法与数字人文方法后的"数字概念史方法",进行中国近代"道"的概念史研究。在本节中,将从方法论层次说明何谓"数字概念史方法",以及其与一般概念史方法间的连续性与非连续性关系,乃至一般概念史方法与数字技术如何得以跨界合作,以及在方法融合后各自为概念史与数字人文方法论带来哪些新的研究视域与发展。

一、从概念史方法到数字概念史方法

概念史方法创始于德国概念史家科塞雷克(Reinhart Koselleck,1923—

---

① "以言行事"与"以言取效"是提醒研究者除了将文本修辞看作陈述事实的叙述性文字外,还应进一步视之为一种"争辩与推动改变的工具与武器",即文本文字在语言话语阶段中,被用以进行警示、威吓、劝服,乃至使听话对象产生激进或退却行动。相关理论可参见 J. L. Austin, *How to Do Things with Words* (Cambridge: Harvard University Press, 1962); Quentin Skinner, "Interpretation and the Understanding of Speech Acts," in *Visions of Politics*, Vol. I, *Regarding Method* (Cambridge: Cambridge University Press, 2002), pp. 103‒127. 这两个概念提醒研究者除了将文本当作叙述性文字外,还应将之视为"争辩与推动改变的工具与武器",需注意观察时人理解与运用文本的过程。

2006）。德文 Begriffsgeschichte（概念史）一词最早出现于黑格尔（Georg Wilhelm Friedrich Hegel，1770—1831）在 1837 年出版的《历史哲学讲演录》（*Vorlesungen über die Geschichte der Philosophie*）中，指称一种基于普遍观念撰述历史的史学类型，主要考察艺术、法学和宗教的历史，可以纳入哲学史的范畴。而后在科塞雷克自 1972 到 1997 年主编的八卷本《历史基本概念》大辞典基础上，标定了"概念史"学派的发展与成熟，关注单一概念的发展轨迹。其后弟子赖夏特（Rolf Reichardt）更在回应语言学转向下进一步推演了概念史方法，进而关注概念群，从单一概念研究转向对立、对等、补充概念等研究，深广了概念史研究法所能处理与解答问题的层次。简言之，德国概念史学派的成立目的及意义，就是希望通过考察社会语言内在语义的历时变迁，探讨重大概念在不同历史语境中的社会影响，推导出政治社会群体运用特定概念的典型张力，进而分析时代、社会、政治的结构变化，最后重构社会史的截面，进一步呈现出整个社会历史，提供史学研究一个新范式。①

　　概念史方法自科塞雷克提出后，开始以德国为中心向外辐射，在世界各地进行理论旅行，可以看见概念史方法在中国、韩国、欧洲、美国等地都有所发展。② 其中最为特别的是 2006 年方维规先生将德国概念史方法引入中国后，逐步开展出具有中国特色的中国式概念史研究理论与案例。在中国的旅行过程中，概念史理论在中国土地上被中国化，产生了新的演绎，出现了概念史方法的中国转向。③ 概念史方法的中国转向可以从很多面向去加以指涉分析，此处要提的其中一个面向，是概念史方法在中国语境中完成了"数字转向"

---

① 关于德国概念史研究方法的内涵与发展，详见方维规的《概念的历史分量：近代中国思想的概念史研究》（北京：北京大学出版社，2019）、《什么是概念史》（北京：生活·读书·新知三联书店，2020）、《历史的概念向量》（北京：生活·读书·新知三联书店，2021）三书，以及陈建守：《语言转向与社会史——柯塞雷克的概念史研究》，《东亚观念史集刊》第 4 期（2013 年 6 月），页 171—221；张凤阳：《现代性研究的"语言方案"——科塞勒克概念史方法论旨趣的政治哲学释读》，《学术月刊》2018 年第 12 期，页 52—63。

② 参见梁一模：《韩国的概念史研究》，《史学月刊》2012 年第 9 期，页 23—27；海尔格·约德海姆、玛格丽特·佩尔瑙著，杨光烁、张旭鹏译：《全球概念史：文明、教化与情感》，《国际社会科学杂志》（中文版）2015 年第 4 期，页 129—138。余例不详举。

③ 关于概念史方法的中国转向讨论，可详参里峰：《概念史研究在中国：回顾与展望》，《福建论坛》（人文社会科学版）2012 年第 5 期，页 92—100；孙江：《概念史研究的中国转向》，《学术月刊》2018 年第 10 期，页 150—158。余例不详举。关于概念史的中国转向的研究案例，可参见自 2013 年开始至今，由南京大学学衡研究院院长孙江教授主编出版的《亚洲概念史研究》集刊，目前出版至第 11 卷，收录了众多亚洲概念史研究的优秀成果。

（Digital turn）。

　　所谓"数字转向"，是指随着数字技术更新迭代、数字化内容不断增加，各个人文学科开始关注如何使用数字技术进行研究的一种时代趋势。数字转向思潮大约是在 2000 年以后开始，其基础是个人计算机变得十分普遍，成为大多数学者能方便使用的设备。如今更是基于越发高速高能的计算机设备，配合国家提出的"数字中国"主张，更加大了数字转向的力度，使得各界都如火如荼地对古代乃至近代的所有历史文献进行数字化、数据化乃至智能化等工作，开展出各种大型数据库建置计划。学界已普遍意识到运用各种前沿的数字技术，如数据探勘、文本探勘、图像标记、网络分析、时空地理分析、声音分析技术等，能对人文世界进行诸多前所未见的前沿性探索研究工作，这就是目前人文学科研究的数字转向情况。① 在此时刻，中国的概念史学界掌握先机，于德国概念史理论基础上，连结数字技术，开展出了数字概念史这一条新的概念史研究路径。

　　这里需要先回答两个问题才能证成数字概念史方法提出的合理性，亦即：为何概念史方法需要数字转向？概念史方法是否必须数字转向？在当代语境中，不难想见未来乃是一切皆数据的世界。至于过去的材料，也在不断地进行数字化工作，因此目前可见诸如爱如生的"典海"中浩如烟海的数字化古籍，或如香港中文大学中国近代思想史专业数据库（1830—1930）具有的一亿两千万字的全文史料内容，或是晚清期刊全文数据库（1833—1911）所收录的 520 余种期刊、53 万余篇文章，或是民国时期期刊数据库（1911—1949）所收录的 25000 余种期刊、1000 余万篇文章，乃至中国社会科学院近代史研究所"抗日战争与近代中日关系文献数据平台"至 2020 年 9 月 1 日为止已上线 1046 种报纸、2343 种期刊、71071 册图书，等等。以上数据平台若是加上如"汉典重光"等研究团队所开发出的精确率更高的 OCR 技术算法，则有望在未来将巨量数字化文本转为可全文检索与计算的全文字文本，如此一来，概念史研究者未来在研究任一概念时，将会遇到难以读尽所有材料的问题，这就是概念史方法必须进行数字转向的必要性关键所在。

　　此外，在概念史研究视角中，还有比较概念史研究，目前东亚各国都在不断地进行历史文献材料的数字化工作，如"韩国近代报刊语料库"、近代中日词汇交

---

　　① 　关于人文学科数字转向的起源与发展，详参陈静、徐力恒：《我们为什么需要数字人文》，《社会科学报》第 1572 期，2017 年 8 月 24 日，第 5 版。

流有关文献的数字档案化与词汇语料库,乃至日本皓星社建置的"杂志记事索引集成データベース(1860—1945)"①等,都是未来在研究亚洲概念史时不可回避的巨量数据库。至于欧美各国同样也如火如荼地积极推行多语种历史材料的数字化工程,如 GALE 平台即收录了跨越全球 500 年历史的 1.7 亿页珍稀原始文献资源,包含多种语言文字的文学、档案、法律文书、手稿等内容,其中"ECCO 十八世纪作品在线数据库"更是收集了 1700—1799 年间所有在英国出版的图书和所有在美国与英联邦出版的非英文书籍,涵盖英语、法语、德语、西班牙语、拉丁语等多个语种,包含 13 万种 15 万卷,超过 3300 万页的内容。因此,由于概念史研究方法主要是以观察长时段中的概念词汇及其作为语言的运用与嬗变过程,借以分析时代、社会、政治结构变化独特性的研究取径,所以概念史研究方法必须呼应数字时代的到来进行数字转向。可以想象,在数字化使人类认识世界的方式产生根本性转变后,未来世界不再是一连串自然或社会现象的事件,而是由信息所构成。② 百年后的概念史研究者们若想要研究百年前我们现在这个社会中的概念发展,将有看不完的文本,包含系统性的个人专著、论文,以及碎片化的朋友圈、微博、推特等文字。如此巨量的文字数据信息若不借助数字方法,将难以进行"概念与社会"互动的概念史研究。因此,现在的概念史研究方法的数字转向,正是在为未来的概念史家提出方法的准备。可以想象在上述全球历史材料全面数字化的巨大且不可逆的工程蓝图下,未来概念史研究者的焦虑,将从过去的"动手动脚找材料"向"巨量材料如何读尽"转变,而这正是概念史研究的数字转向的必要性所在。

　　在确定了概念史方法数字转向的必要性后,那么进一步就可以讨论"数字概念史"这一新的概念史研究路径的内涵问题。作为结合概念史人文理论与计算机和人工智能技术所形成的跨界方法,究竟"数字概念史"方法的内涵为何? 经过数字转向后与德国原先的概念史方法有何异同? 数字概念史方法被提出的合理性根据何在? 解答上述三个问题是证成"数字概念史"研究路径得以成立的关键,也是本节方法论上的关切所在,因此以下先对上述三个问题进行说明。

　　首先可以简单定义"数字概念史"的内涵,所谓"数字概念史"就是由德国概念史理论出发,连结数字技术,进行长时段的、动态的、复杂的概念史研究。亦即

---

　　① 网址 http://info.zassaku-plus.com/,上网时间 2023 年 3 月 28 日。

　　② Viktor Mayer-Schönberger and Kenneth Cukier,*Big Data: A Revolution That Will Transform How We Live,Work and Think*(New York: Houghton Mifflin Harcourt Publishing Company,2013).

凭借着擅长长时段与复杂计算的数字技术,进行更全面具体的概念史研究工作,除能掌握单一概念的长时段发展轨迹外,还能描绘出多概念间的互动结构。其次,数字概念史与德国概念史方法在研究目的上是相同的,都是以揭示概念发展背后的社会史、政治史、文化史意涵为目的;不同的是,数字概念史是以全数据为研究对象,从全面整体的角度去对单一概念乃至概念群的发展进行讨论,与德国概念史是以选精与集粹的文本作为研究对象进行概念发展分析有所不同。[①] 再次,数字概念史方法的合理性根据,正在于数字概念史方法是对全数据文本进行研究,可避免幸存者偏差(Survivor bias)问题,能得到大数据中相对整体的概念发展与组织互动结构,能帮助研究者足够全面地掌握概念间的关联性,俾使在进行任一概念研究时,都得以先掌握概念间的相互联动关系。

上述三点说明,当可证明数字概念史确实有别于德国概念史研究法,其差异不在于方法论上的不同,而是在研究对象及能力上,相较过去更为具备了可处理人工难以处理的巨量文献,以及处理复杂问题的能力。但要注意的是,数字概念史并不会取代过去选精与集粹式的概念史研究,因为数字概念史擅长的是勾勒巨观视野下,概念发展的连续性与非连续性以及概念间的互动系统结构,而德国概念史研究法则在分析概念与历史社会中的事件与行动关系上更为擅长,因此两种方法并非取代,而是相辅相成的关系。

例如过去笔者就曾以"平等"概念作为主题,分别使用德国概念史方法与数字概念史方法进行比较研究,可以明确分判两种方法各自的特点。在以德国概念史方法进行研究时,得以看见中国近代"平等"概念在不同行动者中的论述差异,以及这些论述差异对历史事件和行动间所造成的互动影响关系,像是严复早年主张"平等"概念,但到了晚年却不再主张"平等"概念,就是因为受到"一战"的负面结果影响,这是数字概念史方法难以观察到的概念与事件、行动间的细节互动。[②] 而以数字概念史方法进行研究,则可以看见中国近代"平等"概念在晚清与民初的论述主题与相对应概念群的明显转变,可巨观地揭示出"平等"概念的兴起在晚清与民初各自是与哪些其他概念互动下所产生。例

---

① 李伯重先生曾指出若将某一或某些例证所反映的具体的和特殊的现象加以普遍化,将造成丧失历史真实性的问题,并将此一问题归结为历史工作者在文本选择上"选精"与"集粹"倾向所致。若是使用数字人文技术,可超越人力,使用机器阅读更为全面的史料,可有效避免"选精"与"集粹"的问题。关于李先生的论述,参见李伯重:《"选精"、"集粹"与"宋代江南农业革命"——对传统经济史研究方法的检讨》,《中国社会科学》2000 年第 1 期,页 177—192。

② 邱伟云:《中国近代平等观念的形成(1895—1915)》(台北:新文丰出版公司,2015)。

如晚清之际"平等"概念的兴起，即是在与民族、国家、国民、革命、主权、个人等概念的互动发展中形成，而民初之际则是在与资产、无产、阶级、经济等概念互动中获得另一波的发展动力。① 换言之，通过数字概念史方法，能够整体地看出任一概念在复杂概念群中的网络位置，这一巨观远读视野得以让使用德国概念史方法进行研究的学者，在一开始就具备全览视野，对于锚定任一概念在历史中的位置与关联有很大的帮助。因此本书认为，概念史研究在引入数字概念史方法后，未来可先运用数字概念史方法，先描绘出历史上各个长时段中的巨观概念群网络，而后在概念群关系全览视野框架下，再进一步运用德国概念史方法进行任一概念的发展研究。结合两种方法后当能同时关照到概念发展的宏观与微观信息，得出更为整体的概念史研究成果，这样的思考也体现在本书的章节安排设计之中。

综上可见，数字概念史研究方法得以提出的合理性根据，即在于能补充德国概念史研究方法主要采行人工阅读分析，因此仅能勾勒单一或少数概念发展轨迹的不足；数字概念史方法能凭借有效计算复杂结构与巨量史料的能力，揭示出长时段的概念史研究材料中的客观结构，并以时间序列计算方法，勾勒出概念史料中单一乃至群体概念的发展与互动轨迹，这些都能帮助概念史研究者更好地掌握概念的全体发展，有助于概念研究。

二、概念计算的理论根据

除了从上述外部的数字世界到来的必然性指明概念史方法数字转向的必要性外，还必须从内部证明数字概念史的理论合理性，这可以通过回答为何概念能够计算、人文世界为何能通过计算加以勾勒与掌握这两个问题来加以证成。目前全球所研发出的数字技术手段众多，但用以进行概念史研究的主要还是文本探勘技术（Text mining）。所谓"文本探勘"，是指运用自然语言处理（Natural Language Processing）的各种计算技术，从非结构化的文字材料中，挖掘出有意义信息的一系列方法，有别于数据探勘（Data mining）只需从结构化资料中找到数据，文本探勘研究所需的技术更为复杂。② 正因概念史研究主要是以文本中

① 邱伟云、金观涛、刘青峰、刘昭麟：《中国近代平等观念形成之数字人文研究：以报刊为中心》，《清华大学学报》（哲学社会科学版）2018 年第 6 期，页 1—33。

② 关于文本探勘定义与方法，可参见刘昭麟、金观涛、刘青峰、邱伟云、姚育松：《自然语言处理技术于中文史学文献分析之初步应用》，收入项洁等主编：《数位人文要义：寻找类型与轨迹》（台北：台湾大学出版中心，2012），页 61—82。

的词汇语言作为考察对象,①因此能运用专门处理词汇语言的文本探勘技术进行协作研究。然而这里需要进一步思考的问题是,为何经由文本探勘计算出的词汇数据能与概念产生关系?人文世界的概念变迁为何能用扁平的词汇数据来揭示?这是当前人文学界对数字概念史方法所产生的普遍疑惑,然而这问题早在 20 世纪 20 年代就在语言学家那里有了答案。

概念史研究法向以字词的历史作为主要考察对象,而文本探勘技术计算的也是表层的词汇分布数据,于是这里出现一个方法论上的问题:字面词汇如何能对应到"概念"世界?对于此一问题,在概念史研究法尚未出现前,人文学界就曾对字词如何对应概念有过深入的讨论。如 1904 年教育学家爱德华·桑代克(Edward Thorndike,1874—1949)编撰的教材《精神与社会丈量理论入门》一书,即从分布语义学出发,强调词语间的关系,提出结构主义语言学理论,指出了词汇符号与语义及人类精神间的关系;②1923 年英国语言学家奥古登(Charles Kay Ogden,1889—1957)和理查兹(Ivor Armstrong Richards,1893—1979)在《意义的意义》一书中提出语义三角理论,指明了符号(symbol)、所指示的实物(the referent)、思维(thought or reference)三者之间的对应关系,解释了语言学里的符号如何与它所代表的客体产生关联;③20 世纪 50 年代伦敦学派开创者约翰·鲁伯特·弗斯(John Rupert Firth,1890—1960)提出语境理论,也指出词汇与概念间的对应关系,概念史方法正是产生于这个时刻。④

诚如前文所述,概念史学派虽是在 1972 年后随着《历史基本概念》的编纂才逐步发展与成熟,但其创立时间实可上推至 1955 年科塞雷克创办跨学科的《概念史文库》,代表着德国概念史研究法的诞生。这一方法主张融合历史文本分析、史学理论的命题、历史学与社会学方法、语义学和名称学,提出社会变迁会在政治与社

---

①　德国概念史家科塞雷克主导了德国精神史的语言转向,鉴于历史永远是呈现于语言、沉淀于概念的历史,试图通过对语言表述之意义的变化分析,让人领悟过去时代的实际经验与社会形态及其变化的关系,主张语言不仅是描述历史研究成果的工具,还是人们认知生成的现实场域。参见方维规:《"鞍型期"与概念史——兼论东亚转型期概念研究》,收入方维规主编:《思想与方法:近代中国的文化政治与知识建构》(北京:北京大学出版社,2015),页 81—82。

②　Edward L. Thorndike, *Introduction to the Theory of Mental and Social Measurements* (New York: Science Press, 1904).

③　C. K. Ogden and I. A. Richards, *The Meaning of Meaning* (London Routledge & Kegan Paul, 1923).

④　T. A. van Dijk and G. Kintsch, *Strategies of Discourse Comprehension* (New York: Academic Press, 1983).

会的主导概念中留下语义烙印，故需同时关注说话群体与个体兴趣，方能归结出概念的话语行为历史，即语义生成历史的主张。正因如此，原初概念史具有一个向社会—历史话语分析靠拢的倾向，而概念史方法在这个脉络上即与英、美、法的历史语义学相去不远。科塞雷克从词汇出发考察概念变迁的主张，也与德国语文学传统有关。其后，20 世纪 70 年代，全球学界出现一股通过词汇考察以揭示概念与思想、精神世界的研究风潮，主要是受到 1964 年维也纳学派的奥地利实在论哲学家古斯塔夫·伯格曼（Gustav Bergmann，1906—1987）的影响，他在《逻辑与实在》一书中主张所有的语言论哲学家都需通过叙述确切的语言来叙述世界，这一主张促成了 20 世纪 70 年代的语言学转向。语言学转向的正当性正是来自 20 世纪关注在何种意义/语言上能认识存在的语言哲学。① 当代语言哲学认为只有从语言上能认识存在，就此提供了从词汇语言去认识概念与精神世界的正当性。②

在语言学转向脉络下，后来陆续出现如 1976 年雷蒙·威廉斯（Raymond Williams，1921—1988）提出以词语作为研究对象，揭示隐身于词语背后的意识形态，进而掌握文化与社会变迁；③乃至如斯金纳（Quentin Skinner）提出概念的变迁不仅止于语言和时间中，更多时候表现于概念如何被表述的措辞中，故可从修辞的视角去观察概念的变迁等理论主张。④ 综上可见，关于词汇表层字面计算能否指涉概念的问题，已为过去的认知语言学、心理学乃至文史研究学者所解答，并形成一套连结词汇、概念、语言、语境、精神乃至社会的相互对应阐释的系统，就此证明了词汇与概念之间的相应关系。因此从上可见，人文世界中的思想与概念，确实可通过词汇与语

---

① 当代德国哲学家卡尔·阿佩尔（Karl-Otto Apel，1922—2017）指出西方哲学从古至今有三段发展：古代哲学关注“本体论”（什么是实在的基本存在形式），近代哲学关注“认识论”（我们是怎样认识这些东西的），20 世纪后转到关注“语言哲学”（在何种意义/语言上能认识存在）。参见陈嘉映：《语言哲学》（北京：北京大学出版社，2003），页 14—17；李应志：《语言转向》，收入汪民安主编：《文化研究关键词》（南京：江苏人民出版社，2007），页 453—456。

② 以上关于语言学转向的讨论，详见 Martin Jay，"Should Intellectual History Take a Linguistic Turn? Reflections on the Habermas-Gadamer Debate，"in Dominick LaCapra and Steven L. Kaplan eds.，*Modern European Intellectual History：Reappraisals and New Perspectives*（Ithaca and London：Cornell University Press，1982）；韩震、董立河：《论西方历史哲学的“语言学转向”》，《北京大学学报》（哲学社会科学版）2005 年第 5 期，页 49—56；方维规：《概念史研究方法要旨——兼谈中国相关研究中存在的问题》，收入黄兴涛主编：《新史学》第三卷《文化史研究的再出发》（北京：中华书局，2009），页 3—21。

③ Raymond Williams，*Keywords：A Vocabulary of Culture and Society*（New York ：Oxford University Press，1976）。

④ Quentin Skinner，"Rhetoric and Conceptual Change，" in Margrit Pernau and Dominic Sachsenmaier eds.，*Global Conceptual History：A Reader*（London：Bloomsbury，2016），pp. 137－140。

言的计算来加以揭示,这就证成了概念史方法数字转向的内部理论合理性。

另外,20 世纪以来,数字人文领域中"可伸缩阅读"(scalable reading)方法的提出,亦解决了由概念计算带来的可能出现"见林不见树"问题的争议。所谓可伸缩阅读,是指在机器阅读的远读(distant-reading)视野与人工阅读的细读视野中进行"通读"研究。所谓"远读"概念脱胎自法国年鉴学派布罗代尔(Fernand Braudel,1902—1985)的长时段结构概念,2000 年史丹佛大学英文系教授莫莱蒂(Franco Moretti)则将此概念应用于文学研究上,意指不同于过去细读视野关注文本的方式。远读视野关注比文本更大或更小的单元,像是装置、主题、理念、类型、系统等,在远读探索中文本会消失。① 而所谓"通读"方法,是指结合远读与细读方法后,既能在宏观脉络中把握问题,又能让学者发挥学养,深刻探究问题并解释其背后义理与规律的一种综合方法。

本书认为对历史研究而言,通过机器阅读的远距阅读特性,能有效处理相对以往规模更为广大或更为多元复杂的问题,便利学者在大、中、小不同维度间轻松切换研究分析视角。英国政治思想史家斯金纳曾批评概念史研究法仅依据语言形式进行研究,使概念史实践沦为提供一份字词的历史,他批评的正是概念史研究碍于人工阅读分析仅能处理单一概念发展的问题。在人工阅读限制下,研究者的心力自然仅能处理与体现字词的历史,但若借用机器阅读作为辅助,便可在远距视角下看见任一单一字词与其他概念词,或与时间词、人物词、事件词、地名词、物件词等的复杂共现关系。通过机器阅读所给出的共现视角,研究者能在考察单一字词历史外,同时关照到单一字词如何受到语境影响而逐渐改变其内涵的历程。通过结合机器远读与人工细读的通读方法,概念史学者将获得新的视野,能由远而近或由近而远地照见人、事、时、地、物与单一字词间的关系与集群现象。

从以上说明可见,通过机器阅读的协助,概念史研究不再只会给出单一字词的历史,而是能全体同步照见字词蕴生的思想语境脉络。因此,结合数字技术与概念史研究法后的数字概念史方法,②在远读层面上可衔接德国概念史方法关注特定词汇的意义变动与历史语义场域转变的研究工作,在结合细读的通读层面上则可落实斯金纳认为字词与用法须与语言结合,字词本身无法有独立历史,必须

---

① 参见 Franco Moretti,"Conjectures on World Literature,"*New Left Review* 1 (Jan. 2000),pp. 54‒68;向帆、何依朗:《"远读"的原意:基于〈远读〉的引文和原文的观察》,《图书馆论坛》2018年第 11 期,页 44—48。

② 关于数字概念史研究法的定义与内涵,可参见邱伟云:《论数字人文研究中可视化数据的意义与价值——以数字概念史研究为例》,《文艺理论与批评》2020 年第 2 期,页 23—29。

关照行动者如何对某些概念进行修辞再定义工作的主张。正因数字概念史方法是以一般概念史研究法为基础，通过数字计算远距地连结到人、事、时、地、物名词共现关系的一种考察方法，因此体现出关注语言的语言转向特性，与语言转向后的思想史研究视野相似，因此前人亦曾将数字概念史方法归并于广义的数字思想史研究队伍中。从上可见，通过数字技术的协助，概念史乃至思想史家将能获得机器阅读下的远距新视野，加强历史研究的宏大分析与解决问题的能力。[①]

三、数字概念史的全球实践

词汇—概念计算方法在上述外部环境与内部学理的必然性与合理性下，为全球学界所关注，不仅止于理论讨论层次，基本上在过去十几年中，已有学者在此一数字转向路径上不断实践与尝试，耕耘不辍。西方学界在近几年也开始出现基于前沿数字技术进行思想概念研究者，这是在全球共同面对历史文献材料如火如荼的全面数字化浪潮下所必然产生的现象。全球研究者们逐渐发现，若不采用新工具与新方法，将出现难以穷尽所有历史材料后进行思想概念研究观察与提出结论的问题，因此一些著名大学开始组织跨领域研究团队，开启思想概念研究的数字转向实践工作。第一个案例如美国剑桥大学在 2014—2018 年设置的概念实验室（Cambridge Centre for Digital Knowledge，CCDK）。此一实验室尝试通过计算方法描述和分析由概念结构生成的结构化环境，试图揭示其中循环的概念网络。2020 年，该团队共同发表了"The Idea of Liberty，1600—1800：A Distributional Concept Analysis"一文，运用计算和统计方法对 16 至 18 世纪的"Liberty"概念进行分析，基于一套定制的分析概念结构的工具，帮助对"Liberty"概念进行文献分析工作，并与以赛亚·伯林（Isaiah Berlin，1909—1997）和斯金纳过去有关 Liberty 概念的研究成果相互对话。[②] 第二个案例是英国谢菲尔德大学数字人文学院

---

① 关于斯金纳对概念史方法的批判可参见 Quentin Skinner，"Language and Social Change，" in James Tully ed.，*Meaning and Context：Quentin Skinner and His Critics*（Cambridge：Polity Press，1988），pp. 119-132；关于思想史的语言转向可参见 Martin Jay，"Should Intellectual History Take a Linguistic Turn? Reflections on the Habermas-Gadamer Debate，" in Dominick LaCapra and Steven L. Kaplan eds.，*Modern European Intellectual History：Reappraisals and New Perspectives*（Ithaca and London：Cornell University Press，1982），pp. 86-110；关于思想史与数字技术结合所开展出的数字思想史介绍，可参见傅扬：《思想史与历史研究：英语世界的若干新趋势》，收入蒋竹山主编：《当代历史学新趋势：理论、方法与实践》（台北：联经出版公司，2019），页 160—173。

② Peter de Bolla，Ewan Jones，Paul Nulty，Gabriel Recchia and John Regan，"The Idea of Liberty，1600-1800：A Distributional Concept Analysis，" *Journal of the History of Ideas* 81：3（July 2020），pp. 381-406.

(Digital Humanities Institute,DHI,成立于 1994 年)2016 年春季开启了现代西方思想语言 DNA 项目。① 项目成员通过对 15—18 世纪英语话语中发生的语义和概念变化进行建模,借以理解早期现代思想的演变。第三个案例是芬兰赫尔辛基大学数字人文中心(Helsinki Centre for Digital Humanities,HELDIG),这是一个集合赫尔辛基大学七个不同院系中的数字人文学科相关领域的协作中心。② 早在 2015 年成立之初,他们就举办了"概念变化——数字人文案例研究座谈会",讨论应该如何使用大的数字化历史数据去进行概念变化的考察研究工作。自 2017 年起,该中心开始连年举办"概念计算方法"专题讨论会、"历时性概念变化的计算方法"讨论会、"言语与行动:政治文本挖掘"讲习班及词汇语义变化讲习班等,密切聚焦讨论概念计算的最新研究趋势与方法。

　　上述这些西方学界基于数字方法进行思想概念研究的尝试成果,得以与中国的数字概念史研究方法相互借鉴,但却又有各自特色而有所不同,关键即在于西方词汇与中国汉语词汇在构词特性上有本质的差异。伴随中西词汇上本质性的差异,必定开展出两种不同的词汇—概念计算研究路径。过去中国学者已根据汉语词汇特性,研发出了多种基于汉语特征的词汇—概念计算方法,并通过实际研究案例的积累,已足以归纳并提出中国的数字概念史研究方法论。中国学者对于数字概念史方法的建构可分为早期探索与近期深化两阶段。

　　在早期探索阶段,如刘广京(1921—2006)自 20 世纪 70 年代开始就曾基于词汇的高频现象去说明当时人们的某种需要,他考察"自强"一词在奏折、谕旨、士大夫议政文章中频频出现的现象,借此探讨清季自强运动的展开过程,③ 这样的思考也为后来的历史学家王汎森所肯定,后者亦主张从措辞的升降可以推测一代人的思想。④ 而在早期探索阶段中最令人注目的研究工作,当数金观涛与刘青峰两位先生自 20 世纪 90 年代以来用数字方法探索一批重要观念,他们于 2008 年汇集出版了《观念史研究》一书,此书在研究理论与实践案例上都有着令人惊喜的讨论。⑤ 二人基于长时段词汇变化数据可揭示一时代

---

①　项目网址 https://www.dhi.ac.uk/ldna/,上网时间 2023 年 3 月 28 日。

②　网址 https://www.helsinki.fi/en/digital-humanities,上网时间 2023 年 3 月 28 日。

③　参见费正清主编,中国社会科学院历史研究所编译室译:《剑桥中国晚清史(1800—1911)》(北京:中国社会科学出版社,1993),上卷,页 531。

④　王汎森:《从新民到新人:近代思想中的"自我"与"政治"》,收入王汎森等著:《中国近代思想史的转型时代》(台北:联经出版公司,2007),页 178—179。

⑤　金观涛、刘青峰:《观念史研究:中国现代重要政治术语的形成》(香港:香港中文大学当代中国文化研究中心,2008),简体字版 2010 年由法律出版社出版,本书以下皆引用简体字版。

思想文化变迁的理论方法，客观地从词汇—概念的变化轨迹中重探过去人文研究中的多个重大议题，使用客观存在的文本数据，进行带有人文问题意识的筛选与阐释，已具备数字概念史方法的雏形。而二人在早期所提出的基于词频计算的数据库方法，后来也不约而同地为国际研究团队所运用，同样都是希望能通过考察长时段的巨量数据库中关键词频率的变化，进一步勾勒出近代世界中重大的思想文化现象，[1]由此可见，中国学者确实更早地意识到了词汇—概念计算方法的存在及其重要性。

而自 2013 年后，随着数字技术日新月异的迭代，在近期深化阶段出现了比早期探索阶段更为多样与有效的词汇—概念计算方法。如概念顺序发展关系考察法、[2]概念发展历史分期法、[3]汉语词缀复合词研究法、[4]概念群演化考察法、[5]

---

[1]　Jean-Baptiste Michel et al. ,"Quantitative Analysis of Culture Using Millions of Digitized Books," *Science* 331:6014 (Jan. 2011),pp. 176‐182.

[2]　金观涛、刘青峰、邱伟云在《中国现代主权观念形成的数位人文研究》一文中，给出了探索概念发展顺序的数字计算研究步骤，见《二十一世纪双月刊》总第 172 期(2019 年 4 月)，页 49—67。

[3]　邱伟云、梁颖谊、许翰笙的《数位人文视野下的历史分期法：以〈人民日报〉(1946—2016)中深圳主题报导为例》一文，基于统计学中的转折点分析法(change point problem)，提出了一种客观的计算分期的方法，这一方法能够运用至概念发展分期研究上。详见邱伟云、梁颖谊、许翰笙：《数位人文视野下的历史分期法：以〈人民日报〉(1946—2016)中深圳主题报导为例》，《图资与档案学刊》(台北)第 10 卷第 1 期(2018 年 6 月)，页 22—43。

[4]　邱伟云的《词汇、概念、话语：数字人文视野下中国近代"美"之观念的建构与再现》一文，基于擅长于"远读"(Distant-reading)的数字人文研究方法，以包含一亿两千万字，横跨 1830—1930 年百年间史料的"中国近现代思想史专业数据库(1830—1930)"为研究对象，提出了两个唯有透过数字概念史方法才能提出的问题。其一，中国近代以"美"为前缀的词有哪些，其中哪些复合词用得最多？此一答案的意义在于找到"美的词族"后，便得以揭示中国近代思想转型时代中"美"的多元观念系统结构。其二，中国近代"美"的词族在历史长河中如何发展，这些词族彼此之间的关系为何？此一答案的意义在于找到"美的词族"的时间序列发展信息后，便可以揭示中国近代思想转型时代中"美"之观念的发展现象，并从中客观地指出中国近代"美"之思想史的发展轨迹。详见邱伟云：《词汇、概念、话语：数字人文视野下中国近代"美"之观念的建构与再现》，收入周宪主编：《艺术理论与艺术史学》第 3 辑(北京：中国社会科学出版社，2019)，页 182—223。

[5]　金观涛、邱伟云、梁颖谊、陈柏聿、沈锰坤、刘青峰的《观念群变化的数位人文研究——以〈新青年〉为例》一文，从网络理论出发，挖掘出高达 500 万字的，1915—1926 年的《新青年》中由自由主义转向社会主义的发展轨迹。该文先以 Pat-tree 撷词、齐夫定律模型标定文本核心关键词/观念，次以各卷高频关键词以及彼此共现次数作为计算方式，勾勒各卷文本中关键词的关联性结构，进而揭示出 11 卷中不同概念群的演化现象，详见金观涛、邱伟云、梁颖谊、陈柏聿、沈锰坤、刘青峰：《观念群变化的数位人文研究——以〈新青年〉为例》，收入项洁主编：《数位人文：在过去、现在和未来之间》(台北：台湾大学出版中心，2016)，页 427—463。

概念关系分合考察法①等等。其中，比较具有特色的是通过基于汉语特征所研发出的独步全球的汉语词缀复合词研究法，可让研究中国概念史的研究者更为快速地发掘出长时段的巨量史料中概念群的转型轨迹。2011 年章清曾发表《"界"的虚与实：略论汉语新词与晚清社会的演进》一文，直接指明了汉语词缀复合词研究的意义与价值，指出现代汉语中颇为特殊的"后缀复合词"（或称为"接尾词"）这样的构词法已预示其具有明显的开放性和不确定性，往往可成为考察语言成长具有特殊意义的例证，而这样的构成法大大提升了语汇的制造能力，"后缀"之前添加什么，决定于中国社会所作的取舍。② 又如方维规先生发表的《"夷""洋""西""外"及其相关概念——论 19 世纪汉语涉外词汇和概念的演变》一文，给出了由"夷""洋""西""外"这四个汉语词缀所复合出的四批复合词表及其间的时代变化，从中提出中国近代对西方认同的转型轨迹。③ 上述两位学者的汉语词缀复合研究必须花费大量时间对浩瀚巨量文献进行人工检索与记录工作，方能得到完整的词缀复合词表并进行后续的分析阐释工作，如今通过数字人文手段，将可快速地对从古到当代所有已建置完成的巨量数据库进行长时段考察，以数字技术勾勒并还原出中国数千年来各种单音节词如何发展到多音节词的历时性词缀复合轨迹，并就此发现历史，这是过去依靠人力难以完成的重大人文研究工作。未来可不再只考察双音节词如"天道""天下""天运"等概念，可以回到更为根本、更符合中国汉字法则的单音节词去进行研究，如"天"的单音节词在传统到近代数千年之间，

---

①　郑文惠、邱伟云、刘昭麟、林书佑的《概念关系的数位人文研究——以〈新青年〉中的"世界"观念为考察核心》一文，通过数字人文技术与德国概念史理论对话，尝试勾勒 500 万字的《新青年》中与"世界"概念共现的对立、对等、补充概念。该文以概率统计、统计学中的 Pearson's chi-squared test、latent semantic analysis(LSA)、pointwise mutual information(PMI)等关系性计算，以及 typed dependencies distance 之词汇相依计算法，尝试从各种不同方法去考察何种统计方法适用于概念关联性计算。该文在研究结果中提出《新青年》前后期中"世界"概念共现词群的四种分合现象：有从显著正相关到不显著相关者（和平、文明、今日），表示一种世界论述的代谢现象；有从不显著相关到显著正相关者（革命、帝国、美国、阶级、压迫、中国），表示一种世界论述的新陈现象；有一直维持显著正相关者（民族、主义、人类），表示一种连续性的世界论述结构；有从不显著相关到显著负相关者（世界、天下），表示"天下"概念与世界论述互斥，第四种概念关系形态是人力无法考察者，是数字人文视野下独特的考察视角，证明了中国近代天下观与世界观的取代关系。详见郑文惠、邱伟云、刘昭麟、林书佑：《概念关系的数位人文研究——以〈新青年〉中的"世界"观念为考察核心》，收入项洁主编：《数位人文：在过去、现在和未来之间》（台北：台湾大学出版中心，2016），页 57—101。

②　章清：《"界"的虚与实：略论汉语新词与晚清社会的演进》，《东アジア文化交涉研究》别册 7（2011 年 3 月），页 55—76。

③　方维规：《"夷""洋""西""外"及其相关概念——论 19 世纪汉语涉外词汇和概念的演变》，《北京师范大学学报》（社会科学版）2013 年第 4 期，页 57—70。

是如何以及何时从单音节词通过词缀复合逐渐演变为诸多双音节甚至多音节词的发展过程，借此即可进一步分析中国"天"的概念发展与演化在思想史、社会史、文化史、政治史上的宏观意义。而数字人文方法正是上述此种在过去基于人工难以想象、无法提出的重大人文研究问题得以展开的保证。

除以上研究方法外，在方法深化阶段，学者们还深入地思考了何谓"重要概念"这个问题，指出除了早期探索阶段中以词频高低作为概念重要性标准外，还可从齐夫定律、①网络视角、②词向量、③主题模型④等角度去发现更为多样的"重要概念"，这一研究方向也蜕深了概念史研究理论，使得概念史研究者得以通过多种计算统计视野，看见多重意义类型之下各种不同的"关键概念"。例如从"网络视角"出发，就可发现一种虽然并未高频使用，但却连结最大多数概念的词汇，具有普遍使用的特点，这样词频低但却普遍使用的词汇概念，即可视为一种连结起概念网络，使概念间得以互相组织串联的重要关键概念。基于网络计算方法，除能发现上述概念群中的明星（star）概念外，还可发现桥梁（bridge）概念、孤立点（isolates）概念等，在网络计算视角之下，将得以看见过去德国概念史方法视角中所不能看见的"多元向度中的概念"，唯有通过数字概念史方法才能加以发掘。⑤ 而由以上所举出的各种方法视角与案例可知，数字概念史是从人文（概念史理论）出发的数字（文本探勘）研究，而中国的数字概念史研究基于汉字特征则有别于西方，自成一格。绾合上述，可再次证明数字概念史研究法确实超出了德国概念史研究法视野，具有其存在意义与实践正当性。

第三节　本书研究概述

基于前文提出的"数字概念史"方法，本书对中国近代"道"概念的研究步骤

---

① 　此类研究偏向于统计研究，可参见金观涛、梁颖谊、姚育松、刘昭麟：《统计偏离值分析在人文研究上的应用——以〈新青年〉为例》，《东亚观念史集刊》第 6 期（2014 年 6 月），页 327—366。余例不详举。

② 　金观涛、邱伟云、梁颖谊、陈柏聿、沈锰坤、刘青峰：《观念群变化的数位人文研究——以〈新青年〉为例》，收入项洁主编：《数位人文：在过去、现在和未来之间》（台北：台湾大学出版中心，2016），页 427—463。

③ 　Mariana Zorkina, Describing Objects in Tang Dynasty Poetic Language: A Study Based on Word Embeddings, *The Journal of Chinese Literature and Culture* 5：2(Nov. 2018), pp. 250‐275.

④ 　王涛：《18 世纪德语历史文献的数据挖掘：以主题模型为例》，《学海》2017 年第 1 期，页 206—216。

⑤ 　关于网络分析理论与方法，参见 W. De Nooy, A. Mrvar, and V. Batagelj, *Exploratory Social Network Analysis with Pajek* (Cambridge：Cambridge University Press, 2005).

分述如下：第一，先从"远读"角度通过数字技术勾勒出"道"的词缀复合词群，掌握"道"的复合词在近代百年间的宏观结构；第二，通过数字技术计算出近代最重要的三个"道"的复合词，并从"近读"角度出发阅读与分析这些重要的"道"的复合词的使用语料，归纳出"道"的概念在百年间的分布、互动、演变现象；第三，基于计算方法所得出的数据线索，回到数据计算的"所以然"的"文本"中，运用词汇史、概念史的人文定性考察方法"细读"文本，最后得出人文解释；其四，基于细读后的结果，回过头与远读数据对话，更深层地结合远、近、细三层次的阅读结果，"通读"出更具层次与深度的历史意涵，通过可伸缩的人机共读研究模式，完成定量与定性的诠释循环。在此过程中，研究者既避免了只看远读数据可能造成将丰富历史均质化的问题，也可避免只细读文本造成无法定义研究对象在宏观思想发展结构系统中的意义的问题。本书正是依照上述人机共读研究模式的步骤进行主体部分的章节安排。

第二章首先使用"词缀分析技术"，对目前已建置成的中国近代思想文献全文电子化数据库进行文本探勘工作，大规模地勾勒出中国近代以"道"字作为词缀的复合词族。其次使用 CUSUM 时序分析技术，探索以"道"字为词缀的复合词族在时间序列发展上的集群（cluster）变迁现象，以集群时间段的相似性为标准进行分群，区分出近代不同时段各自专用的"道"的词群结构。通过上述两种技术，得以自动给出近代长时段巨量史料中前三重要的"道"的复合词："天道""公道""人道"。

第三章至第五章将从第二章的远读镜头拉近，对"天道""公道""人道"这三个重要的"道"的复合词进行"近读"工作。运用"关键词丛分析技术"，量化与视觉化地勾勒并呈现在近代长时段中，与三个概念词共现的词群变迁轨迹，揭示出不同时代语境中，"道"的概念词汇的诠释系统结构及其演变。

第六章将基于前面远读与近读的研究结果，运用"网络分析技术"，考察"天道""公道""人道"三个重要的"道"的概念是通过哪些概念进行互动，以及它们各自的特色。基于"天道""公道""人道"三个概念词所形成的共现概念词汇群，进行共现网络的联集考察，从共现网络中找到连结多个复合词的桥梁（bridge）词汇，进而对"天道""公道""人道"三个概念词共现网络进行网络位置分析（positional analysis）的细读工作，揭示"道"的总体概念的发展与变迁现象。

第七章结论，则基于数字概念史研究实践的结果，提出中国近代"道"概念的盈虚消长机制，并就此与近代思想史研究成果展开对话，同时总结数字概念史方法论，并对未来的相关研究作出展望。

第二章 概念词族视野下的"道"

第一节 概念词族的内涵

　　传统中国"道"的概念本义指的是"路",如《说文解字》提到:"所行道也,从辵从𩠐,一达谓之道。"[1]段玉裁《说文解字注》指出:"《毛传》每云:行,道也。道者,人所行,故亦谓之行。道之引伸为道理,亦为引道。"[2]由上可知"道"的本义就是人所走的路,且是一条"一达"的"直路",与衢、街、馗、壶、唐、陈、旅、场、猷、歧旁、剧旁、康、庄、剧骖、崇期、繇等作为分岔之道或宫庙中之道不同;又同为"一达"的"道",还依照宽窄而有"道"与路、途(涂、塗)、径、蹊(徯)、畛,以及位于城邑宫庙与否而有术、巷等的不同。除了道路之义外,在先秦之际,"道"又作动词之用,故具备了顺由、引导、开导、教导、训导、讲述、疏通、治理等意义。后来"道"的语义逐渐抽象化,有"具体道路—人类行为或自然变化的凭借—人道或自然律则—人道或自然第一原理"的阶段性变化。此后抽象化后的"道"更因成为道家思想的核心要旨,具备了"虚无、平易、静、柔弱、纯粹、素朴、一、反复、相反相成"等意涵。以上从原先"具体道路名称"到后来抽象化后作为"人道或自然第一原理",就是"道"的概念在古代的大致演变历程。综上可归纳出中国传统"道"的概念主要意指一种兼具"必然性"与"应然性"的"普遍律则"。[3]

　　作为普遍律则的"道",随着历时性变化,在儒、佛、道三教会通下,展现出汉代谶纬、魏晋玄学、隋唐佛学、宋明理学、清代朴学,乃至近代新学等各种变形,但

---

　　① 许慎撰,陶生魁点校:《说文解字》(北京:中华书局,2020),页60。

　　② 段玉裁:《说文解字注》(上海:上海古籍出版社,1981),页75。

　　③ 以上关于"道"的本义与后来在道家思想中的抽象化发展,可详见魏培泉:《从道路名词看先秦的"道"》,收入郑吉雄主编:《观念字解读与思想史探索——文献与诠释研究论丛》(台北:学生书局,2009),页1—51。

不论如何变化,其本源仍是中国之"道"。因此"道"之概念往起点始源义上说是"一",就"过程"上说是"多",但就终点目的义上说又回到"一"。正是上述这种"一多互摄"与"反复抱一"的思想框架,使得"道"的概念在历史长河中,不断被进行去脉络化与再脉络化:一方面展现出"道"在中国乃至东亚各地的异质性与多义性诠释,一方面从这些"道"中又都可发现同一性的普遍存在。上述这种既异质又统一的"道论",正是基于中国传统语义学与道家思想中"道生一,一生二,二生三,三生万物"的"以一训道"的"道"观思想框架而成。正如道家认为即使"道"可化生成异质的万物,但终究始源于"一",不同之"道"虽有千差万别,但最后皆同返于"道一"之上,而这就是中国特有的"道论"结构。①

在先秦时期,中国多为单字成义,后来因为世界越来越复杂,需要描述的现象增多,概念不够使用,所以逐渐由单音节词化为双音节词乃至多音节词,用增加的词汇去表现纷繁的概念世界,故自汉代以后双字成词现象越来越多,直到近代更是有惊人的发展。正如沈国威先生指出,中国近代因为时代语境需要,出现衍生出大量双音节词的现象。② 由于双音节词大多是由单音节词的意义组合延伸而来,因此就具备了拓展单音节词概念意义与范畴的作用,尤其是在上文提到的汉语词缀复合词类型中更是如此。因此若要理解中国的"道"的概念,除了从单字"道"的意涵进行分析外,还需从由"道"字作为词缀所复合成的双音节词去进行讨论方才完整。如从"天道""公道""人道""王道"等概念出发,全面地观照"道"的多元面相。当我们绾合单音节词"道"与"道"这一单音节词复合而成的双音节词,诸如"天道""公道""人道"等词,即可推出"道"的概念词族,这些词族围绕着"道"此一单音节词,展现出"家族相似性"(Family Resembalance)特征。③

----

① 陈丽桂先生曾指出先秦具有"以一训道""以术训道""以气训道"与"以常(恒)训道"四种"道"观内涵,并从道家传世本《老子》与简帛本《老子》的用字对比中,发现简帛本重视的"常"在传世本被改为"恒",而"常"观的哲学意涵被淡化,"恒"观则具备了近似"道"观的原始意涵。由此显见中国传统"道"观具有一、常、恒等意涵。而"以一训道"正是王汎森指出中国的"道"的概念具有"包容性"的思想源头。从陈丽桂先生的研究中还可推知中国的"道"的概念除了包容性外,还有稳定性、不变性,正是来自中国传统道家思想。以上讨论可详见陈丽桂:《"道"的异称及其义涵衍化——"一"与"亘"》,《成大中文学报》第46期(2014年9月),页1—32。

② 沈国威:《汉语近代二字词研究:语言接触与汉语的近代演化》(上海:华东师范大学出版社,2019)。

③ 本书提出的"概念词族"(Family of Concept-term)概念,乃是脱胎于维特根斯坦(Ludwig Wittgenstein,1889—1951)对于古典分类理论提出挑战后提出的"家族相似性"(Family Resembalance)概念,亦即范畴成员间虽存在多元共同特征,但同时也未必皆具备所有共同特征(attributes)。正如"捉迷藏""球赛""牌局"甚至"一个人练习排球"都可以称作"game",但仔细分析"捉(转下页注)

亦即"天道""公道""人道"等概念，一方面同具"道"的必然性、应然性、公用性乃至自然性的秩序之义，另一方面又基于"天""地""人"等单音节词的不同意义，展现出不同的"道"的秩序类型。就此思路来说，若能得知近代基于"道"字所形成的所有词缀复合词中最重要的几个，当能从这些重要复合词的外延，远距描摹出近代中国对于"道"的概念的主要理解方向，掌握近代时人是以哪些"道"的词汇—概念去作为处理纷杂世界事务的指导原则。本章正是基于上述人文研究理论与问题意识出发，通过文本探勘技术的机器阅读观察来回答这一问题。

第二节　"道"的概念词族

基于上述思考脉络，本书以"中国近现代思想史专业数据库（1830—1930）"作为研究数据主要来源。此数据库是由香港中文大学中国文化研究所当代中国文化研究中心研究开发，由刘青峰先生主编，收录了 1830 至 1930 年间出版的巨量历史文献，收录的时间范围正是中国近代思想转型最为重要的一百年。数据库收录文献内容包含近代期刊、晚清档案资料、清季经世文编、清末民初士大夫著述、晚清来华外人中文著译、西学教科书等，几乎包括了中国近代政治思想研究中的各类重要典籍，共一亿两千万字，相当完备。①

本书有别于过去主观人为地选择几个与"道"字相关的重要词语作为研究考察对象的方式，改由客观的数据驱动（data-driven）考察方法，计算得出一亿两千万字的数据库中所有以"道"字为词缀的词语，其后再从数据线索的观察中发现并提出问题。通过数据驱动进行历史研究，研究者可从过去由文献阅读分析中发现问题的研究路径，改为从数据分析中发现与提出问题，并基于数据计算结果

（接上页注）迷藏"和"球赛"还有"牌局"，其中并没有全部相通的特性。并非所有游戏都具有"娱乐"性质，也并非所有游戏都是参与者之间的竞赛，运气与技巧在游戏中所扮演的角色也不一致，这些特征不是均匀分布于游戏类别的每个成员中，而是以家族相似性的方式存在的。就像一个家族成员中并不是所有人都有同样的特征，但因为不同成员的特征交叠，还是可以分辨出他们的家族关系。概念词族也是，虽然不是所有词都有同样特征，但却能在不同词族成员中发现特征交叠的家族关系。以上参见 Ludwig Wittgenstein, *Philosophical Investigations*, trans. by Elizabeth Anscombe (Oxford: Blackwell Publishing, 2001[1953]).

①　关于数据库文献来源清单，可参见金观涛、刘青峰：《附录一："中国近现代思想史专业数据库"（1830—1930）文献目录》，《观念史研究：中国现代重要政治术语的形成》（北京：法律出版社，2010），页 474—488。

确认现象后,再进行现象的解释工作。①

过去,在使用数字人文方法前,研究者单凭人力根本无法想象能从一亿两千万字的近代史料中找到所有以"道"字为词缀的双音节词,更遑论这些众多双音节词的使用词频排序,但在引入数字人文方法后即可进行上述的研究探索,数字人文方法实为人文研究者开启了一个崭新的研究视野与方向。研究者在数字人文技术下可提出有别于过去的新问题意识,如:中国近代"道"的概念是以哪些基于"道"字作为词缀的复合词形式被建构与再现的? 这些"道"的复合词在数据库中的使用频度排序如何? 为何某些"道"的复合词使用频度特别高? 为何在不同时期会出现不同的复合词的高频使用现象? 这些问题唯有从数字人文方法视角出发方能提出与回答。而找到上述问题的答案,就能以客观的定量数据回答中国传统"道"的概念如何完成近代转型的宏大问题。

为回答前列问题,本章将进行一系列的词汇—概念计算工作,步骤如下。

第一,先以"道"字为检索词,从数据库中下载自 1840—1925 年以"道"字为中心,前后各 10 字,每条共计 20 字左右的语料,共有 138976 条,分布于 26248 篇文章中,总字数为 2799819 字符(包括符号与英文)。本书以 1840—1925 年为考察时间范围,是在张灏先生所提出的 1895—1925 年这三十年为中国近代思想的转型时代理论基础上加以调整,②起始时间往前推到 1840 年(第一次鸦片战争爆发的时间)。本书将考察时间推前的目的,是想通过数字人文方法,检验"转型时代"理论中起始时间是否合理。本书拉长观察的时间范围后,通过可伸缩的数字人文方法,得以比较 1840—1925、1860—1925、1895—1925 三种截取时段中"道"的概念变化情况,最后议定出一较合理与适切的中国近代思想转型时代起始时间。

第二,对近 14 万条的语料进行人机互动的分词工作。先用 N-gram 方法对 270 万字的语料进行 Bi-gram 分词,而后通过数据筛选,将以"道"字作为词缀的二字词全部筛选出来,其后借由人工阅读过滤,留下具有实词意义的所有以"道"字为词缀的二字词。这里不使用如结巴(Jieba)分词进行词缀复合词的撷取工作,是因为在尝试过程中发现该分词法不适合处理近代文白夹杂的文

---

① 此观点参见梁晨:《量化数据库:"数字人文"推动历史研究之关键》,《江海学刊》2017 年第 2 期,页 163。

② 张灏先生在中国近代思想的转型时代起讫时间思考上有着几次变化,最后才定为 1895—1925 年这三十年。关于变化情况可详见丘为君:《转型时代:理念的形成、意义,与时间定限》,收入王汎森等:《中国近代思想史的转型时代》(台北:联经出版公司,2007),页 507—530。

本语料，因为结巴分词是基于词库的分词法，而其词库则是由现代白话文如《人民日报》语料等资源训练而成，因此无法对近代文白夹杂的语料进行精确的分词工作，所以本书改以人机互动的分词法加以处理，以求得到最精确的分词结果。①

　　第三，运用网络可视化分析工具 Gephi，②将在数据库中所有以"道"字作为后缀的二字词，③以视觉化图像方式绘制出来，获得图 2-1。图中，线条越粗表示该词在数据库中的词频越高，由此尚未过滤噪音词的可视化图，可初步地客观与快速掌握 1840 至 1925 年间数据库所有语料中使用超过 500 次（高

---

　　①　自然语言处理技术中的分词方法大致有两种，一为利用词库的自动分词，如使用 Jieba 分词，一为先由计算机进行 N-gram 分词后，再由人文学者选择有效的概念词进行研究。本书主张进行中国近代思想观念研究时，较适宜采用人机互动的分词方法，因为凭借人文学者的学术积累与鉴别力为基础去过滤词汇，可避免第一种方法可能因词库未收该词，因而无法在数据上呈现，导致遗失历史上重要概念词的问题，相关思考参见邱伟云、金观涛、刘青峰、刘昭麟：《中国近代平等观念形成之数字人文研究：以报刊为中心》，《清华大学学报》（哲学社会科学版）2018 年第 6 期，页 6。关于分词的相关方法与讨论，可参见刘昭麟、金观涛、刘青峰、邱伟云、姚育松：《自然语言处理技术于中文史学文献分析之初步应用》，收入项洁主编：《数位人文要义：寻找类型与轨迹》（台北：台湾大学出版中心，2012），页 61—82。

　　②　网络可视化分析工具众多，此处所用为 Gephi，关于目前网络可视化分析工具的介绍与应用，可参见梁辰、徐健：《社会网络可视化的技术方法与工具研究》，《现代图书情报技术》2012 年第 5 期，页 7—15。余例不详举。

　　③　在前述人机互动分词后过滤出的"道"的所有二字词基础上，本书基于"道"的概念会随着其所复合的单音节词而有所不同的理论，例如"天道"与"人道"会因"天"与"人"的概念差异，使复合后的"道"的概念有不同的指涉，亦即"道"虽仍为秩序与指导原则义，但却是不同类型的指导原则。如《说文解字》中指出："天，颠也。至高无上，从一大。""天道"一词即受"天"字本义范定，展现出一种不用他人赋予的至高无上、由上而下之"道"，如《易经》中谦卦《象》曰："谦亨。天道下济而光明。"而"人道"一词也受"人"字本义范定，《说文解字》指出："人，天地之性最贵者也。此籀文，象臂胫之形。凡人之属皆从人。"由上可见"人"只是更为广大的"天地"中之最贵者而已，但无论多么尊贵，亦只是"天地"中"之一"，并非至高无上，故"人道"一词即受"人"字本义范定，展现为一种基于天性法则指导人事的由下而上之"道"，如《易经》中谦卦《象》曰："天道亏盈而益谦，地道变盈而流谦，鬼神害盈而福谦，人道恶盈而好谦。"就上面"天道"与"人道"两概念比较，同样都具备了"秩序方向"的"道"字本义，但却因其是否"无上"而有所差别，"天道"为秩序方向之本体，"人道"是遵守"天道"秩序方向之客体，这就是由"天"与"人"字范定"道"字后的结果。就此可见"天道"与"人道"的意涵基本上是由"道"字前面的单音节词"天"与"人"的意涵所范定，因此本书以研究"道"字作为后缀所复合而成的二字词为主要考察对象。至于以"道"字为前缀所复合成的二字词如"道德"与"道理"等也值得研究，但以"道"为前缀词的二字词其概念焦点主要落在"德"与"理"的概念上，并非本书主要关注的"道"概念，故暂不处理，留待日后另文讨论。上述引文分别参见许慎撰，陶生魁点校：《说文解字》（北京：中华书局，2020），页 1；王弼撰：《周易注》（北京：中华书局，2011），页 88；许慎撰，陶生魁点校：《说文解字》（北京：中华书局，2020），页 249；王弼撰：《周易注》（北京：中华书局，2011），页 88。

频)的以"道"为后缀的复合二字词。从图中可直观看到出现超过 500 次的复合词中以"知道"用量最多,位居第二的是"铁道",位居第三的则是"人道"。由于本书主要想讨论的是作为"秩序方向"的"道"的概念,因此图 2-1 中实存在着很大一部分与研究主题不符的噪音词,如"知道""铁道""赤道""河道""海道"等,而另一部分二字词如"天道""人道""公道""无道""大道"等才是本书所想讨论的具有"秩序方向"意涵的"道"的概念词族。因此,本书在此又进行一次人工过滤,将所有使用频次超过 500 的以"道"为后缀的二字复合词进行人工筛选,将不符合研究主题的词剔除,留下符合研究主题的复合词,并绘制成图 2-2。

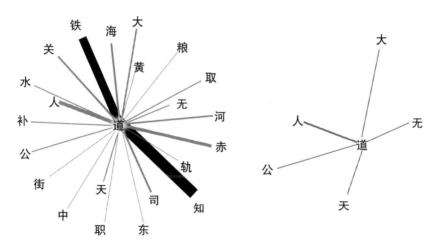

图 2-1　数据库(1840—1925)中使用超过 500 次的以"道"为后缀的词族图

图 2-2　数据库(1840—1925)中使用超过 500 次的以"道"为后缀的词族图(去噪后)

第四,在过滤出符合研究主题的复合词后,需进行去噪的数据清理工作,清除语料中存在的少数噪音现象,例如"人道"一词语料杂有些许如"不为外人道""那老人道""众人道"等的噪音现象,又如"天道"方面则有地名"奉天道路"或是图书专名如"《天道镜要》"等噪音现象,都需经由人工介入清除过滤,以保证研究数据的品质与精度,以求符合人文学研究的品质要求。

在经过上述多重的数据筛选与清理后,本书基于以下标准从图 2-2 中选出最终主要研究的概念词:基于具有"指导性"意涵的原则,留下"天道""人道""公道"三个以"道"为后缀的复合词,作为主要研究概念。在中国传统中,"天道""人道""公道"都属于具有方向性的"道",指导着人世朝向以天、以公或以人为依归的方向发展,因此研究这三个概念,当能回答"道"概念在近代转型下究竟转向何方此一重要问题。至于"无道""大道"等概念，由于并非具有明确方向指导性的"道"的概念，因此无法作为探讨近代"道"概念的转型方向此一重要问题的观察研究对象，所以本书不进行讨论。

在经过上述人机互动的层层数字人文研究步骤后，可从1840—1925年总计105387277字的数据库语料中，确定三个中国近代最为重要的以"道"为后缀的复合词——"天道""人道""公道"，去噪后的精确使用次数如表2-1。[①]

表2-1　数据库(1840—1925)中以"道"为后缀的前3高频复合词表

排序	复合词	出现次数
1	"人道"	2248
2	"公道"	945
3	"天道"	815

基于表2-1中的数据线索，配合过去诸多前人研究成果，即可进行数字人文学的验证与修正旧说的工作。在验证旧说方面，表2-1中可见，中国近代"道"的概念主要是以"人道""公道""天道"这三个概念作为代表，1840—1925年之间以"人道"一词的使用次数最多，为"公道"与"天道"二词的两倍以上，这可验证过去学者研究指出的，中国近代思想之转型实与由晚清之际"人的发现"到民初"个人的崛起"思潮之出现密不可分，而"人道"一词的居冠，正是从语言证据证明了此一思潮确实是近代思想转型中最重要的一股推动力量。在修正旧说方面，从第一章的文献探讨中可知，学界曾关注过"天道"概念与近代进化主义的关系，也曾关注"人道"概念与近代个人主义、"自由"概念间的关系，甚至还曾讨论过"王道""皇道""霸道"等等概念，但却未见有人聚焦在"公道"概念上进行讨论，这是因为受到了过去如《左传·昭公十八年》子产所言"天道远，人道迩"[②]以及《孟子·公孙丑章句上》"以力假仁者霸，霸必有大国；以德行仁者王，王不待大"[③]的"天道—人道"与"王道—霸道"等传统思想概念

---

①　本章基于此前发表的《"天道""公道""人道"：数码人文视野下中国近代"道"的概念转型与变迁研究》一文进行两处调整：首先，为进行有关中国近代思想"转型时代"理论的讨论与分析，在研究时段上调整了起讫时间；其次，更求更为精确的研究结果，因此提高了数据过滤门槛与标准。综合以上考量与调整，故本章所呈现出的数据与原先发表文章有所出入，即是受到上述两处调整影响所致，在此说明。原文详见邱伟云：《"天道""公道""人道"：数码人文视野下中国近代"道"的概念转型与变迁研究》，《新亚学报》(香港)第37卷(2020年8月)，页427—508。

②　阮元校刻：《十三经注疏·春秋左传正义》(北京：中华书局，2009)，页4529。

③　阮元校刻：《孟子注疏》(北京：中华书局，2009)，页5849。

框架影响与局限,才会直观与主观地认为中国近代思想转型时代中也是以这些概念最为重要。然而从数据驱动下的计算结果表 2-1 可见,"公道"概念超出了研究者的常识,在近代思想转型时代中出位,跃升到与"天道"和"人道"概念同等重要的位置,这一发现就补强并修正了过去认为"道"的概念唯以"天道"与"人道"最为重要的主张。

通过表 2-1 的数据虽能初步确认或调整学界对于近代思想转型时代发展的整体认识,但仍失之简略,因为三个词的出现次数只能均质地体现 1840 至 1925 年间的整体状况,无法展示三个词的历时性使用轨迹,也就无法进一步地了解三个概念在长时段中的互动情况及其历史意义,因此,为解决此问题,以下将从历时性角度出发,通过另一种数字人文方法,进行"天道""人道""公道"三个概念发展轨迹的考察工作。

第三节　"道"的词族序列

诚如前述王汎森所言,从措辞的升降可以推测一代人的思想,类似这样的想法,也为前人所意识到,通过单一词语的使用情况,可揭示某一思想在某一时代的发展。如第一章指出前人曾基于"自强"一词的单一词语使用频率升降,考察"自强"概念的发展;或是后来学者更进一步地进行多个词语间词频升降的比较,如"革命""维新""改革""改良"等几个近义性词语在长时段中历年使用词频的升降,揭示革命思想的转折与变化。[①] 以上这些都是从"时间序列"的视角出发,探讨长时段中的思想概念变化的案例。过去在没有计算机协助下,学者需通过耗时费力的人工翻阅史料与计次工作才得以完成此类研究,后来在计算机帮助下,通过强效的计算协助,人人皆可快速完成此类研究的计算工作,大大提高了此类研究路径的可行性。而到了计算机效能更为突飞猛进的今日,研究者则可运用更多元的计算方法,推进"时间序列"此一研究视角的发展工作。

上一节已通过数字人文方法客观并精确地归纳出中国近代"道"的概念词族。这一节将从历时性角度出发,通过另一种数字人文方法,描绘中国"道"的概念词族在近代的发展时间序列。为达上述目的,以下进行一连串的计算工作。

---

① 详见金观涛、刘青峰:《革命观念在中国的起源和演变》,收入《观念史研究:中国现代重要政治术语的形成》(北京:法律出版社,2010),页 365—399。

首先,计算"天道""公道""人道"三个词从 1840 至 1925 年的历年词频(即使用次数),绘制成图 2-3。

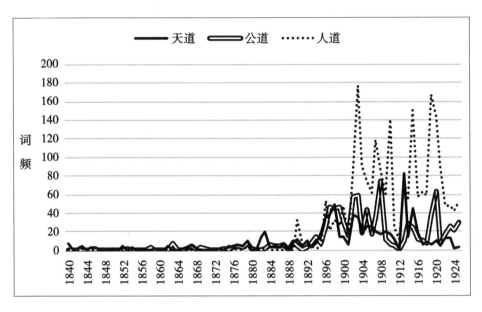

图 2-3　数据库(1840—1925)中"天道""公道""人道"三词历年词频分布图

从图 2-3 中可见"天道""公道""人道"三词的历年词频使用升降情况。"人道"一词自 1900 年后稳定地超越"天道"与"公道"二词,这与八国联军侵华后中国近代知识人全面对儒学产生价值逆反,因而减少谈论天道思想,以及洋务运动时期在万国交流中涌现的公道思想的失能有关。从图 2-3 中可看出八国联军侵华后"人道"概念的使用已超越了"天道"与"公道"概念。但从图 2-3 这种词频可视化形式,也只能作出上述判断,因为此种可视化形式并未考虑数据库所收录每年史料的总数不一可能对历年词频多寡造成的重大影响,在尚未归一化下,也就不能进行历时性的词频变化分析,仅能对比分析每一年中三个词各自使用词频的多寡。为解决上述词频可视化形式本身存在的问题,进一步分析"天道""公道""人道"三词在近代的按时序发展情况,可转用已解决数据库每年收录文献多寡问题下所提出的 CUSUM 方法。此方法先以数据库每年收录文献量为分母,对"天道""公道""人道"三词的历年词频进行归一化计算,得到三词的历年使用比例,接着对三词的历年使用比例进行累加值计算,最后得出三词在长时段中的使用比例累加数据并绘制成图 2-4,从中可观察三词成长比例的历时性变化。[①]

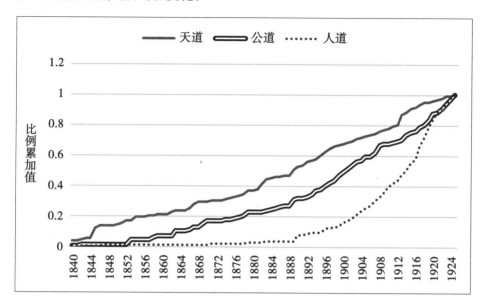

图 2-4　数据库(1840—1925)中"天道""公道""人道"三词词频比例累加值图

从图 2-4 可视化结果中,可以直观地感觉到,"天道""公道""人道"这三个词的使用具有依照时间顺序先后涌现的现象,亦即 1860 年前主要使用"天道"概念,1860 年后"公道"概念等比例开始稳定涌现,1895 年后"人道"概念开始等比例稳定增加使用。图 2-4 的结果揭示了中国近代"道"的概念转型,有一个由"天道""公道"最后到"人道"涌现的发展历程。就此可思考,假设中国近代思想转型时代只考察 1895 年至 1925 年这三十年,是否也能看出"道"的思想具有由

---

①　CUSUM 是一种统计方法,全称为 cumulative sum control chart,主要是侦测相对稳定的数据序列中的异常数据点,本文所使用之 CUSUM 则略有改动,全称则为 cumulative proportion chart over period,主要是用在进行概念词频成长比例的历时性变化观察之上。CUSUM 研究中的横轴为时间,故称为 cumulative proportion chart over period。CUSUM 图呈现的是累积相对频次使用比例,其做法是将一般频次使用比例按时间累加其频率,计算比例而绘制成图。CUSUM 图线条只上不下,可减少频次图的线条交错,使图表呈现更为简洁,便于分析。CUSUM 图是已被大量利用的图表形式与计算方法,有兴趣者可参见 Douglas G. Altman, *Practical Statistics for Medical Research*(Boca Raton: Taylor & Francis,1991),pp. 29-31. 关于运用 CUSUM 分析技术进行数字人文研究的案例,可参见郑文惠、邱伟云:《从"概念"到"概念群":〈新民丛报〉中"国家"与"教育"观念的互动与形塑》,《东亚观念史集刊》第 10 期(2016 年 6 月),页 37—102;郑文惠、邱伟云:《数位人文视野下近代中国"新/旧"话语的交锋与激辩》,《清华中文学报》第 22 期(2019 年 12 月),页 173—246。余例不详举。

"天道""公道"到"人道"的顺序涌现转型轨迹呢? 以下依照前述的数字人文研究步骤与方法,在图 2-4 的基础上改变起始时间,再绘制 1860—1925 年、1895—1925 年两种时段的比例累加值图,如图 2-5、2-6 所示。

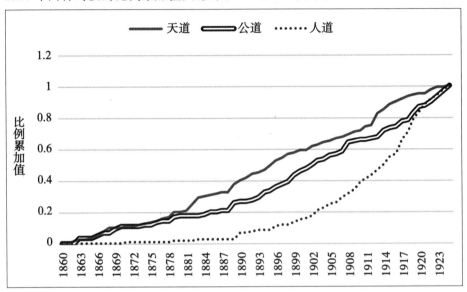

图 2-5 数据库(1860—1925)中"天道""公道""人道"三词词频比例累加值图

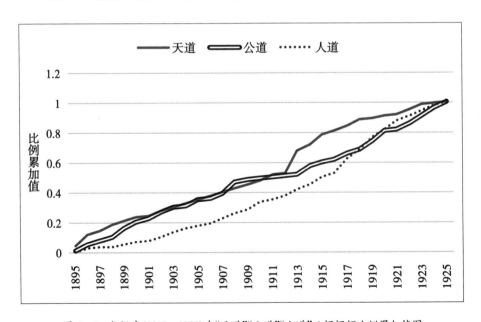

图 2-6 数据库(1895—1925)中"天道""公道""人道"三词词频比例累加值图

从图 2-4、2-5、2-6 中可见,当把转型时代的起始时间用数字人文的可伸缩视野进行调整之际,就显现出了随着转型时代考察时间不同而产生的不同结果。如图 2-4,当以 1840—1925 年为考察范围时,可以看见 1860 年前,"公道"与"人道"尚未涌现,"天道"一词的使用频率已在不断提高,揭示出 1860 年前"道"的概念主要是以传统"天道"作为代表;但若将考察视野缩短,只观察 1860—1925 年,如图 2-5,就只能看见"天道"与"公道"于 1860 年就开始一起等比例使用,而"人道"概念在 1895 年后才涌现,这样就遮蔽了"天道"在 1860 年前,于"公道"与"人道"尚未涌现前作为"道"的主要概念的信息;若将考察视野再次缩短,只观察 1895—1925 年,如图 2-6,遮蔽的信息就更多,只能看见自 1895 年开始"天道""公道""人道"三个概念同步涌现发展,遮蔽掉了在 1895 年前,亦即"人道"一词尚未涌现前,"天道"与"公道"是早期主要代表"道"的概念的信息。

从上述讨论可以证明,在谈中国近代思想转型问题时,若只关注 1895—1925 年这三十年是不够的,会遮蔽掉在 1895 年前的思想转型现象,无法照见中国思想从传统到近代发展的所有转折轨迹。正如本书所研究的"道"的概念转型问题,唯有将观察时段拉长至 1840—1925 年,才能完整地掌握"道"的概念转型的全部历程。而这也证明金观涛与刘青峰二位先生以 1840—1925 年为中国近现代思想转型期的起讫年份更为合适。

上述的伸缩比较研究在过去是无法想象的,因为研究者无法凭一己之力计算完长期、中期、短期中"天道""公道""人道"三个词的所有使用现象,但通过数字人文方法则可完成,这里正体现出数字人文方法独特并专擅的问题视野。正如图 2-4 所揭示出的"天道""公道""人道"三个概念按时序涌现的现象,或许过去人文学者也可作出此一假设,但本书有别于以往波普尔(K. R. Popper,1902—1994)的"假说—演绎"形式,改从"大量积累的数据推动"出发,此一变化意味着数据成为整个研究的核心环节。从理论驱动到数据驱动的转化,最大贡献是研究方式从"如何验证一个假设"转变为"如何发现隐藏在大量数据中的关联与知识"。[①]

配合图 2-4 的数据线索,运用数字人文方法可立即调取到历史语料来进一步考察"天道""公道""人道"三词的实际使用情况。配合实际语料从图 2-4 中可进一步得到三个观察结果。

---

① 关于理论驱动与数据驱动间的关系及其范式转向,参见贾向桐:《大数据背景下"第四范式"的双重逻辑及其问题》,《江苏行政学院学报》2017 年第 6 期。

其一，近代中国早期仍以"天道"作为"道"的主要概念，在 1860 年前中国虽经历了第一次鸦片战争，但仍持守天下观视野，因此仍以"天道"为依归处理天下之事，此时"天道"概念尚未被怀疑。在当时的历史文献中可见，当时人们确实仍是基于儒家济弱扶倾、损有余而补不足的天道价值观去品评世界各国，如 1840 年林则徐（1785—1850）在《四洲志》中提到都鲁机国（即土耳其），指出其原先居住在鞑靼里中央牙萨底斯（即今萨第斯，Sardis）之东北，在阿尔特山附近，早先并非国家，而是一宗教信仰群，后来才集合诸部头目攻打邻国，取得丰腴的疆土，而在巴社立国称王，称为塞尔牙国，其后又渡河攻克额力西与阿丹及西里阿等国，最后阿细亚洲西边诸国都属于都鲁机了，都鲁机虽因其强悍因而得以侵略并吞他国，但"天道好还"，所以后来欧罗巴各国与腊体讷国同时起兵，蒙古可汗又从鞑靼里攻其后，最后诸国共同夺取了巴社并灭了塞尔牙之王。从上段叙述可见，此阶段"天道"概念仍是作为天下普遍律则用来谴责都鲁机以力侵略并吞他国的霸道行为。[①]

其二，在 1860 年后，面对纷至沓来的各种国际外交事件，中国在不得不使用《万国公法》以与西方诸国交涉下，[②]逐渐从天下观转向万国观，[③]自此"公道"概念逐渐成为"道"的主要代表概念。"公道"概念伴随着万国观与日益增多的国际外交事务问题而涌现，从历史文献中可见，如 1863 年美国谈及有关中国处理白齐文（H. A. Burgevine, 1836—1865）事件[④]时指出，中国并未基于公道的全球普遍律则对待白齐文，若是公道，则应再次起用白齐文。[⑤] 由此可见"公道"概念

① 林则徐：《四洲志》，收入王锡祺辑：《小方壶斋地丛钞再补编》（杭州：杭州古籍书店 1985 年影印上海著易堂光绪二十三年[1897]本），帙 12，页 492。

② 关于《万国公法》在近代中国所造成的重大影响，可详参林学忠：《从万国公法到公法外交：晚清国际法的传入、诠释与应用》（上海：上海古籍出版社，2009）。

③ 金观涛与刘青峰在《从"天下"、"万国"到"世界"——晚清民族主义形成的中间环节》一文中，除指出天下观念所具有的多重属性，更利用数据库方法客观地对晚清士人论述中"天下"一词如何一步步转向"万国"的历程进行了全面的探讨，并对这个过程中民族主义情绪的上涨和形塑进行了反思，详见金观涛、刘青峰：《从"天下"、"万国"到"世界"——晚清民族主义形成的中间环节》，《二十一世纪双月刊》总第 94 期（2006 年 4 月），页 40—53。

④ 白齐文担任由美人华尔出资招募对抗太平军的佣兵队常胜军的队长，在大败太平军后，看不起清朝官员与清军，因此带兵殴打统领他们的道台杨坊，此无礼举动与对中国的藐视引起江苏巡抚李鸿章与朝廷的不满，因此撤销了白齐文的职务。白氏在受到英美公使支持下愤而前往北京要求复职，却遭李鸿章反对无果。详见熊秋良：《李鸿章与白齐文事件——兼论李鸿章处理涉外事件的原则和方法》，《安徽史学》1999 年第 2 期，页 58—61。

⑤ 美国《（六一八）照覆（上折附件）》（1863 年 8 月 2 日），收入故宫博物院编：《筹办夷务始末》（同治朝）卷之十七（北平：故宫博物院，1930），页 436。

已成为当时中外共同用以处理万国外交事务时的共识之"道"。

其三,在 1895 年前后,"人道"概念开始涌现,这是因为过去带有天下观意涵的"天道"概念,以及在万国观下产生的"公道"概念,都在甲午战争及八国联军侵华后中国与列强的密切互动中开始失能,在引入追求国家富强必先使国民富强的民族国家主义思潮之下,带动了"人的发现"浪潮,使"人道"概念开始兴起,成为晚清知识人的新价值观。如 1899 年梁启超《自由书》中提到驻越法兵不满五千,却能练越兵超过四十万,并为法国守御,认为法人能钳制越兵关键即在于"族诛",亦即拒法者会受到发冢、枭斩、焚尸等对待。面对法人的残酷,文中指出:"以世界第一等专制之中国,近古以来,此种野蛮法律,且岁废不用,曾是腼然以文明人道自命之法兰西,而有是耶,而有是耶!"①这里即是基于"人道"概念此一普遍律则谴责法国所行残酷之事。"人道"概念继"天道"与"公道"概念成为知识界话语中的重要之"道",这一转变伴随的是中国近代"人"观的兴起,②以及政治层面的西方观念如平等、自由的涌入。

通过以上基于数字人文方法的可伸缩阅读分析可作以下总结:中国近代"道"的概念原先是以天朝上国所托喻和代表的传统"天道"概念为主,但在洋务运动时期,传统华夷天下观逐渐失灵,在面临世界列强时必须以《万国公法》与万国交流,因而普遍律则也就逐渐从华夷天下观中所崇尚的"天道"转向在"万国"环境下被迫平等对话的"公道";而在甲午战争与八国联军侵华后,则由于封建王朝之主权及其赖以维系的儒家思想遭到了列强更为剧烈的挑战,清政府在被迫之下所追求的"万国公道"亦几乎不保,再次被发现与重新赋义的"人道"概念成为不依赖于政权存亡的最后依凭和底线。由三个关键概念按时序涌现的现象,可看出知识阶层在正式文本表述中越来越弱势的自我定位之投射。在此期间,"天道"一词之所以能够稳定存在,与其一直以来的多面性有关,原本传统中国社会公认的至高无上的"天道"概念,在与正义、原则、分配、权利等以现代理性为价值根源的西方近代价值观互动下,开启了概念的近代转型,进而分化成知识界的博物馆化、自然化和民间世俗化的"天道"概念,分别继承了传统"天道"的形上天、自然天和人格天等多元意涵,使得"天道"概念因成功转型而能被保留。以上

---

① 梁启超:《自由书》,《饮冰室专集》之二(昆明:中华书局,1941),页 106—107。

② 关于中国近代"人"观的讨论,详见金观涛、刘青峰:《中国个人观念的起源、演变及其形态初探》,《二十一世纪双月刊》总第 84 期(2004 年 8 月),页 52—66;黄克武:《"个人主义"的翻译问题——从严复谈起》,《二十一世纪双月刊》总第 84 期(2004 年 8 月),页 40—51;许纪霖:《大我的消解:现代中国个人主义思潮的变迁》,《中国社会科学辑刊》2009 年春季号,页 1—21。

就是图2-4数据线索中所展现出的中国近代"道"的概念近代转型历程及其意义。

　　由本章可见，通过数字人文技术，我们得以从一亿余万字的大数据中，挖掘出"天道""公道""人道"三个重要的以"道"为后缀的复合词在时间序列上的数据结构与关联知识，这样的观察结果不是经由人为的猜测与假设得出，乃是从数据中提炼而出，避免了人工主观假设的偏颇，得以客观地勾勒并证明中国近代"道"的概念的主要发展，是基于"天道""公道""人道"三个概念互动而完成的。其后，人文学者基于前述数据科学（data science）视角①下得到的数据线索，可再通过可伸缩视野回到史料中，发挥分析能力，揭示"道"的概念在数据上具有时序性的关联结构背后的历史意义。就此可见数字人文与数据科学最大不同之处，即在于数字人文中"人文"的本领域知识（domain knowledge）具有关键作用，亦即在数据科学视角之下，仍需人文学者对数据线索进行阐释，以求得出具有人文性的研究成果，这正是人文学者参与数字人文研究时得以发挥长处之结穴，也是本书接下来三章将回到定性的文献分析方法，对"天道""公道""人道"三个概念进行更为细致分析的目的所在。

---

　　① 关于数据科学的定义，可参见 William S. Cleveland, "Data Science: An Action Plan for Expanding the Technical Areas of the Field of Statistics," *ISI Review* 69:1 (Apr. 2001), pp. 21-26; T. Hey, S. Tansley and K. Tolle eds. , *The Fourth Paradigm: Data-Intensive Scientific Discovery* (WA: Microsoft Research, 2009).

第三章 天下观中的"道":"天道"

第一节 "天道"概念的溯源

"天道"概念自古有之,在"十三经"、"二十四史"与先秦诸子文献中早已出现,主要意涵有三。其一,作为自然天道的四时物理运行法则之意,如《汉书·列传·司马迁传第三十二》:"夫春生夏长,秋收冬藏,此天道之大经也,弗顺则无以为天下纪纲,故曰:'四时之大顺,不可失也。'"①其二,作为人格天道的律令赏罚意志原则之意,如《史记·孝文本纪第十》:"盖闻天道祸自怨起而福繇德兴。"②其三,作为形上天道的道德礼制伦理秩序之意,如《孟子·尽心下》:"仁之于父子也,义之于君臣也,礼之于宾主也,知之于贤者也,圣人之于天道也,命也,有性焉,君子不谓命也。"③由上述文献可知,传统"天道"概念包含着自然天道、人格天道与形上天道。这三种天道中的"天"作为主体都对作为客体的"人"产生作用,在天与人的主客体互动下汇结成中国传统合天道与人事的天人合一思想。

在中国传统天人合一的关联性思维传统下,天道成为人们行事的准则与依归,具备神秘性、原理性、普遍性、道义性、自然性等意涵,一直稳定延续到明清不曾改变。④ 虽然"天道"概念长久以来都具有相对稳定的内涵,但到了近代与西

---

① 班固撰,颜师古注:《汉书》第9册(北京:中华书局,1964),页2711。

② 司马迁撰,裴骃集解,司马贞索隐,张守节正义:《史记》第2册(北京:中华书局,1963),页427。

③ 阮元校:《重刊宋本十三经注疏附校勘记·孟子注疏》(台北:艺文出版社,1989),页253。

④ 从宋至清代的天道论,基本上都是以天道人事相贯通作为论述的主旋律,只是基于理本论、心本论与气本论的不同而各有侧重。杨儒宾曾指出张载(1020—1077)在谈天地之性时,虽从个人身上谈"性",却仍以作为宇宙性的"天地"为根源,性命根源深入天道之中;其后程颢(1032—1085)、程颐(1033—1107)的"性"与作为朱子后学的陈埴(1176—1232)的"义理之性" （转下页注）

学接触后，就有了较大改变。①那么，在与西学接触后的"天道"概念，究竟接受了哪些西方思想？这可以从近代英华双语字典来加以掌握。基于数字化工作的成果，研究者可通过"英华字典资料库"②，快速掌握晚清以来一系列英华双语字典中对"天道"一词的译词发展轨迹，从中了解中国近代"天道"概念的跨语际实践历程，综合整理如表3-1。

表3-1　"英华字典资料库"中"天道"译词表

编者和辞典名	出版年	"天道"的主要英译词
马礼逊《英华字典》	1822	Heaven's ways、providence、Zodiac
卫三畏《英华韵府历阶》	1844	Providence
麦都思《英华字典》	1847—1848	ways of providence、dispensation of Providence
罗存德《英华字典》	1866—1869	celestial doctrine or truth、celestial principle、the course of Providence、the road to heaven、Dispensation、normal right

（接上页注）也都是宇宙性的，落于"天道"范围之中。杨儒宾指出超越的"性"除了是心性或道德哲学词汇外，同样也是自然哲学与形上学概念，"人性"与"天道"之间具有密切关系，这点是为二程、朱熹（1130—1200）、王阳明（1472—1529）等主流理学家都一致同意的世界观。而后到了明末清初之际，亦是基本维持着天道人事贯通论的主旋律，如薛凤（Dagmar Schäfer）提到明末清初的方以智（1611—1671）的《通雅》（1666）与《物理小识》（1631—1634成书），就是在农业、医学、数学、道德、治理、文学、文献学与文字、声韵、训诂等人事中显露天道，这种从具体之人事之物出发追求天道的求知趋势从宋代就已开始。以上是自宋明以降在儒学范畴中有关"天道"概念诠释的简要描述。相关讨论可参见杨儒宾：《"性命"怎么和"天道"相贯通的——理学家对孟子核心概念的改造》，《杭州师范大学学报》（社会科学版）2010年第1期，页1—12；薛凤著，吴秀杰、白岚玲译：《工开万物：17世纪中国的知识与技术》（南京：江苏人民出版社，2015），页20，译自 Dagmar Schäfer, *The Crafting of the* 10,000 *Things: Knowledge and Technology in Seventeenth-Century China* (Chicago: The University of Chicago Press, 2011).

①　中国近代所出现的各种思想概念转型现象，基本上不外乎受到西学或来自日本的东学影响。若就"天道"概念而论，此一概念的近代转型主要受到西学的影响较大。日本东学方面主要是向内输入而非向中国输出，关于中日间"天道"概念的交流情况，详见陈玮芬：《"道"、"王道"、"皇道"概念在近代日本的诠释》，《中山人文学报》第15期（2002年10月），页107—130；陈玮芬：《"天道"、"天命"、"王道"概念在近代日本的继承和转化——兼论中日帝王的神圣化》，《中国文哲研究集刊》第23期（2003年9月），页235—262。

②　网址 https://mhdb. mh. sinica. edu. tw/dictionary/index. php，上网时间2023年3月29日。表3-1中仅整理与呈现出重要的译词，其他另以短语意译"天道"一词的情况，可详见"英华字典资料库"。

（续　表）

编者和辞典名	出版年	"天道"的主要英译词
卢公明《英华萃林韵府》	1872	Providence
井上哲次郎《订增英华字典》	1884	celestial doctrine or truth、celestial principle、the course of Providence、the road to heaven、Dispensation、normal right
邝其照《华英字典集成》	1899	无
颜惠庆《英华大辞典》	1908	decree of heaven、celestial principle、Providence、Will、Dispensation、normal right、uranic principles
卫礼贤《德英华文科学字典》	1911	Vorsehung‐providence（天命、天道）
商务印书馆《英华新字典》	1913	Dispensation（天道、天运、特许、施舍、施济之事）
赫美玲《官话》①	1916	无

　　从表3-1中诸多近代英华字典对译"天道"一词的英文字汇中，可归纳统计出对译最多的英文字汇依序为 Providence、Dispensation、celestial principle、normal right 等。由上可见，"天道"概念在中国近代通过跨语际实践会通了西方的上帝、分配、免除、豁免、原理、原则、主义、道义、本质、本义、根源、源泉、正常的、正规的、标准的、正确、正义、权利等概念内涵。而从上述对译词中，可以初步看到中国传统"天道"概念的近代转型语境。②

────────────

　　①　全称《标准中国官话英华辞典》（*English-Chinese Dictionary of the Standard Chinese Spoken Language and Handbook for Translation*）。

　　②　近代之际中西"天道"概念的对话，主要发生于传教士的翻译行动中，他们当时面对的是宋明儒学中的天道论。传教士通过会通连结，把儒学"天道"收摄于天主教的"天学"中加以转化，因此从近代传教士所编纂的双语辞典乃至相关的"天道"论述文章中，都可见与传统儒学天道观的连结，但亦可见其矛盾冲突所在。如李奭学曾指理学家眼中的"道"并非天主教的"天学"，但耶稣会士或中国的跟随者会认为"天学"已涵括了"道学"，主张儒家、佛家与天主教之间并无矛盾。然而，实际上天主教的"天学"中所存在的"审判"思想，就与儒家以"仁"为"天心"的看法，以及从张载以降到王夫之的天人合一思想有着根本上的差异。由此可见，宋明儒学的"天道"概念在近代确实曾被西方传教士进行过转译。相关讨论详见李奭学：《传说：言道·友道·天道》，《中国晚明与欧洲文学：明末耶稣会古典型证道故事考诠》（修订版）第5章（北京：生活·读书·新知三联书店，2010），页295—306。

　　中国传统"天道"概念本以自然规律、人格意志、形上义理作为天道的内涵，但在对译西方概念时，却是连通了正义、原则、分配、权利等以现代理性为价值根源的西方近代价值观，正是这样的跨语际实践，促成了中国近代"天道"概念的转型。那么，在上述语境下，本章的关切点在于，"天道"概念于近代的跨语际实践中，究竟面对了哪些挑战与危机，作出了哪些回应，而导致了今人不同于古人那样虔信"天道"？就上述关切出发，我们想追问，"天道"概念是如何从传统转进到近代？这一过程是如何发生的？传统"天道"概念如何面对近代西方传入的"物竞天择，适者生存"的天演论？如何面对西方民族帝国主义和强权主义的霸道侵略行动？中国传统"天道"概念中的"礼的秩序"与西方天演概念下的"力的秩序"如何互动？[①] 以上即为本章欲处理的主要议题。

　　诚如第一章指出的，过去前人在讨论近代中国"道"的概念发展时，曾从严复（1854—1921）、康有为（1858—1927）、谭嗣同（1865—1898）等人对"道"的论述中，总结出晚清知识人重视"人道"概念；[②]或从"道"的整体论述出发，指出中国近代"道"的转型发展阶段是从"道一而已"至"道出于二"，乃至"道出于三"。可以看见在过去的研究成果中，未见有人特别关注传统中最为重要的"天道"概念于近代的发展去向，然而这个问题却十分重要，因为唯有厘清传统中作为普遍律则的"天道"概念如何转型，才能清楚掌握现代"人道"概念如何发展的过程。在中国传统天人合一思想下，"人道"概念在近代兴起之际，"天道"概念是随之兴起还是代谢？天道与人道的关系是达成某种贯通，还是两个概念的关系自此打破而断裂？这些都是探讨中国近代思想转型问题时必须先行回答的重要议题。

　　为回答以上议题，本章将考察近代以来"天道"概念在时人论述中的变化轨迹。然而从近代浩如烟海的史料中，要勾勒"天道"概念的长时段发展情况有其

---

　　①　关于中国近代在尚力思潮下所产生的"力本论"与追求"力的秩序"的现象，可见诸近代知识人的相关论述，如唐才常的《论热力》一文号召时人应鼓动热力以求速变与开启民智、谭嗣同在《仁学》中提出18种力、严复主张"鼓民力"、鲁迅追求"诗力"等等。罗志田认为诸如上述的"力"的论述，促使中国从过去"不以成败论英雄"转向"败即是劣"的世界观，许纪霖亦指出"力"的论述的出现，促使近代中国从"礼的秩序"走向"力的秩序"。关于中国近代"力本论"与"力的秩序"的相关讨论，可参见郭国灿：《近代尚力思潮论述》，《二十一世纪双月刊》总第11期（1992年6月），页24—33；罗志田：《新的崇拜：西潮冲击下近代中国思想权势的转移》，《权势转移——近代中国的思想、社会与学术》（武汉：湖北人民出版社，1999），页47；金观涛、刘青峰：《中国现代思想的起源：超稳定结构和中国政治文化的演变》（第一卷）（香港：香港中文大学出版社，2000），页297—303；许纪霖：《现代性的歧路：清末民初的社会达尔文主义思潮》，《史学月刊》2010年第2期，页48—61。余例不详举。

　　②　参见张立文主编：《戊戌变法时期道的思想》，《道：中国哲学范畴精粹丛书》（北京：中国人民大学出版社，1989），页317—333。

困难,若是依照过去一般性的人文方法,基于选精与集粹的方式,选取几位近代重要思想家对"天道"概念的论述加以研究,则可能因选择性偏差(Selection bias)仅能窥见一隅,无法照见"天道"概念的发展全貌。基于以上考虑,本章采用数字人文方法,探索"天道"一词在数据库(1840—1925)一亿余万字史料中的出现与实际使用情况,借以整体地揭示中国近代"天道"概念史。

第二节 快读与远读:"天道"概念的共现数据分析

通过数字人文技术,可客观地从语言量化证据中找到"天道"概念的转型结构。本章在数字人文方法上,同样采用前面使用过的 N-gram 分词与 CUSUM 时间序列计算等方法。

一、共现结构:"天道"概念的共现概念词丛

所谓"共现"(co-occurrence),是指在同一段语料中共同出现,其理论依据是基于任一词语概念乃是由一起出现的共现词丛加以范定的,因此从所欲研究的"核心概念"出发,勾勒其共现词丛结构,便可揭示当时人们大致是从哪些角度去理解、运用与诠释该核心概念。所以,找到"天道"概念的共现词丛,便能掌握时人是如何去理解、解释、定义、论述"天道"概念。本章运用文本挖掘技术,进行了以下研究步骤。第一,以"天道"为检索词,从数据库中下载 1840 至 1925 年间以"天道"为中心,前后各 10 字,每段共 22 字左右的语料,①经过人工进行清除噪音的数据清理工作后共有 815 条语料,总计约 16463 字。② 第二,对上述 16463

---

① 所谓"共现",是指不同词语在某一段语料中共同出现的现象。本文是以 20 字作为一段语料的共现视窗单元,在过去研究经验中曾针对不同共现视窗单元(或称文本颗粒度)进行过考察,曾使用过 20 字、50 字、100 字乃至全篇文本作为视窗单元进行比对,最后归结发现:共现视窗单元越小时,共现概念词与核心概念词在语义关系上越密切。因此本文以前后 10 字,总计每条语料 22 字为视窗单元,这样可勾勒出与"道"的概念最为密切的共现概念。不过,基本上人文学者可依照不同研究议题与需求,使用不同视窗单元去进行研究,视窗单元的设定具有开放性。关于共现概念与视窗单元的详细定义参见金观涛、邱伟云、刘昭麟:《"共现"词频分析及其运用——以"华人"观念起源为例》,收入项洁等主编,《数位人文要义:寻找类型与轨迹》(台北:台湾大学出版中心,2012),页 141—170。

② 从数据库下载下来的语料中,有些会夹带着噪音词,例如"史折天道""奉天道路""胡尘暗天道路长""先天道"等就与"天道"概念无关,是为噪音词;又或可能会有重复出现的现象,如同一文章同时发表在报刊但又收录在个人文集出版,上述两种现象都必须在进行计算前通过人工去进行过滤与清理工作,以保持计算结果的准确性,此即数据清理工作。另外,可能有人觉得本文所处理的"天道"概念只有 815 条太少,不需使用数字人文方法也可进行研究,这种思考是忽略(转下页注)

字的"天道"语料进行人机互动的分词工作,先用 Bi-gram 断出所有二字词后,再由人工过滤出具有实词意义的关键词,如表 3 - 2。①

表 3 - 2　数据库(1840—1925)中"天道"语料前 10 高频共现词丛表

序号	共现词	共现次数
1	人事	56
2	人道	46
3	孔子	36
4	好还	34
5	循环	26
6	观念	24
7	自然	20
8	人心	18
9	地道	15
10	夫子	14

(接上页注)了数字人文方法本身作为考察规模性、发现性、实验性问题的方法,与擅长处理精确性、解释性、推测性问题的人工阅读方法有所不同所致。基于数据库收有百年共 1 亿 2 千万字的数据量而言,重要关键词如"主义"有 5 万余条,"人民"有 3 万余条,"世界"有 2 万余条,"人类"有 1 万余条,"平等"有 7 千余条,"人道"有 2 千余条,就此来看,"天道"仅有 8 百余条相对而言属于少量的关键词,然而,关键词在数据库中的"多"与"少"都分别具有意义;关键词数量多表示该关键词为近代知识人语言论述中作为主旋律的基本词语;数量少表示该关键词在近代属于副旋律,有可能是作为新词但并未被普遍接受而少用,更多地可能是在过去作为主旋律,但到近代却因思想观念转型退为了副旋律因而少用。综上,关键词数量不论是多还是少,都同具研究价值,研究者可兼从关键词数量的变化中尝试进一步揭示其背后思想观念转型的现象与历史意涵。如本章从数量少的"天道"一词的变化中,揭示出其在君主封建世界中作为主旋律,在受到君主/天的权威瓦解影响下,到了共和民主世界中成为副旋律的发展轨迹。因此,数量多的关键词可代表一代的基本词语与概念,数量少者则可揭示一代中旧词语与概念的隐退或消逝现象。由上可见即使数据量小,数字人文方法仍能凭借复杂计算的能力,揭示少量数据中具有发现性的新问题意识,诚如莫莱蒂指出聚焦数字人文方法可以进行"比文本小很多或大很多的单位:手法、主题、修辞或文类和体系"等的考察与分析,不仅只能处理大数据,在小数据方面也可进行考察。关于莫莱蒂的说法,可参见 Franco Moretti,"Conjectures on World Literature," *New Left Review* 1(Jan. 2000),pp. 54 - 68;Franco Moretti, *Distant Reading* (London:Verso,2013).

　　① 本章以此前发表的《中国近代"天道"概念的形成与演变——基于数位人文视野》一文为基础,但在研究时段上进行了起讫时间的调整,故本章所呈现出的数据与原先发表文章有所出入,是受到起讫时间调整后,处理语料有所缩减的影响所致,在此说明。原文详见邱伟云:《中国近代"天道"概念的形成与演变——基于数位人文视野》,《中国文哲研究通讯》(台北)2020 年第 2 期,页 31—68。

　　经过数字技术的计算协助,可快读出数据库中 1840—1925 年与"天道"一词相伴共生的 10 大高频共现关键词,依序分别是:人事、人道、孔子、好还、循环、观念、自然、人心、地道、夫子。

　　在远读视野下,表 3 - 2 的数据呈现出两点信息。其一,在一亿余万字的数据库中,自 1840 至 1925 年,与"天道"一词共现的前 10 高频关键词中,大多属于传统论述中的重要概念词,如"人事""人道""孔子""好还""循环""人心""夫子""地道"等,这揭示出"天道"概念在近代,并未与西方传入的新概念(如自由、平等、权利等等)产生太多的共现论述,换言之,这初步揭示出"天道"概念并未被纳入西方现代性话语论述之中。其二,另两个与西方现代性比较相关的共现概念词是"观念"与"自然",这一类共现论述所代表的则是"天道"概念在面对近代西方新思想时的相关回应。基于数字人文方法的快读优势,我们可先从全体式的远读中掌握近代以来"天道"概念的演变轨迹,对"天道"概念整体发展有一初步的认识。

二、共现轨迹:"天道"概念共现概念词丛的时序分析

　　表 3 - 2 的数据是基于数据库所收的所有"天道"语料,经过计算后,得出的 10 个围绕"天道"一词的重要共现概念词。但表 3 - 2 中尚缺乏时间维度信息,为揭示前 10 高频共现概念词与"天道"一词在近代以来的共现比例变化现象,接着进行以下数字计算工作。第一,计算 10 个共现概念词在每一年与"天道"一词的共现次数。第二,以每年"天道"一词出现次数为分母,以 10 个共现概念词每年与"天道"一词共现次数为分子,进行归一化计算并得出 10 个共现概念词每年与"天道"一词的共现比例。第三,以 CUSUM 方法,计算 10 个共现概念词与"天道"一词在每一年的共现使用比例累加值后绘制成图 3 - 1。

　　虽从图 3 - 1 中大致可见"天道"概念在长时段中,与 10 个高频共现概念词的历时性分布结构,但 10 个共现概念词的时间分布现象,看起来还是颇为复杂。这时可再通过集群计算(cluster computing),为 10 个高频共现概念词进行分群,最后得出不同时期中与"天道"概念共现的概念群组。对 10 个高频共现概念词进行分群的标准,是以 CUSUM 比例累加值曲线的相似性为主。累加值曲线相似,意味着该群词汇与"天道"一词有相近的共现年代分布,代表着在某一时期,"天道"概念是基于该群词汇作为词语系统语境被理解与使用。在进行集群计算后,须通过 Distance level 确定共分几群适当。由于 Distance level 的高低决定着分群数量的多寡,这时需根据数据计算结果取一标准判断值,最后才确定

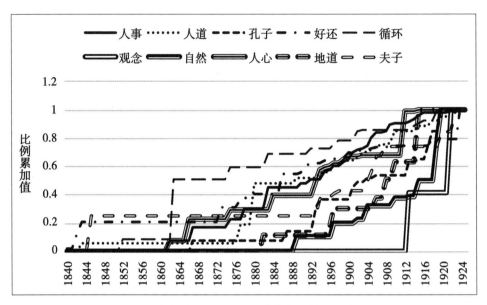

图 3-1　数据库(1840—1925)中与“天道”概念共现的
前 10 高频概念词历年共现比例累加值图

分群数量。基于数据计算结果进行研判，以 Distance level 在 70 以上作为分群标准值最为适当，因此依照计算结果建议可分为 5 群，基于上述计算可绘制出图3-2。[①]

从图 3-2 数据可视化结果，可客观、快速、直觉地将共现概念词分成 5 群：1.“人道”“人事”“人心”“好还”；2.“夫子”；3.“循环”；4.“孔子”“地道”“自然”；5.“观念”。接着依照共现概念词分群结果，通过可视化图示可明确且快速地画出概念词的时间分群状况，如图 3-3。

从图 3-3 的 5 张分图中可明显看出不同时间段概念词群的变化。依照时间序列，可初步归纳“天道”论述有三段发展历程，分别是：1. 早期论述：“人道”“人事”“好还”“人心”；2. 中期论述：“孔子”“地道”“自然”；3. 晚期论述：“观念”。其中“夫子”与“循环”二词与“天道”的共现并不具有分段涌现的时间特征，其高频共现次数来自单一或少数作者在短时间内密集文献中的高频使用，不代表一时期的集体概念认识，故不进行深入讨论。以下针对具有“分段涌现时间特征”

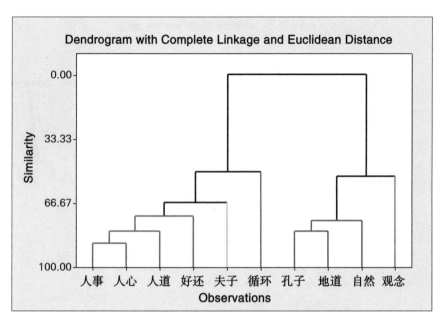

图 3-2　数据库(1840—1925)中与"天道"概念共现的
前 10 高频概念词历年共现比例累加值集群分析图

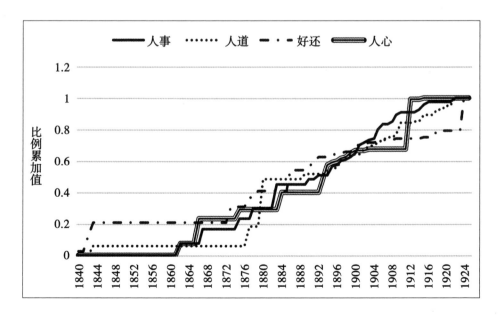

图 3-3-1

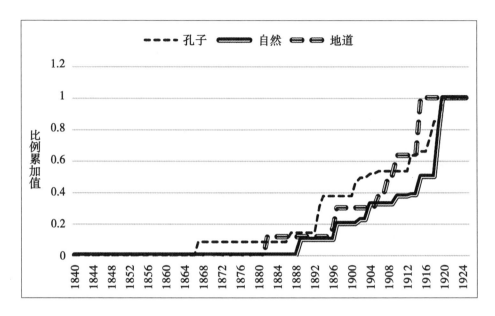

图 3-3-2

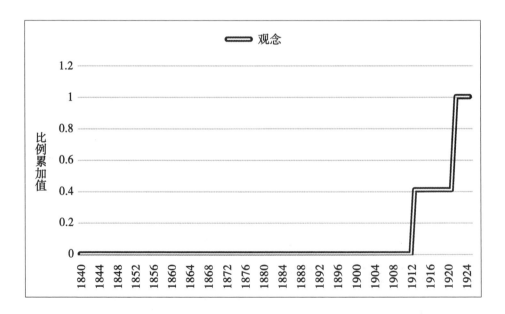

图 3-3-3

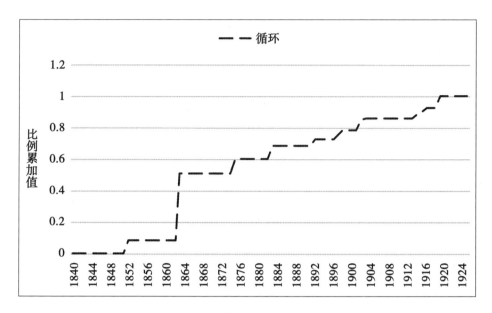

图 3 - 3 - 4

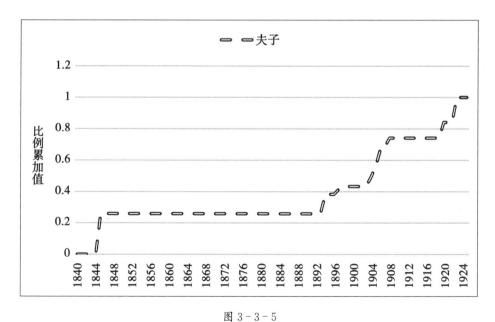

图 3 - 3 - 5

图 3 - 3 数据库(1840—1925)中与"天道"概念共现的

前 10 高频概念词历年共现比例累加值集群分图

的三个阶段共现词群进行系统与主题的分析,揭示"天道"概念在近代早、中、晚三期的意义变化,指出"天道"概念是如何通过与不同时期中的共现概念词互动,进以回应中国近代思想转型的过程。以下基于前述数据驱动下的远读数据线索,深入文献史料中进行人工与机器合作的共读工作,进一步揭示中国近代"天道"概念的转型历程。

第三节　共读:"天道"概念的发展轨迹与历史意涵

根据图3-3,可看出"天道"概念在与其高频共现的众多共现词互动下,展现出三个阶段性发展。以下依照三阶段的"天道"共现词群发展,回到文献史料中进行更为深入的考察分析工作。

一、早期论述:"人事""人道""好还""人心"

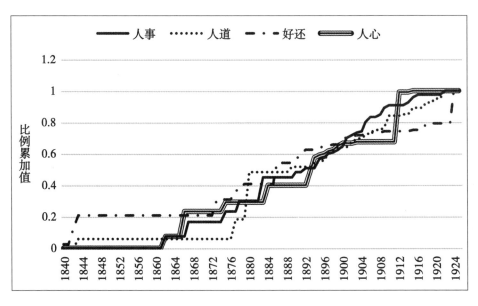

图3-4　数据库(1840—1925)中与"天道"概念早期
共现的高频概念词历年共现比例累加值图

图3-4中所揭示出的共现词群,基本上代表的正是中国传统天人合一思想中的"天道人事贯通论""天道好还论""天道人心论"等。这些论述是延续着中国传统"天道"概念论述而来的。那么,这些传统论述在近代是否有所转变?此即

下文接着分析的主要问题。

（一）天道与人道、人事贯通论

这方面的共现论述,如 1834 年黄爵滋(1793—1873)在《综核名实疏》一文中向皇帝提出建议事项时指出:"臣闻古帝王之道统曰治法,曰心法,而贯之以诚,以人道之思,诚符天道之至诚,故曰为政在人,取人以身。"[①]1862 年黎庶昌(1837—1897)《应诏陈言疏》中指出:"故圣人因天道以警人事。"[②]1883 年王韬(1828—1897)《答强弱论》一文指出:"盖天道变于上,则人事不得不变于下。"[③]1895 年王宝田(1854—1926)等在呈文中指出:"朝鲜既应之矣,且夫天道人事岂相远哉?"[④]以上这些大部分都是臣子疏言奏折上的内容,有大致固定格式,主要是作为中国传统君臣谏议语言,亦即臣子为让君主能接受意见且不怪罪于己,因此事必称天道的一种叙事模式。因为在天道与人道、人事相贯通的传统论述话语与思维惯性下,君主便能坦然地接受臣子意见,不会感到是在被臣子所教导或命令,故天道与人道、人事贯通论,自古就作为君臣互动的谏议与纳谏语言被长期使用,也是在君主政体中,天道与人道、人事贯通论才有其存在空间。那么,在辛亥革命后,君主政体被推翻,由共和政体所取代,这套天道与人道、人事贯通论失去了其凭依的君臣互动的谏议与纳谏语境后,是否产生了变化?

1913 年蓝公武(1887—1957)在《中国道德之权威》中提到了天道与人道、人事贯通论:"论天人之关系,则我民族有唯一之伟大思想,曰天人合一。唯天人合一,而后天道与人事乃相一致。"[⑤]蓝氏撰写此文,是接续着梁启超(1873—1929)《中国道德之大原》一文而作。梁启超在论及道德本原来自报恩、素位、虑后三事后,提出了道德能够制裁人的关键在于权威而不在义理的主张。[⑥]蓝氏面对中国道德权威失坠,认为唯有先恢复道德权威,谈论道德才有其作用。至于如何恢复道德权威,蓝氏归结出中国六千年文明中,千古不灭者有二:其一为天道,其二

①　黄爵滋:《综核名实疏》(道光十四年),收于王延熙、王树敏辑:《皇清道咸同光奏议》卷一(台北:文海出版社,1969),页 79。

②　黎庶昌:《应诏陈言疏》(同治元年),收于王延熙、王树敏辑:《皇清道咸同光奏议》卷一,页 1479。

③　王韬:《答强弱论》,《弢园文录外编》卷七(上海:上海书店出版社,2002),页 67。

④　王宝田等:《内阁中书王宝田等呈文(三一一八)附件二》,收入"中研院"近代史研究所编:《清光绪朝中日交涉史料》卷四三(台北:文海出版社,1963),页 837。

⑤　蓝公武:《中国道德之权威(续第一卷第三号完)》,《庸言》第 1 卷第 5 号,1913 年 2 月 1 日。

⑥　梁启超:《中国道德之大原(未完)》,《庸言》第 1 卷第 2 号,1912 年 12 月 16 日;梁启超:《中国道德之大原(续第二号)》,《庸言》第 1 卷第 4 号,1913 年 1 月 16 日。

为孔子。蓝氏认为，虽然民初之际礼教废坠，但人心之中仍有天道与孔子观念，隐然为主宰，故而希望设法发扬光大。如此一来则道德权威就能再现，便能制裁人心，挽救社会支离灭裂的现象，使国运昌隆。

　　蓝氏此处所提出的天道与人道、人事贯通论，虽与晚清之际的论述看起来具有连续性，但其所面对的问题已有所不同。传统天道与人道、人事贯通论在政治层面的存在目的，主要是作为封建制度下的君臣互动的谏议与纳谏语言，但民初之际的蓝公武，却是以天道与人道、人事贯通论去进行国族叙事，把天道与现代民族国家观念连结，指出"天道立国"是中国古代一重要观念，因为"国"乃"天"之所有，故天生民而立之君，君乃是为天行道者，君必有德始能有位，因此才有天命无常、唯德是辅之说。蓝氏主张，后世古教沦亡，才致使天道之说变成神秘之说，成为人君受命之符。他认为，时至民国，因为"国体丕变，政为共和"，这个时机点正适合昌明古教，重新以"天道立国"。就此可见同样都是"天道立国"之说，但"国"之概念已经从"封建王朝"转向"共和民国"。蓝公武对当时学习西方者，凭借着习于西方的皮毛，就诟病并想摧毁中国文化的现象感到忧虑，因为中国文化一旦出现危机，连带的国家安全也会产生问题。蓝氏在文中试图转译过去中国的"天道"概念，将"国家"存在的正当性归之于"天道"，"国家"既不属于"君"，也不属于"民"，在"天道"之下，人人都必顺应天道。蓝氏主张，不论传统君权或现代西方民权，都必须在"天道"之下顺天而行。由上可见，天道与人道、人事贯通论虽在民初亦可见其踪影，但其中"国"的概念已被抽换，并有从压制君权向压制民权变化，这里揭示出了天道与人道、人事贯通论在近代思想转型中的发展变迁轨迹。[①] 需要注意的是，在此之后现代"人道/Humanity"概念的崛起，恰是建立在国人对传统"人道"与"天道"概念从属关系的认可之上。当始终存在于"人心"中的"天道"在语言层面隐退之后，作为译文和外来概念的"人道/Humanity"便能获得更为大量的使用。

　　（二）　天道好还论

　　这方面的共现论述如 1840 年林则徐（1785—1850）在《四洲志》中指出："是时阿细亚洲西边诸国，咸属于都鲁机矣，恃其强悍，横行侵并，天道好还，于是欧罗巴

---

　　① 有趣的是，西方传教士也对天道与人事关系提出论述，传教士论述中的"天道"是指"上帝"，如爱汉者在《道光丁酉年六月·天纲》（1837）一文中谈及"天纲"，指出上帝治事，括全于天纲，然后人们顽蠢，以人去思量天道，文言："盖上帝治世自主，专治生各人事，而括全于天纲。惟此世事，令我惊奇无已，凡事不齐，世人顽蠢，不会其源，故非仰上帝知慧，见瞎然，度天道以人量也，且自牵累罪戾。"由此可见，传教士的"天道"概念乃是上帝之人格天的天道。参见爱汉者：《道光丁酉年六月》，《东西洋考每月统记传》（北京：中华书局，1997），页 245。

各国与腊体讪国,同时兴兵,夺其耶路萨陵、伊哥尼吾两部。"①上述论点背后的理据,正是中国传统中济弱扶倾、盈虚消长,损有余而补不足的天道好还思想。此一思想的价值根源之一,即是中国儒家思想的核心——"仁"观,亦即"己所不欲,勿施于人"。当人们不希望别国兴兵侵略的同时,也不应凭借武力去侵略别人。假如凭借武力侵略他国,那就是霸道,各国应当群起而攻之。正如在传统天下观中,中国始终以其天下之中心的地位,秉持着道济天下、以德而不以力凌人的主张。

在晚清之际,以杨联陞所提出的"报"的理论为根据的天道好还论,不仅使用在公领域,也使用在私领域事务中。如 1895 年吏部候补主事鲍心增(1852—1920)等人,上奏弹劾李鸿章(1823—1901)及其子签订《马关条约》的丧权辱国之举,条列了李鸿章之子李经方(1855—1934)的十二条罪状,并且还指出,李鸿章被枪击可能是李经方的密谋结果。文中指出:"闻李鸿章奏调之随员,主事于式枚等,行至天津,已察见经方及通事马某、罗某叵测,情形遂多,托病不行。故外间甚谓李鸿章之被刺,实系逆子主谋,所谓司马懿之心,路人皆知者也。夫以李鸿章为臣之不忠,有此逆子,亦足征天道好还,昭昭不爽。"②可见,诸位大臣以天道好还论为价值判断依据,讥刺李鸿章正是因为不忠,故才有一密谋暗杀自己的逆子,此即以天道好还论谴责了李鸿章父子的卖国行径。在此可见,天道好还论基于中国传统家国同构与忠孝同构的思维习惯,将李经方的不孝,归因于李鸿章不忠的报应。天道好还论串联了公国与私家领域,展现出"天道"概念的普遍性、意志性、道义性等特点。

上述所揭示横亘公私领域的天道好还论,基本上一直作为主旋律延续到甲午战争前。其后,天道好还论就在晚清伴随着外部近代西方工业文明的侵略,以及内部传统天人合一宇宙观的除魅,乃至天命正当性的陨落下开始松动,逐渐被悬置而少用。"天道"概念产生转变,是伴随政治层面上的"天命"概念转变而来,因为自《尚书》"钦崇天道,永保天命"一语以降,即奠定了两概念相互叠合的结构,这一结构体现在政治制度上,就是林毓生所指出的作为文化道德与政治中心象征并秉持天命的政教合一的天子制度,基于天命观的天子制度被绝大多数传统儒者视为正当。此种兼有天命与天道的政教合一结构,正是使"天道"概念走下原理性价值神坛的关键所

---

① 林则徐:《四洲志》,收入王锡祺辑:《小方壶斋舆地丛钞·再补编》(杭州:浙江古籍书店,1985),第 12 帙,页 489。

② 鲍心增等:《(三〇三〇)附件一 吏部候补主事鲍心增等条陈李经方罪状呈文》,收入"中研院"近代史研究所编:《清光绪朝中日交涉史料》卷 39,页 764。

在。诚如黄克武先生指出，自清中叶开始，出现如龚自珍（1792—1841）在佛教影响下，认为个人意愿的力量"心力"大于"天命"的思想，影响了其后如谭嗣同（1865—1898）等人，或如时人以西方基于自由与自主之权的"天赋人权"观念，重新诠释"天命"与"天理"等观念的现象，都属于晚清知识人对"天命"观念的除魅实践，这些行动逐渐松动瓦解了过去传统儒学中的"天命"主流论述。而后就如同王中江指出，既然"天命"不存在，则一切都是人所自造，那么一切都可通过"人力"去改变，坚信"力"能使中国富强。在上述语境下，"力本论"与"非命论"成为近代中国的思想主流，使得推翻君主封建制的革命行动实践具有正当性，最后完成了解构"天命"与"天道"概念叠合的政教合一制度的行动，也使得天道好还论产生动摇。此一发展正如许纪霖观察指出，近代中国是从过去以天命、天道、天理为中心的儒家德性秩序天下，走向较为陌生的以"力"为中心的生存竞争的物理世界。然而，虽然动摇，但天道好还的思想其实并未随着晚清天命观的除魅与力本论的兴盛就绝迹，因为仍有维护传统思想的士人坚持以天道好还论作为普遍律则去评判世界。如在因八国联军侵华而对儒学产生价值逆反思潮的 1902 年之际，由金匮阙铸补斋编辑的《皇朝新政文编》中，收录了 1896 年刊载于《新闻报》的《论东方变局事》一文，文中对于 1896 年 2 月 10 日俄侵朝鲜，杀死当时朝鲜总理大臣金宏集（1842—1896），并更换朝鲜所有重要大臣一事提出评议，认为朝鲜悉听俄人之命，将引起中日英俄间的大变局。文中主张应当关注俄朝关系的变化，并防止俄国逞其大欲。该文作者强调指出，当时人们不仅不提防俄国，甚至还有人以"天道好还，报应照彰"肯定天道乃是假手俄人，以报应甲午战争中中国因朝鲜割地赔款之恨。[①]《皇朝新政文编》作为维护封建王权的经世学选辑，自然仍是基于传统中国天下观，拥护儒学，肯定天道，[②]然而这已经是最后的挣扎，因为除此之外，在八国联军侵华战争后，天道好还思想在其他时论性文献中几乎销声匿迹，这是因为"天道"概念已经无法处理世界问题，不再能作为如过去士人用以评议天下华夷事务时的普遍原理根据之故。

（三）天道人心论

这方面的共现论述，如 1875 年《中西时势论》一文中对当时中西局势提出观察与建议，作者王韬认为，西方对待中国的态度很两极，当中国希望西方分享他们所富产的东西给中国时，西人就不经心与不重视，但一旦提到中国要以所拥有

---

① 《论东方变局事》，《新闻报》第 1 版，1896 年 3 月 8 日，后收于金匮阙铸斋辑：《皇朝新政文编》卷十三《形势》（台北：文海出版社，1987）。

② 关于有清以来一系列经世文编编纂的相关研究，可参见章可：《论晚清经世文编中"学术"的边缘化》，《史林》2009 年第 3 期，页 68—74。

的东西去接济西方所无时,西人就非常用心与重视。王韬以辟埠、开矿、造路、通线四事为例,指出西方对待中国的不公平态度。在上述脉络下,王韬指出,假使中国不愿自强,同时西方又能忍住侵略中国的欲望,也是可以维持和平,但却不如中国能自强,让泰西难逞侵略之欲望来得好。王韬提出"天道循环,人心思治,其殆于斯时乎? 抑待于后日乎? 缅思天心,静观人事,旷日而奋兴者,则不如及时而振作,先时而有备者则可免他日之隐忧"①,这里是结合天道与人道、人事贯通论与天道好还论,进而提出天道人心论,此一论述的以言行事与以言取效作用,是想增强国人对抗泰西的意志,通过天道人心论,告诉百姓天道是站在中国这边的,借此唤醒立基于普遍律则之天道的众人之心,共同振作。借助天道人心论,能让人民觉得具有足够力量去对抗泰西,能挑动国人的情感,让国人意识到危机并寻求自强。这样的自强不是为了霸道做准备,乃是符应天道好还之理,亦即将中国寻求富强的正当性建基于天道好还论上。王韬在此,一方面选择性地吸收了西方富强观,另一方面选择性地忽略了西方富强观中霸道的物竞天择、适者生存的天演进化思想,再现出近代知识人从以"仁"为核心的"天道好还"转进到以"力"为核心的"天演进化"之际的混生论述现象。

"天道人心论"除了用于鼓动中国人应当寻求富强的情感与认识之外,还具有挑动战争以维护和平的功用。如 1884 年张之洞(1837—1909)在《条陈战守方略折》中指出,法国屡次挑衅,除了开战之外没有其他办法,因此上奏提出数点取胜战略。由于中国自古以来都以息民睦邻为重,因此很不愿意开战,在此之际,张之洞既然主张开战,就必须要解构"息民睦邻"的思维习惯。张氏在此便是用现实局势为例证,以及以天道人心论作为开战的正当性根据。张之洞说,法国"自被德国攻破以来,安集未久,乃复逞欲横行。今年夏踞马达加斯加而英人忌之,今年秋辱西班牙之主而德人怒之。去年无故据河内,今年无故夺顺化,吞噬不休,残杀无度,而越人仇之。夫鄙远徼利而不止者,兵必败,始祸怒邻而不悔者,国必亡,彼曲我直,彼先发,我后应,天道人心,可以一战"②。张之洞正是以法国不断侵略各地,凸显其霸道形象,接着以传统中国济弱扶倾、盈虚消长、损有余而补不足的"天道"概念赋予众人对法开战之心以正当性。正是在上述不论基于天道或人心都应当开战的论述下,张之洞言:"事已至此,羁縻无益。"从中可

---

①　岭南望士:《中西时势论》,收入李天纲编校:《万国公报文选》(香港:三联书店,1998),页176。按:经李天纲考证,岭南望士应为王韬。

②　张之洞:《(二九九)山西巡抚张之洞条陈战守方略折》,收入"中研院"近代史研究所编:《清光绪朝中法交涉史料》卷9(台北:文海出版社,1967),页710。

见，晚清之际面对他国侵略，连开战都还要顾虑是否符合道义、是否正当、是否合法，这即是受到中国传统"天道"概念的约束，不愿师出无名而沦入霸道之名的思维习惯所致，这也是晚清政府不断忍让，而为他国轻视并逐步被瓜分的原因之一。晚清政府的忍让有一部分因素是基于天道好还论，认为天道自然还报，因此不用反击，但在不具有天道好还思想，而是主张社会达尔文主义的竞争进化思想的法国人看来，忍让与谦和就是一种懦弱与无用。法国自生物学家拉马克(Jean-Baptiste Lamarck，1744—1829)于1809年发表的《动物哲学》(*Philosophie zoologique，ou Exposition des considérations relatives à l'histoire naturelle des animaux*)中提出"用进废退说"，以及优生学家拉普热(Georges Vacher de Lapouge，1854—1936)深化社会达尔文主义以来，即身处于主张优越种族取代劣势种族是人类进化之必然的语境中。因此法国人认为，侵略中国是一种进化行为，就不会有太大的顾忌。[①] 由上可见，晚清之际的各种瓜分，正是在中国传统以德服人的"天道"概念与西方社会达尔文主义下以力服人的天演进化概念两者的一退一进背景下逐步演化而形成的。

　　前述曾指出，天道与人道、人事贯通论与天道好还论一样，都在国学与西学的拉扯中产生出混生性论述，那么天道人心论在近代是否也有此情形呢？在近代西方心理学理论传入的背景下，过去中国宋明儒学中根基于天道而具有原理性、普遍性、道义性的"心"概念被解构了，[②]那么"人心"是否还如同传统一般具有超越性呢？在1897年的《心力说》一文中可以找到答案。《心力说》一文主要是从心力出发，主张心力是清朝能够"拓充光力，培补热力，以吸力聚同志，以抵力御外邪"的根源，因为作者主张："人心之光力热力，其大乃至上同于日，下同于电，盈天下无物可以比之。"作者认为要彰显心力之能量，必须上下通畅，其言："上不爱民，民离其上，敌兵一至，拉朽摧枯，无抵力故也。是故好生之心，天心也。爱民之道，天道也。此人心之热力也，即人身之抵力也。"[③]由此可见，作者主张天道人心皆以爱民为主，爱民可作为救国的法宝。此文乃是谭嗣同所作，其基于傅兰雅(John Fryer，1839—1928)所翻译乌特亨立(Henry Wood，1834—

---

① 　关于社会达尔文主义及法国拉普热对社会达尔文主义的深化，可参见周保巍：《"社会达尔文主义"述评》，《历史教学问题》2011年第5期，页48—56；John Wyon Burrow，*The Crisis of Reason：European Thought*，1848—1914(New Haven：Yale University Press，2000)，p.94.

② 　关于近代西方伦理学解构传统中国"人心"论的发展过程，可详见徐曼：《西方伦理学在中国的传播及影响》(天津：南开大学出版社，2008)。

③ 　心月楼主来稿：《心力说》，《时务报》第24册，1897年4月22日。

1909)的《治心免病法》(*Ideal Suggestion through Mental Photography*)，认为心力能震荡空气质点(即以太，ether)，以传递并挑动人们的"脑气筋"。然而谭氏与乌特亨立对于"心力"的理解有所不同，谭氏汇集了其师欧阳中鹄(1849—1911)的主张，提出心的力量特质为"仁恕和平"，乃是毫无"妄分彼此、妄见畛域"的平等、通一之心念的说法，与乌特亨立有所不同。由此可见，谭嗣同选择性地吸收了西人乌特亨立的心力说，然后纳入中国的"仁"观，以西洋科学知识证明"仁"观的可实践性，这里就同样揭示了天道人心论在面对西方思想时的选择性吸收现象。天道人心论在谭氏的论述中，成为一种论证爱民乃是至上之理的根据，因为天道爱民，而人心则因爱民而有能抵御外敌的力量，天道人心论成为爱民话语之一环，具有以言行事与以言取效作用。[①] 过去中国"人心"概念中的道德性与超越性被西方理性思想除魅或消解后，却在谭嗣同处获得了西方"以太"的神秘性，这是天道人心论的一种有趣的近代转型实践。

二、中期论述："孔子""自然""地道"

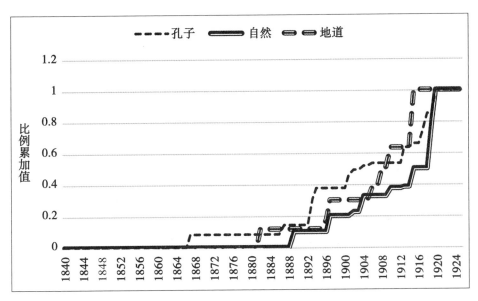

图 3 - 5　数据库(1840—1925)中与"天道"概念中期共现的
高频概念词历年共现比例累加值图

---

① 关于与谭嗣同的心力说相关的研究，前人讨论颇多，可参见白峥勇：《从"以太""仁"与"心力"论谭嗣同思想之旨趣》，《文与哲》第 12 期(2008 年 6 月)，页 631—662；刘纪蕙：《心之拓朴：1895 事件后的伦理重构》(台北：行人文化实验室，2011)。余例不详举。

从图3-5中所揭示出的共现词群，可看见"天道"概念在甲午战争后对儒学产生价值逆反下，被剥除了神秘性、原理性、普遍性、道义性后所剩余的自然性意涵，主要包含孔子天道论、天道地道论、天道自然论。

（一）孔子天道论

孔子天道论早在《论语》中已经出现，如《论语·公冶长篇》引子贡言说："夫子之文章，可得而闻也；夫子之言性与天道，不可得而闻也。"[1]此一条材料自先秦以降就成为中国人讨论不已的问题，思考究竟孔子所言的"天道"概念是何意义。伴随不同时代思想主轴的变化，对孔子的"天道"概念内涵的诠释也发生了变化。就近代来说，由"夫子"向"孔子"称谓的转变，显示出孔子的主张由圣人之言向引用和论述对象转变的倾向，因此通过分析与"孔子"相关联的"天道"论述，更可认识到其于近代转型中所扮演的角色。

1867年杨廷熙于《原奏》一文中即提到孔子天道论。杨廷熙作为臣子，对当时同文馆要聘西人为教习，选正途五品以下京外官入馆学天文、算学一事提出谏议。杨氏在文中使用了天道与人道、人事贯通论作为立论依据，指出当时所存在的久旱不雨实是一种时政有失的征兆，希望同治皇帝能改弦易辙，解除前述同文馆相关命令。杨氏使用天道与人道、人事贯通论去正当化自己的上奏行动，同时能作为避免因进言而获罪的护身符。在文中，杨氏列举了十件不可理解者，包含咸丰十年，西人侵中不共戴天，为何忘记大耻，而因羞于不知星宿之小耻，故向西人学习天文算学；又如，中国自古即有河洛理数、指陈勾股与尺算等学问，为何不自学而学于西人，舍中国而师夷狄；再如，命翰林进士科甲正途出身京外各官至京学于夷狄乃是大事，为何只以总理衙门数人私见就决定。杨氏通过提出十个难以理解的问题，主张同文馆的设置与创制不合时宜，希望同治皇帝收回成命，借以"杜乱萌而端风教，弭天变而顺人心"。由上可见，杨氏在此是通过天道与人道、人事贯通论作为谏议语言，希望改变同治皇帝的决定而使其收回成命。孔子天道论在文中的意义，是作为反对学习西方天文学的根据，如其言道："推之孔子不言天道，孟子不重天时，非故秘也，诚以天文数学，機祥所寓，学之精者，祸福之见太明，思自全而不为世用，事事委诸气数，而或息其忠孝节义之心；学之不精，则逆理违天，道听涂说，必开天下奇邪诳惑之端，为世道人心风俗之害。伊古以来，圣神贤哲，不言天而言人，不言

---

① 阮元校刻：《十三经注疏·论语注疏》卷第五《公冶长第五》（北京：中华书局，2009），页5373。

数而言理,其用意至深远矣。"①杨氏以孔子不言天道论作为其反对同文馆人学习天文算学的理据,他认为,天道是機祥祸福所寓,不论学与不学,都对世道没有益处,由此可见"天道"概念在杨氏心中仍具神秘性,正因神秘故不宜令众人学习,孔子不言天道论在杨氏口中成为一种消解学习西学必要性的理论依据。②

孔子天道论在近代不仅用以抵御西学,还曾作为分判中西之道的国族语言。如1887年王韬在回忆其约二十年前欧游经历的《漫游随录》③中《伦敦小憩》一文提到,他在等待与理雅各布(James Legge,1815—1897)见面的期间,游览了当地太学与名院,其中有一天被素有名望的哈斯佛大书院监院邀请演讲,讲题为"中外相通之始"。演讲完毕后,有一些将被授官并派遣到印度、中国担任翻译人员的年长毕业生找他,问他"中国孔子之道与泰西所传天道若何"此一问题,王韬回答道:"孔子之道,人道也。有人斯有道。人类一日不灭,则其道一日不变。泰西人士论道必溯原于天,然传之者,必归本于人。非先尽乎人事,亦不能求天降福,是则仍系乎人而已。夫天道无私,终归乎一。"④王韬最后是以东西方圣人此心同、此理同为依据,提出"其道大同"的结论。从王韬上述有关天道和孔子的共现论述中可知,孔子主张人道,与主张道源于天的泰西天道之学相对。这样的主张,来自历来认为孔子所重者为人道而罕言天道的思想传统,从此可见孔子与天道共现论述在近代具有悬置天道神秘性,凸显强调人道重要性的工具性意义。而这与前段文献的共通性,在于皆以孔子重人轻天的"天道"概念作为中国民族性的代表,而与西方重天轻人的"天道"概念进行甄别,显示出孔子天道论在近代中西国族叙事中的重要意义。而在上述的自强运动时期的孔子天道论看来,"天道"概念仍具有神秘性、原理性、普遍性、道义性,与传统的差别只在于更为强调了重人轻天的一面。

而当时间从自强运动时期进入维新运动时期,孔子天道论的功能是否有所转变呢? 何启(1859—1914)自小在香港接受西式教育,1877年又赴英国留学修

---

① 杨廷熙:《(一六六八)原奏(上折附件)》,收入故宫博物院编:《筹办夷务始末》(同治朝)卷之49(台北:国风出版社,1963),页1171。

② 后来同治皇帝对杨氏的奏折提出反驳,认为其是受到倭仁的鼓动所致,可参见谕:《(一六六九)内阁(答上折)》,收入故宫博物院编:《筹办夷务始末》(同治朝)卷之49(台北:国风出版社,1963),页1177。

③ 关于王韬《漫游随录》的相关讨论,可参见陈室如:《游移与暧昧——王韬〈漫游随录〉的策略书写与观看之道》,《逢甲人文社会学报》第13期(2006年12月),页107—129。余例不详举。

④ 王韬:《漫游随录》(长沙:岳麓书社,1985),页97—98。

习医学与法律，奠定了其以英国为中国仿效改革对象的想法。因此，在1894年何启所写的《新政论议》中，可以看到他将孔孟所传道学，连结到西方性理自然之学与自由观念的论述。如文中言道："道学以知天为圣功，以安民为王道，孔子不言天道，而两论所载，无非性理之自然，孟子不言民权，而七篇之词，无非自由之实际。孔孟距今二千四百年，而置其道于今日公理公法中，仍属坚致精莹，其光莫掩，以此知凡脱尽私心，主持公道者，所立之言虽历千秋万岁，亦不能磨灭也。"①由上可见，何氏基于孔孟思想与西方的性理自然及自由民权可相通之主张，最后归结证明"公"的思想乃是中西共通的价值观。他认为，孔孟思想即使放到西方的公理公法中，也具有其难掩的价值光芒，这表现在只要"脱尽私心，主持公道"，则言说就能永恒不灭，展现出近代更为倾向重人轻天的"天道"概念的"公道化"转向。何氏所言的"公道"概念就是与"私心"相对者，这里的"私"是指个人之利。何启身为改良派主张者，与胡礼垣（1847—1916）合作，撰写包含《新政论议》《新政始基》《新政安行》《新政变通》等专文刊登于报纸上，其后就汇编成《新政真诠》一书，对政治、思想、经济、文化等提出改良主张。何、胡二人特别关注"公"的观念，认为这是最能打动人心的力量，强调人民在政治生活中的核心地位。② 在改良派何启的论述中，孔子天道论不是作为凸显"人道"概念的论据，而是作为凸显公道的理据。何启先以西方性理之自然对应"天道"概念，就此主张孔子是有"天道"观念的，在此过程中也一并去除了传统中国"天道"概念中的神秘性，只保留了原理性、普遍性、道义性，其后再将原来存在于传统"天道"概念中的原理性、普遍性、道义性等价值内涵，从"天"挪移到"公"之上，自此，代表普遍道义的不再是服务君主、带有天命论神秘主义的"天道"，而是服务于人民、以多数主义为依据的"公道"。何氏抽换了"天道"概念的内涵，将"天道"概念等同于西方的性理自然，使孔子不再是不言天道（指神秘性的），而是主张天道者（指性理自然的），并就天道为桥梁，串联起中国孔孟之学与西方性理之学，借此发现中西共通之公道的存在，进而得以将"天道"概念连结并同义于"公道"概念，而孔子与天道也就从对立转向并列关系，这正是受到"天道"概念从神秘转为性理自然之道的位移影响所致。

上述可见孔子天道论在晚清，都是用在与西学对话的语境中，这种现象到了

---

① 何启：《新政论议》，郑大华点校：《新政真诠：何启、胡礼垣集》（沈阳：辽宁人民出版社，1994），页111—112。

② 关于何、胡两人的"公"的观念，可参见陈弱水：《公共意识与中国文化》（台北：联经出版公司，2005），页124—125。

民初后,是否有所转变? 众所周知,民国元年(1912)至六年(1917)之间曾出现过一次重大争论,即孔教是否为宗教、是否能立为国教。当时大部分知识人都卷进了这场争论中,有支持者,也有反对者。而这一争论,伴随着孔教运动在"五四"前夕由反孔转为反传统的思潮中全军覆没而落幕。那么,孔子天道论在这个时代命题中,其作用如何,值得玩味。① 从史料中首先可见 1913 年张东荪(1886—1973)的《余之孔教观》一文。张东荪与当时康有为等人一样,面对民初之际信仰大破、人欲横流的现象,主张提倡孔学。张氏对于陈焕章发起孔教会,借以挽回人心与保存东方文明的用意表示肯定,并就几个实质问题提出了自己的意见,包括孔教是否为宗教、宗教是否真能挽回人心、中国是否适合有国教等。张氏觉得,孔教乃是中国千年文明的结晶,确实为一宗教,也是中国国教,因此他认为,孔教确实能解决道德堕落之问题。张氏在商榷孔教是否为宗教问题时,针对宗教必须有神、信仰、道德及风习、文化这四个必要性质进行讨论,其中对于第一个"神"的性质,张氏认为:"第一条所谓神者,则有孔子所称之天及天道以配之。孔子尝以天道诒人,正如他种宗教,以神上帝等警谕其信徒也。"②张氏定义所谓的"神",包含 supernatural being(超自然物)、sublimial thing(玄妙物)、something from without(身外之物)、higher power(高权力,即高于人类之权力者之意)。张氏此处对"天道"概念的诠释,就等同于西方宗教的神与上帝等超自然的玄妙与身外之物,亦即外在超越。由此可见,张氏论述中的孔子天道论成了论证孔教是宗教的根据。③

在这场争论中,是否曾有人反对张东荪这样的说法? 1915 年谢无量在《老子哲学》中指出:"粤稽吾国哲学,肇创宇宙本体者,当以老子之徒为多,自老子启其先路,庄生造论,益极精微。盖孔子罕言天道,独以人事为主,而重实行之教,

① 关于孔教论的缘起与发展,可参见黄克武:《民国初年孔教问题之争论》,《历史学报》第 12 期(1984 年 6 月),页 197—223;彭春凌:《康有为、李炳宪交往和思想关系论考——兼及民初孔教运动跨越中韩之传播与取向问题》,《近代史研究》2016 年第 3 期,页 56—76。余例不详举。

② 张东荪:《余之孔教观》,《庸言》第 1 卷第 15 号,1913 年 7 月 1 日。而在同年,蓝公武也用孔子天道论论证孔教的正当性,如《中国道德之权威(续第一卷第三号完)》指出:"自秦汉以来,代以儒治天下,上自政事,下至礼俗,莫不以孔子为中心。今若斥孔子以为谬,则此二千余年之历史之人物,尚有丝毫意义之可言乎? 夫一国之文化之学术之历史之人物,而皆至无意义可言,则其国尚得谓之国乎? 斥孔子者,其亦知之否耶? 且孔子之根本思想,天道而已,所谓我道一以贯之者也。"这里蓝氏正是通过孔子天道论表达对孔教的肯定与支持。见蓝公武:《中国道德之权威(续第一卷第三号完)》,《庸言》第 1 卷第 5 号,1913 年 2 月 1 日。

③ 关于张东荪与孔教会之间的关系,可参见戴晴:《在如来佛掌中:张东荪和他的时代》(香港:香港中文大学出版社,2008),页 125—126。

此二派所以殊欤。"①此处谈及孔子罕言天道，以人事为主，重视实行，而老子则多言宇宙本体，庄子更是进一步阐发，因此天道与人事，正是道家与儒家的不同所在。谢无量指出，虽然孔子崇信天道，但仍是以人事为验，不务玄远，即便有"天何言哉"与"敬鬼神而远之""子不语怪力乱神"之说，这些都是偶尔谈及，可知并非专主于此。虽然子思以诚概天，指出诚者天之道，相较于孔子，对于宇宙之义谈得更为详细，但仍比不上老、庄昭晰。因此谢无量说"以此非儒者，所亟辨也"，由此可见他将天道划为老子之说，而与孔子无关。谢氏的孔子天道论，论证了孔子与天道不相关，断开了孔子与玄远天道之间的关系，这就得以使"天道"概念与孔子分离，避开反对者而被以另一形式保留了下来。

孔子与天道的共现论述在晚清与民初各有不同样貌：在晚清主要作为解构中国学习西方天文学的必要性以及证明"人道"与"公道"概念重要性的语言工具，在民初则主要成为支持或反对孔教论的合理性根据，此即展现了近代知识人基于不同立场下，对概念的纷呈复杂、多元诠释的现象。② 同样是孔子天道论，可以是维护天道的依据，也可以是重人道而非天道的证据，实有着全然不同的理解与诠释，③这说明近代知识人在设法引导概念和思想转向时，常常借助人们熟悉的传统概念作为依托乃至假托，借此实现"旧瓶装新酒"的转换。

（二）天道地道论

张立文曾指出，我国自先秦以来便把"道"分为天道、地道、人道，天、地、人是为三才，其中，天道指阴阳，地道指刚柔，两者皆是从宇宙自然万物立论，人

① 谢无量：《老子哲学（续）》，《大中华》第 1 卷第 6 期，1915 年 6 月 20 日。

② 再如 1918 年张寿朋也在《新青年》上投书谈孔教问题，主张诸君不宜因为反对康有为而顺带排抵孔子，就如同古代王莽立志学周公，但后人只会骂王莽而不会骂周公一样，周公与孔子何辜？张氏对孔子高度肯定，指出"人生不能出乎宇宙之外，决不能违天道的范围。孔子之道，便是天道"，他认为假使背离孔子，就是仰面唾天，孔子之道实乃宇宙真理、人生正道、救世方法是也，由此可见，张氏的孔子天道论也是作为肯定孔子的论据而出现。见张寿朋：《通信·文学改良与孔教》，《新青年》第 5 卷第 6 期，1918 年 12 月 15 日。

③ 其他还有如 1917 年俞颂华写给陈独秀的信中也提到孔子天道论，目的是与陈独秀的反孔教论进行商榷，俞氏虽主张"孔子所以言天道者，盖以敬天也"，但也指出"孔教又未尝无命令的拟人格的主宰，不亦彰彰明乎"。俞氏认为孔子天道论中仍存在着人格主宰的意味，因此可视为宗教，属于俞氏所谓"伦理的宗教"。面对这样的说法，陈独秀在回信中则反对指出："敬天明鬼，皆不始于孔氏，孔子言天言鬼，不过假借古说以隆人治，此正孔子之变古，亦正孔子之特识。倘缘此以为敬天明鬼之宗教家，侪于阴阳墨氏之列，恐非孔意。"参见俞颂华、陈独秀：《通信》，《新青年》第 3 卷第 3 期，1917 年 5 月 1 日。

道指仁义,是从社会人际与道德伦理立论,由此可见,地道指的就是宇宙自然环境万物等。[①] 那么,近代以来天道与地道概念的共现论述,是否指涉的仍是宇宙自然环境万物呢? 在 1882 年的《万国公报》[②]中收有《中西教学原始论》一文,该文主要通过一问一答的方式说明三件事:第一是基督宗教的天道内涵;第二是回答华人或慕入教之名,或想蹭西人之势,或想谋西人之利等入教,之后却不守圣教规矩而恃势趋利,但传教士为何不加以管制的现象;第三是说明林乐知(Young John Allen,1836—1907)创办中西书院的规制,主要目的是为宣传教义。在该文第一项谈及基督宗教的天道论述中即出现了天道地道论。文中认为天道至大,不应以畛域分,人有中西不同,但天道却不以中西为判。这里将过去儒学式的"天道"概念进行转置挪移,嫁接至基督宗教的"天道"概念,将中西"天道"概念进行会通。文中接着进一步提到天道有失者,天必降之殃,这在耶稣《福音》篇中说得很详细,天道广大,须有人代天宣讲,耶稣之教正是代天宣讲者。作者此处是基于"天道"概念中的神秘性、原理性与普遍性这三个特性,连结中西"天道"概念。但其中仍有不同的是,西方传教士的"天道"概念代表的是基督宗教的外在超越,与先秦具有赏善罚恶意志的人格天道相近,而与由宋明理学发展出的内在超越式的"天道"概念有所不同。作者在勾连中西"天道"概念的关系后,继而谈到其与人心的关系,提到"道之至善,而实在人心","人心"概念被作者定义为"天地好生之心"。作者以天地虽能化育万物,但却仍然会产生有时而穷的现象,说明"人"在天地之中的存在意义。如文中指出:"天有常道,风霜递嬗,寒暑往来,此天之好生以育万物也。地产百物,人赖其利,此地之好生以育万物也。然天道有水旱之不时,地道有肥硗之各致。是天地之生机有时而无穷,即天地之生理有时而缺陷。人处天地之中,自

---

① 张立文:《绪论》,张立文主编:《道:中国哲学范畴精粹丛书》(北京:中国人民大学出版社,1989),页 3。

② 《万国公报》前身为《中国教会新报》(*Church News*),由美国监理会传教士林乐知(Young John Allen)担任主编,创刊于上海,刊物发行时间为 1868 年 9 月 5 日—1874 年 9 月 5 日,共出 301 期,后改名为《万国公报》,继续出刊至 1883 年第 750 期后因经济问题停刊,尔后 1889 年 2 月复刊,成为英美在华基督教组织广学会(Christian Literature Society for China)的机关报,改为月刊,仍由林乐知主编,至 1907 年 12 月停刊。该刊主要以基督教观点为核心,复刊后内容扩大为介绍西方政治思想、时事与伦理学说,在戊戌变法期间支持变法,对于中西文化交流起到了一定作用,发行量广且引进西学,当时地方要员与政府官员大都阅读这份刊物。关于《万国公报》之发展与内涵,详见夏良才:《万国公报》,收入丁守和主编:《辛亥革命时期期刊介绍》第 1 集(北京:人民出版社,1982),页 606—642;梁元生:《林乐知在华事业与〈万国公报〉》(香港:香港中文大学出版社,1978)。

当为天地弥其缺陷。故曰本天地好生之心为心也。"①作者在此使用天道与地道共现论述，说明天地自然，有圆有缺，而人之作用即是在自然天地有所缺陷时加以弥补，此即为以天地好生之心为内涵的"人心"的作用与价值，这里展现的是天道、地道的自然性一面。作者提出这套理论的目的，是为带出之后凸显西方传教士不惜道途跋涉，航海到中国传教，设立义学，创立医院，荒歉发赈之用心，就是作者所谓的"天地好生之心"。由此可见，在传教语言中，"天道"概念有其地位，在"天道"概念独自出现时展现的是神秘性，而在与地道概念共现时展现的是有时而穷的自然性，在传教士话语中，天道与地道的"时穷"成为凸显传教士不畏艰难而到中国传教之精神的修辞论述工具。

  除了作为传教语言外，在过去具有神秘性、原理性、普遍性、道义性的"天道"概念尚未随着封建天命概念的松动被解构前，天道地道论还是晚清改良阵营的知识人用来劝服保守士人的语言工具，他们通过改良与保守派共同都认同的天道地道皆以好生养民为内涵的思维习惯，连结改良论述，赋予维新求变行动以正当性。如1896年维新派大将陈炽（1855—1900）所写的《工艺养民说》一文，主要论证晚清必须赶紧改变思路，从人力转向机器，抛弃过去手工业的模式，转以机器取代人力，如此可有多重好处，包括能令当时中国众多无业人口进入工厂工作而避免饥馑，又能将由机器所制造出来的大量货物卖给西方而谋利。虽然陈氏等维新派的改良意见很好，但当时大部分人思想尚未改变，因此遭受甚多阻力，如认为以机器为业将夺贫民手工生业，或是中国以机器制物，势必无法与西人匹敌。陈氏认为，提出这些论点者，乃是使中国贫弱的大罪人。面对保守派意见，他在文中先以英吉利、法国、比利时等为例，指出原来从事手工业之人在进入工厂工作后反而能赚更多钱，以此驳斥保守派提出以机器为业将夺贫民手工生业的论点。其次，再以中国每年购买西人机器制造之物而花费多达一万五千万金为依据，指出若中国能购买机器自造货物，则仅内销中国就可省利，甚且中国工价低廉，费用有省，所制成的器物必将价贱以及货精于外洋，能大量外销。陈氏解构了保守派的两个论点后，继而从意识形态出发进行论述，指出保守派不应因为讨厌洋人洋货，进而厌恶制造出洋货的机器，这样乃是绝华民生路，反倒助长西人羽翼。他从现实经验层面出发，驳斥了保守派的论述后，最后从理论层面劝服保守派，而此"理论"即是具有道义性的中国天道论，其言合六洲万国而观，有

<hr />

① 局外人：《中西教学原始论》，收入李天纲编校：《万国公报文选》（香港：三联书店，1998），页65—66。

四十万万人,必无法通过一手一足之劳满足日用所需,因此"天"才假手西人,基于阴阳水火功能,发展了借力生光的理论技术,凡是人目、人耳、人手、人足、人心所不能及者,都可通过机器去见之、闻之、举之、及之、成之。陈氏最后集中在"圣"字上讨论天道地道论,指出:"圣之所以为大也,则博厚配地,高明配天,悠久无疆,虽罄竹帛以书之不能得其万一也。而要其实,则天道好生而已矣,地道养民而已矣,人道利用而已矣。中国万邦之首,而今日生齿四万万,为开辟以来所未闻,天下之穷民以十分之一计之已四千万,虽尧舜亦穷于施济矣。长此而不变,则惟有水火、瘟疫、刀兵、盗贼、草剃而禽狝之,成亘古伤心之浩创已耳,而天不忍。"①他指出,天道地道都好生养民,能顺应天道与地道而一切以百姓生计为顾虑者,才是如同天地一般伟大的"圣人"。这样的论述,得以先用天道与地道的传统原理律则扩大保守派的襟怀,进而从"理论"的角度去教化并引出保守派知识人的好生养民与契合天道地道以成君子圣人的慕圣之情,终而放弃抵制西器的主张。由此可见,天道地道论在晚清维新派中,是作为与保守派进行协商时的论述理据,当时使用的仍是具有原理性、普遍性、道义性的"天道"概念。②

前面指出,具有原理性、普遍性、道义性的"天道"概念在甲午战争后对儒学产生价值逆反的思潮下,逐步退出知识人的话语论述中。那么,是不是立即完全退出呢?从史料中可以看见并非如此,因为在历史长河中,必然仍存在着固守传统的学者,秉持着"天道"概念,持续地以之作为与新思想抗争的依据,毕竟晚清君主政体尚未被推翻。如1906年《内阁中书王宝田等条陈立宪更改官制之弊呈》,就

---

　　①　陈炽:《工艺养民说》,收入宜今室主人辑:《皇朝经济文新编·工艺卷1》(台北:文海出版社,1972),页100。

　　②　陈炽在维新变法论中多使用天道地道论述,如1897年他又在《时务报》上发表《俄人国势酷类强秦论》一文,主要是使用"天道""地道""人道"概念去论证"变"的合法性,这也是一种共情论述,通过保守派同样肯定的"天道"概念,去疏通与转置他们不愿意改变的立场,如文中谈到:"天道善变者也,地道不变者也,人道应变者也,乃有地隔数万里,时阅数千年,人分数十种,而运会所值,形势所成,一东一西,若合符节者何哉? 岂天道亦穷于变乎? 盖始而终,终而复始者,天运也。盛而衰,衰而复盛者,地运也。合而分,分而复合者,国运也。然则天也、地也、人也,亦运而已矣。"这里陈炽将过去的"天不变,道亦不变"的恒常"天道"概念转置成善变"天道",而把恒常特性从"天道"处转归于"地道"概念,通过重新分判恒常与善变,论证"天道"善变与可变,以作为维新派各种改良行动的正当性根据。参见瑶林馆主来稿:《俄人国势酷类强秦论》,《时务报》第18册,1897年2月22日。关于晚清之际"变"的思想以及"变局观"的产生,可参见孙邦华:《西潮冲击下晚清士大夫的变局观》,《二十一世纪双月刊》总第65期(2001年6月),页52—62;彭春凌:《关于"变化"的观念碰撞和知识生产——全球史视域下的汉译〈斯宾塞文集〉》,《中国现代文学研究丛刊》2018年第8期,页172—193。

以天道地道的论述作为捍卫传统官制、反对立宪改良的依据。该文主要目的是想通过明确指出立宪主张中的各种问题，来证明传统官制的合理性。王宝田等人首先以唐宋在兵制与新法上的变革为例，证明骤然变法为祸甚烈。继而指出，晚清立宪之议为祸更十百倍于唐宋。文章主要从东西洋各国立宪始末的考察出发，结合中国情势，指出立宪将造成的四个大谬、六处可虑、四种隐患。在四谬中，王宝田等人以日、德、俄、英、法为例，归结指出：日德所以富强，是因为能振君主之权而伸张国威；俄与英法所以作乱，正是因为暴徒持宪法与政府相抗。就此王宝田等人反对会削减君权的立宪制度。而在六虑中，王宝田等人提出六点值得商榷的问题：其一，立宪不符中国以礼为本的尊尊亲亲政治；其二，传统六官相承四千年，不宜因五六不更事少年假托西法而用夷变夏；其三，设置内阁总理是瓜分了军机处之责任而夺朝廷之权；其四，将铨选之政散之行省，以及在户部之外增设民部与农工商部，将使地方官吏擅权放欲；其五，废礼部、去礼法将为重视礼仪的诸国所笑；其六，去都察院将使奸贪无惧。基于以上六点，王宝田等人反对立宪制度。而在四患中，王宝田等人更认为立宪将使官吏求解于民而威禁不行，将形成官长须听轻险之徒指挥的风气，将形成中国效鬻西方立宪制度而丧失主体性，出现国不成国以及中国惧怕革命之人而赶紧立宪的负面形象。王宝田等人身为清朝臣子，从维护君主政体角度，对立宪主张、制度与行动进行了多重解构，提出了主权宜尊、国是宜一、民力宜宽、士习宜端、章服宜严、会党宜禁等主张，希望能够令朝野重新审视立宪是否有必要。在上述的论述中，谈到礼部问题时，王宝田等人就借用了天道地道论作为正当性依据。如文中指出："礼官之设，昉自伯夷，其由来尚矣，降及后代，虽沿袭不同，而职守则未有易也。故《记》谓安上治民，莫善于礼。诚以礼之用，固总贯夫君与民之纪，而立治安之本。而《传》又谓天道曰祥，地道曰义，人道曰礼。则礼者又蟠际于天道、地道之中，而以立人道之极者也。礼亡则人亡，人亡则国亡，而天地亦几于息矣。"[1]作者在此所用的都是属于具有原理性、普遍性、道义性的"天道""地道""人道"概念。由此可见，在甲午战争后，所谓儒学价值逆反，只出现在维新派知识人中间，而在当时仍有一派秉持与回护儒家传统的天道地道论者存在。这些官员正是在维护主权、忠君爱国的仁义道德论中，继续使用上述具有道义性的重人轻天的天道地道论。

　　综上，本书以为，研究者不宜认为晚清之际一面倒地都朝向"新"与"变"前

---

[1]　王宝田等：《内阁中书王宝田等条陈立宪更改官制之弊呈》，收入故宫博物院明清档案部编：《清末筹备立宪档案史料》上册（北京：中华书局，1979），页158。

去,在历史大潮中仍有传统砥柱存在,只是,在大潮下,传统的天道地道论更多地是回到了博物馆中,被作为经典概念,而非具有论政能量的语言工具。如1908年章太炎(1869—1936)所写的《刘子政左氏说》一文中,天道地道论已经回到了古典学术讨论语境中:"《说苑·修文》曰:知天道者冠鍒,知地道者履蹻,能治烦没乱者佩觽,能射御者佩韘,能正三军者撜笏,衣必荷规而承矩,负绳而准下,故君子衣服中而容貌得,接其服而象其德,故望玉貌而行能有所定矣。"①又如1910年胡承珙(1776—1832)所写的《尔雅古义卷上》言:"《文选注》引许慎《淮南注》曰:堪,天道也;舆,地道也。《汉书》张晏注曰:堪舆,天地总名也。"②再如1915年谢无量在《老子哲学》中提到:"以老子之学出于《易》,《易·谦卦·象传》曰:天道下济而光明,地道卑而上行,天道亏盈而益谦,地道变盈而流谦,鬼神害盈而福谦,人道恶盈而好谦。"③综上可看出,天道地道论在近代,逐渐有一从具有原理性、普遍性、道义性质的论政语言,被知识人悬置到学术史脉络中进行讨论的现象。此处天道、地道共现时都出现了人道,是否说明"地道"在帮助"人道"进入"道"的主流的过程中具有作用? 值得再深入讨论。

(三) 天道自然论

基本上,天道自然论自先秦之际就已出现,主张天道就是宇宙自然规律之道,这一天道自然论一直流传到近代,并与西方自然科学知识产生了对话。如1889年收录于《格致书院课艺》④的钟天纬(1840—1900)所写的《第一问》中,主要提出中西都有格致之学,然各有侧重,中国格致以义理为重,西国则以物理为多,这是因为重道轻艺与重艺轻道的差别所致。钟氏认为,道艺应相互包含而不宜分内外。接着钟氏在文中提到中国讲格致者,列了郑玄(127—200)、孔颖达(574—648)等谈义理的儒生,指出郑、孔等人虽然只谈义理,但说理精深,非西儒能及。这是从民族自信的角度,为中国格致之学的发展溯源与定位。⑤ 其后进

① 章绛:《刘子政左氏说(续四十二期)》,《国粹学报》第43期,1908年7月18日。

② 胡承珙:《尔雅古义卷上》(版刻旋毁),《国粹学报》第63期,1910年3月1日。

③ 谢无量:《老子哲学》,《大中华》第1卷第4期,1915年4月20日。

④ 王韬编此书的目的是作为宣传新知与新思想的读物,作为1876年6月22日开院的上海格致书院的宣传物,此书集录了1886至1894年间所有举行过的历次季考之优胜课艺。上海格致书院由傅兰雅、徐寿、王韬操持。关于上海格致书院的研究,可参见郝秉键、李志军:《19世纪晚期中国民间知识分子的思想:以上海格致书院为例》(北京:中国人民大学出版社,2005)。

⑤ 关于中国近代"格致"概念的发展及与"科学"概念的互动,可详参金观涛、刘青峰:《从"格物致知"到"科学""生产力"——知识体系和文化关系的思想史研究》,《观念史研究:中国现代重要政治术语的形成》(北京:法律出版社,2010),页325—364。

入主题，钟氏开始论述西方格致之学四大家的生平与主张，包含阿卢力士托德尔（亚里士多德，Aristotle，前 384—前 322）、卑尔根（培根，Francis Bacon，1561—1626）、达文（达尔文，Charles Robert Darwin，1809—1882）、施本思（斯宾塞，Herbert Spencer，1820—1903）四人。其中在谈到达尔文时，钟氏指出："一千八百五十九年，特著一书，论万物分种类之根源，并论万物强存弱灭之理。其大旨谓凡植物动物之种类，时有变迁，并非缔造至今一成不变，其动植物之不合宜者，渐渐渐灭，其合宜者，得以永存，此为天道自然之理。"①这里的天道自然论，是基于达尔文在 1859 年提出的《物种起源》（*On the Origin of Species*）一书。该书首先主张生物进化，取代神创论，因此为时人所攻伐；其次主张生物为生存而斗争，能适应环境变异的个体能存活并繁衍，不具有有利变异的个体终将被淘汰。因此，基于达尔文"物竞天择，适者生存"所推演出的天道自然论，指向的是强者生存、弱者淘汰的自然定律，与中国传统儒家式盈虚消长、损有余而补不足的天道自然规律大不相同。由此可见，晚清之际虽仍谈天道自然论，但此时的自然规律已经有了明显的中西之别。

上述指出的，已选择性吸收了达尔文进化论的天道自然论，到了甲午战争后便在与当时国际外交局势互动之下，出现了崭新的意义。如 1897 年刘桢麟（生卒年不详）所写，刊登在当时维新派报刊《知新报》中的《地运趋于亚东论》一文，主张过去百年地运是由东而趋于西，自此百年之后将由西而趋于东，千年之后则合东西为一。刘氏在文中举出实例，证明地运由东而西的现象，如中古之世的高加索族徙西洲、近古之世的英法越西洋以扩展南北美利加之大陆；其后则续而论述天下之势将会变化，关键在于航海之术的出现，使得南洋诸国遍布白人足迹，而后太平洋之海道开启，远东商局出现，英国便总揽海权。刘氏正是通过这些例子去谈"变"之重要，天道自然论则成为其开篇之际作为"变"之正当性的根据所在。如其文中开头提到："星地有转变，阴阳有递嬗，人物有轮回，世运有盛衰。无转变则热质销而星地毁，无递嬗则奇偶歧而阴阳乖，无轮回则魂道绝而物类亡，无盛衰则天道闭而世运灭，此理之自然，势所必至者也。"②刘氏正是以盛衰循环之天道自然规律为依据，作为其主张"变"的根据。然而刘氏的天道自然论虽与过去的天道好还论有连续性，但是其指向的目的却有所改变。不同于传统先秦以降的天道自然论主要是在论证天下之事，这里的天道自然论转而论证的

---

①　钟天纬：《第一问》，收入王韬编：《格致书院课艺》（上海：弢园，1886—1893），页 2。

②　刘桢麟：《地运趋于亚东论》，《知新报》第 7 册，1897 年 3 月 23 日。

是整个世界的局势,这是在从天下观转向世界观的语境下,开眼看世界后的一种现代性展现。过去,从天道自然论中,看见的是四时循环之固定不变,因而有"天不变,道亦不变"的主张;然而到了近代,则是从中看见四时循环的变化,因此提出天道变化的主张。由此可见,不同时代的知识人配合其需要,各从天道自然论中汲取所需养分,从中既可凸显天道自然之不变,也可凸显天道自然之变。这正展现出"天道"概念的多元面向与其随势而盈虚消长的变化特征。

而天道自然论到了八国联军侵华战争后,在对儒学产生价值逆反的思潮下,其论述目的就不再如前述是用来诠释或是回应现世问题了。从文献中可见,是退回到了纯自然天文学的讨论范畴中去。换言之,天道自然论被纳入了西方天文学中,消解了其原初的原理性、普遍性、道义性,只保留其自然性意义。如1902年《立春后地与星辰考》一文比较中西天文术后,提出反对西法优于中法的意见。文中指出,中法有不如西法者,西法也有出于中国者,其后谈到授时法时指出:"——凭诸实测,于天道已渐近自然,则由授时而加精,自不得不密于前代。"[1]这里的天道与自然共现论述已经回到天文观测的实质讨论之中。那么,是否自此之后,天道自然论都不再与现实问题有关,不再作为回应现世问题的正当性论据了呢?

1915年之际,陈独秀在《新青年》中发表了《抵抗力》一文,[2]里面又谈到了天道自然论。该文指出,中国人受学说之害、专制君主流毒、统一之害而无抵抗力。陈氏认为世界如一战场,故人们必须积极产生抵抗力,才能因应各种挑战。在学说之害方面,陈独秀指出,道家老子主张雌退,儒家崇尚礼让,佛家主说空无等思想,这些都从思想根本处断绝了抵抗力的出现。在这方面,陈独秀对"天道"概念进行转化行动,他认为,"天道远,人道迩",因此人们的"正路"是取迩而不迷其远,尽力于善并且制止恶的发生,人的能力所及者即"人道",而人之所未知者即"自然"与"天道"。由上可见,陈氏点出天道自然论,并且加以标签化为人之所未知者,借此反面凸显人应努力的是可知的"人道",而非未知的"天道"与"自然"。陈氏认为,不应再从过去天道与人道、人事贯通论去谈"天道"概念,故才指出人无法知天道。既然天道不可知则无用,在天道无用论下,人们就只需于人道之上努力。在此,陈独秀进一步通过自然定义天道,使"天道"概念卸去了神秘性、原

---

① 阙铸补斋辑:《立春后地与星辰考》,收入贺长龄、魏源辑:《皇朝新政文编·天文》卷16(台北,国风出版社,1963),页569。

② 陈独秀:《抵抗力》,《新青年》第1卷第3期,1915年11月15日。

理性、普遍性、道义性，就此打破天人合一结构，转向天人相分，把"天道"与"人道"二分，形成"天道与人道、人事相分论"①，将"人道"推向前端，自此"人道"概念就先于"天道"概念，成为人们应关心与努力的方向。

在陈独秀的天道自然论中有一点特别的主张，即"天道恶，人道善"论述，这与过去天道与人道、人事贯通论下的天道与人道、人事皆善的思想不同。陈氏基于《老子》思想来论证其天道为恶之主张，其指出："老聃曰：天法道，道法自然。自然之天道，其事虽迩，其意则远，循乎自然，万物并处而日相毁，雨水就下而蚀地，风日剥木而变衰，雷雹为殃，众生相杀，孰主张是，此老氏所谓'天地不仁，以万物为刍狗也'。故曰：天道恶。"②由此可见，陈氏从天道自然中的衰杀现象论证天道之恶。他进一步指出，正因天道恶，因此呈现出人道善，因为天道恶，因此时常有灾害发生，人类即努力地祛除天道之恶以图生存，以技术征服自然，在人力胜天中凸显人类意志，此即凸显人道善的意义。

综上，天道自然论在陈独秀思想中，与过去基于儒家思想的"天道"概念不同者有二：其一，有从儒家天道自然为善到道家天道自然为恶的变化；其二，有从天人合一到天人相分而相战的变化。正是陈独秀基于老子思想下的天道论述，使万物的自我意志能独立于过去天道与人道、人事贯通论中的"天道框架"，使人得到真正的自由。天道自然恶论成了陈独秀解构儒学天道权威的以言行事与以言取效的工具。陈氏引用老子思想中的自然之道概念，松动了先民信仰中的"人格天"以及孔子的"道德天"，目的就是解构儒学"天道"概念中的神秘性、原理性、普遍性与道义性，借此达到反孔与反传统的目的，通过重新解释老子的道之自然论，解构儒家的"天道"概念，只留存其自然义。类似陈独秀者，还有如 1919 年高一涵（1884—1968）在《斯宾塞尔的政治哲学》一文中提到斯宾塞受到自然科学中的生物学影响时指出："他又承认'自然律'非常的庄严，好像老庄看'天道'一样；因为'自然律'如此，所以才能够淘汰不适宜的，遗留下那种最适宜的。这就是斯氏受生物学影响的所在。"③又如在《老子的政治

---

① 类似的现象也曾发生在近代日本思想界，如金观涛与刘青峰指出，伊藤仁斋（1627—1705）受到明儒吴廷翰（1490—1559）气论思想的影响，斩断了"天道"与"人道"间的联系，把抽象天理还原到人间，政治与个人道德为两回事，故评价政治家应看其是否能治国，而非其道德。见金观涛、刘青峰：《气论与儒学的近代转型——中国与日本前现代思想的比较研究》，《政大中文学报》第 11 期（2009 年 6 月），页 1—30。

② 陈独秀：《抵抗力》，《新青年》第 1 卷第 3 期，1915 年 11 月 15 日。

③ 高一涵：《斯宾塞尔的政治哲学》，《新青年》第 6 卷第 3 期，1919 年 3 月 15 日。

哲学》中谈到老子的无为思想时指出:"自老子眼光看来,凡是替天行化的,都是违反天道,都是搅乱自然法则。国家的举措赏罚,和个人的学问知识,都是用不着的。大家只有混混沌沌,无知无欲,听那'自然'摆布罢了。"①此处高一涵正是通过不断结合西方生物学中的自然律、自然法则与曲解《老子》的道之自然观的方式,松动并瓦解儒家"天道"概念中的原理性、普遍性与道义性。因为就实质而言,老子思想中的自然观与西方生物学中的自然观仍有所不同,不能骤然一概而论,且《老子》中出现"天道"一词者凡二处,皆未具有反对天道善以及主张天道恶的意涵出现。②

综合上述,通过陈独秀与高一涵等人主张的老子天道自然论,过去作为主旋律的儒家式"天道"概念降低了其重要性。人们关注的不再是有好恶、能惩处,具有神秘性、原理性与普遍性的"人格天道",也不再受到具有道义性的"道德天道"的束缚,"人"能重新在"自然天道"下独立地展现自主意志。在上述脉络下,1927年梁启超在清华国学院讲课时,也把孔子的"天道"概念解释成自然性的天道,如《儒家哲学》中所言:"孔子讲天道,即自然界,是一个抽象的东西;董子讲天道,有主宰,一切都由他命令出来。《天人三策》说:'道之大原出于天,天不变,道亦不变。'这种说法同基督所谓上帝一样了。"③可见,梁启超已把"天道"概念作为一种"对象"进行研究,与过去儒家视天道为人事应当遵行的神秘不可知或是内在超越的原理,有着完全不同的景象。自此也揭示出,"天道"概念在近代思想转型中,从一终极价值转变为研究对象的变化历程。

---

① 高一涵:《老子的政治哲学》,《新青年》第6卷第5期,1919年5月。

② 《老子》全书在第47与79两章中使用"天道"一词,分别是"不出户,知天下。不窥牖,见天道。其出弥远,其知弥少"与"和大怨,必有余怨;报怨以德,安可以为善?是以圣人执左契,而不责于人。有德司契,无德司彻。天道无亲,常与善人"两句。前句是强调天道与天下并非从客观世界实践中就能获知,而是应当从规律秩序中去掌握;后句是通过提出理想政治家应当以德化民,给予而不索取为例,说明天道亲近的是能行施不求报的善人。由以上两处可见,皆并未有"天道恶"之意。甚至第77章中直接指明了老子的天道观,亦即:"天之道,其犹张弓欤?高者抑之,下者举之;有余者损之,不足者补之。天之道,损有余而补不足。人之道则不然,损不足以奉有余。孰能有余以奉天下?唯有道者。是以圣人为而不恃,功成而不处,其不欲见贤邪?"上述这种损有余而补不足的天道观必然是天道善,不会是天道恶的。因此可见陈独秀与高一涵都是通过误读老子天道观的方式,去对抗与解构儒家喜用的"天道"概念。见王弼注,楼宇烈校释:《老子道德经注校释》(北京:中华书局,2008),页126、188、186。

③ 梁任公教授讲演,周传儒笔记:《儒家哲学》,收入汤志钧、汤仁泽编:《梁启超全集·第十六集·演说二》(北京:中国人民大学出版社,2018),页499。

三、晚期论述："观念"

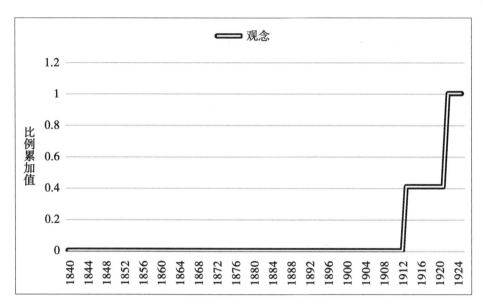

图 3-6　数据库(1840—1925)中与"天道"概念晚期共现的
高频概念词历年共现比例累加值图

　　图 3-6 中唯一存在的共现词，是"天道"概念在辛亥革命后新增的共现论述，亦即天道观念论。"天道"与"观念"的共现论述，为何只在进入民国之后才出现？其出现的意义为何？揭示出何种历史意涵？从史料当中可以找到答案。蓝公武在 1913 年所写的《中国道德之权威》一文中，首先连结了"天道"与"观念"两个词，文中指出："我举秩序、仁爱、精进三者，为天道之根本观念。"[①]蓝氏此处对"天道"概念进行分析，认为它是由秩序、仁爱、精进三内涵所构成，"天道"在此首次成为一个被拆解与分析研究的概念对象。接着在史料中还可见"天道"与"观念"一词的共现，是在 1922 年梁启超《先秦政治思想史》中的附录二《天道观念之历史的变迁》一文中，[②]从中也可看出，"天道"已被视为历史上的一个概念对象进行讨论、分析与研究。接着，在 1927 年之际，梁启超在《儒家哲学》中指出："董子是西汉时代的学者，他的学说影响到全部分，全部分的思想亦影响到他，可见

---

① 蓝公武：《中国道德之权威(续第一卷第三号完)》，《庸言》第 1 卷第 5 号，1913 年 2 月 1 日。
② 梁启超：《先秦政治思想史》，《饮冰室专集》之五十(昆明：中华书局，1941)。

汉人的天道观念退化到周秦以上。"①这里也是将"天道"视为一种研究对象,进行历史的剖析与讨论。"天道"概念成为知识人在书写中国思想学术史时的一个"研究对象",亦即"天道"概念被"博物馆化"为一"历史观念",与传统中作为宇宙指导原理的"天道"概念完全不同。

本书认为,当"天道"概念在人们心中还是具有神秘性、原理性、普遍性、道义性的终极价值时,人们是不会也不能去剖析的。但当"天道"概念进入可被分析的研究阶段时,那就表示"天道"概念已非终极价值了。如同宗教信仰者,因为存有信仰,故不会去剖析研究其所信仰的宗教,一旦开始分析所信仰的宗教,就表示从教内人变成了教外人,因为在分析中将照见宗教自洽逻辑中的各种矛盾问题,这就可能松动并瓦解其宗教世界观。同上所述,当"天道"概念仍为中国人的终极价值时,是不能也不会被当作研究对象进行分解式讨论的,因此当蓝公武与梁启超开始分析"天道"概念时,就意味着"天道"概念自明性的松动与瓦解,已从过去普遍原理的终极价值高位走下,成为学术史之一隅,成为历史博物馆中一个可被观赏、讨论、解析的陈列物。当成为陈列物后,它也就不再具有参与现实世界的论政能力了。② 天道观念论在数据库中的共现尽出自上述三篇民国时期的文章,指明了民国之后"天道"概念被当作一种可议论与研究的概念对象,不再是过去作为一种不能讨论的价值信仰的变迁轨迹。"天道"概念从"论政语言"被悬置到"学术语言"讨论中,揭示的正是中国传统儒家文化中原理性概念的博物馆化与除魅理性化现象。

第四节　小结："天"的收敛与转化

结合本章对大规模语料的定量计算和具体语境原文的定性分析可见,传统中国作为唯一至上之道的"天道"概念,在近代话语中逐渐势弱,展现出收敛与转

---

① 　梁任公教授讲演,周传儒笔记:《儒家哲学》,收入汤志钧、汤仁泽编:《梁启超全集·第十六集·演说二》(北京:中国人民大学出版社,2018),页499。

② 　此处援引列文森关于儒家文化的博物馆化理论纳入有关概念变迁现象的讨论中,表明当原理性概念的自明性消解后,就从一无需议论、不可议论的概念成为一可被议论、必须议论的概念,宛如一种传统原理性的概念物被收入博物馆一样,不再与现实世界互动并产生作用,只剩陈列、观赏、追忆、缅怀的功能。关于儒家文化的博物馆化理论参见列文森,郑大华、任菁译:《儒教中国及其现代命运》(北京:中国社会科学出版社,2000),页342,译自 Joseph R. Levenson, *Confucian China and Its Modern Fate：The Problem of Intellectual Continuity* (Berkeley：University of California Press,1958).

化两大现象：一是从原先具有人格天道、自然天道、形上天道的三层结构，收敛成仅存自然天道与形上天道的双层结构；二是经历了通过与人道、人心相联系的“重人轻天化”，由指导世间万物到反映客观自然的“自然化”，以及由论政语言被悬置到学术语言的“博物馆化”这三种转化。

自秦汉以降，无论人事、人道皆须顺应“天道”并与之贯通的思维习惯一直都是思想界的主流旋律，但这情况在甲午战争后，逐步于泰西哲学、社会学、伦理学、生理学等学问的引入过程中被松动与解构，使得“天人”关系产生了位移。据前文的数据图表与史料分析，本章指出，传统天人贯通论是在甲午战争前后逐步发生变化。这一变化的关键，正是在甲午战争后中国思想界发生了“儒学价值逆反”现象，其后因八国联军侵华战争又更为加剧，知识人最终确认中国传统儒家之道已然失能，无法再回应当时内外各种危机，因此开启了学习西方的启蒙、救亡、革命诸主义的主义化道路。在上述转变下，过去带有盈虚消长、济弱扶倾特征的天道与人道、人事贯通论，天道好还论，天道人心论等“礼的秩序”结构，都在天演进化论下的“尚力思潮”与“新的崇拜”语境下被松动甚至解构，转为喜强新而恶弱旧的“力的秩序”框架。传统天人贯通论在与西方现代性对话下，只能让出其终极价值观的位置。这一转变，使得梁启超悄悄改变了其对天道的诠释，如1898年他在《经世文新编序》中提到：“新者强，守旧者弱，天道然也，人道然也。”①基本上，“天道”与人道作为传统儒家之“旧道”，其本义原为济弱扶倾，但在梁启超接受西方社会进化论思想后，“天道”与“人道”概念内涵就位移成为喜强新、恶弱旧的西方“新道”了。这“新道”具备“好新”与“好强”的特质，与传统儒家以仁、义、礼、智、圣为核心的“天道”概念，有着很大的不同。②

“天道”概念在八国联军侵华战争后的遭遇，主要呈现在立宪、革命两阵营的争论之中。革命阵营在以瓦解君主制为终极目的下，开始攻击“天”，借以松动君权天授的天命正当性，在近代民族主义革命语境下，“天道”概念松动乃至被怀疑。如1903年《革天》一文就从对“天”的怀疑出发，进一步对“天”进行解构，文中指出：“其实人之所避之罪恶，验之冥冥之罚施，人之所具之希望，验之冥冥之左右，而皆无相当之处，则堕人道之功修，长虚无之伪习，不可以不察也。由是而

---

① 梁启超：《经世文新编序》，《时务报》第55册，1898年3月22日。
② 关于传统天道观内涵为儒家仁义礼智圣五行的研究，可参见涂艳秋：《战国中期儒家“仁义礼智”内涵的转变》，《兴大中文学报》第25期（2009年6月），页137—164。

谈，则崇尚不可知之天道，而沮败当前即是之人道，天何言哉，则言天者不得辞其
咎也。"①由此可见，近代知识人确实已产生"舍天从人"与"天的失能"的感受。
这种革天主张来自革命派知识人，因为此种论述能松动传统为君国服务的"天
道"乃至"天命"概念，有助革命精神的发生。由本章结合数据远读与文本精读的
共读视野可见，过去中国带有神秘性、原理性、普遍性、道义性的"天道"概念，正
是在甲午战争乃至八国联军侵华战争造成的儒学价值逆反中逐渐被怀疑、悬置
于近代历史舞台之中。

　　虽然神秘性、原理性、普遍性、道义性的"天道"概念在晚清与民初新知识界，
有一被怀疑、悬置，逐渐下滑甚至隐身的趋势，但也不能忽略仍有晚清保皇派、国
粹派乃至民初尊孔派，甚至是民间百姓，依然相信与捍卫天道尊严。不能只见大
数据下的"天道"隐身现象，就认为其被完全抛弃，从文献史料中我们仍得以看见
"天道"踪迹虽然微弱，但仍未消失，依然存在。因此可对"天道"概念在近代发展
的轨迹进行两点总结：其一，天道人事贯通论的思维惯性，自晚清一直延续到民
初未曾中断；其二，"天道"概念自晚清到民初，有从思想界的主旋律转为副旋律
的发展现象，以及受到天演论影响，有从"盈虚消长、济弱扶倾"转为"喜强新、恶
弱旧"的概念位移情况。从晚清革命与民初全盘西化的叙事中可见，"天道"概念
有从"有用"转向"无用"的变化，近代知识人所以产生天道无用的感觉，正是基于
过去天道报施思想，认为天道应赏善罚恶，一旦天道未能循环报施的现象越来越
多地出现，自然会令人们开始怀疑天道是否失能，若最终未能满足人们的法感，
自然就会形成天道无用论，开启以"新道"取代"旧道"的道路。因此"天道无用
论"正是在知识人面对着自甲午战争以来各种内外危机，儒学思想皆无法回应与
处理下逐步形成的。

　　绾合上述，在此可对"天道"概念于近代的发展进行一总结式描述：在中国传
统中，"天道"概念是普遍的，涵盖公私领域的，君臣、父子、夫妇、兄弟、朋友五伦
关系，都是以天道为本，展现出"礼的秩序"。这情况到1895年后产生变化，儒家
的"天道"概念不再是公领域中至高无上的价值根源，而为自由、平等这些西方新
价值所取代。这时"天道"概念一方面退守私领域，并在民间话语中沉淀下来，另
一方面在泰西伦理学、生物学、哲学的知识共振之下，仍然保留了传统"天道"概
念中的自然性。这也可以解释为何在1900年至1911年之间知识界的表述中，

---

① 　佚名：《革天》，《国民日日报汇编》第1集，1903年，收入王栻、王忍之编：《辛亥革命前十年
间时论选集》第1卷(北京：生活・读书・新知三联书店，1960)，页714—719。

"自然"成为天道主要的高频共现词。1915 年之后，"天道"则是转而成为被研究和陈述的对象，呈现出博物馆化的倾向。以上即是"天道"概念在近代中国的收敛与转化历程。

第四章　万国观中的"道"："公道"

第一节　"公道"概念的溯源

"公道"概念自古有之,在二十四史中最早见《汉书·列传·萧望之传第四十八》:"明主躬万机,选同姓,举贤材,以为腹心,与参政谋,令公卿大臣朝见奏事,明陈其职,以考功能。如是,则庶事理,公道立,奸邪塞,私权废矣。"①在先秦诸子文献中亦可见如《荀子·君道第十二》:"明分职,序事业,材技官能,莫不治理,则公道达而私门塞矣,公义明而私事息矣。"②又如《管子·明法第四十六》:"是故官之失其治也,是主以誉为赏,以毁为罚也。然则喜赏恶罚之人,离公道而行私术矣。比周以相为匿,是忘主死交,以进其誉。"③再如《韩非子·奸劫弑臣第十四》:"商君说秦孝公以变法易俗而明公道,赏告奸。"④由以上文献可见,传统"公道"概念主要与"私"相对,并带有普遍全体之意。那么,"公道"概念内涵中带有的普遍全体性之合法性与合理性的"所以然"由何而来呢?

对于这一问题陈弱水曾研究指出,"公"的概念在中国古代具有五种类型,而在战国末年作为具有强烈规范倾向的"普遍""全体"意涵的"公"的概念,已经成为当时极有力量并被广泛接受的概念。上述考察正呼应了沟口雄三(1932—2010)指出"公"乃是来源于"天",因此中国传统"公"的概念具备了原理性、普遍性、道义性等意涵的主张。⑤正因"公"为"天"的表德,因此"公道"一词在传统中

① 班固撰,颜师古注:《汉书》(北京:中华书局,1964),第 10 册,页 3273。
② 王先谦撰,沈啸寰、王星贤点校:《荀子集解》(北京:中华书局,1988),页 239。
③ 黎翔凤撰,梁运华整理:《管子校注》(北京:中华书局,2004),中册,页 916。
④ 王先慎撰,钟哲点校:《韩非子集解》(北京:中华书局,1998),页 101。
⑤ 陈弱水归纳中国古代"公"的概念可区分为五大类。其一,政治社会性概念,从甲骨文、金文、《尚书》中可见,"公"的原意为包含祖先、尊长、国君、诸侯等朝廷、政府、国家等政治 (转下页注)

国具有如同“天道”概念的地位，是“天道”在现实人间社会的表现形态。

综上考察，“公道”一词在中国近代之前属于稳定词语。由于“公”的概念内涵基本固定，因此“公道”概念也稳定，①要直到前近代“私”的概念逐渐被重视，“公”的概念才产生位移，出现“遂私以为公”的思想，自此“公道”一词词义才有些微不同。其后直到清中叶之际，“公道”一词在西方传教士通过英华双语字典的互译接触促进下，内涵才又有较大的改变。那么，在晚清之际“公道”概念究竟涵摄了哪些西方思想，可从近代英华双语字典来加以掌握。同样地，通过使用“英华字典资料库”，即可看见晚清以来一系列英华字典中“公道”一词与西方概念的双向翻译发展过程，从中掌握中国近代“公道”概念的跨语际实践轨迹，整理如表4-1。②

（接上页注）社会性概念；后到了春秋晚期则有明确的政府、一般性政务、公众事务之意。其二，作为宇宙人间总和的普遍全体概念，包含朝廷、政府、国家乃至人间宇宙，如“公心”就是此类型的“公”的概念下所产生的词。其三，作为世界根本原理与绝对原则，真正的道理是公共普遍而不因人而异的，在个人动心处去私存公，等同于善、义、正、天理等概念，流行于宋明理学。其四，16世纪上半叶，基于自然正当的人欲，主张“遂私以为公”，“公”就是使天下所有的“私”都能合理实现，是对程朱理学崇公抑私的逆反。其五，在语言演变上，由“公”的概念所衍化而出的“共”的概念中共同、共有、众人等集体事务与行动意涵也纳入了“公”的概念内涵中，早如东汉郑玄注《礼记·礼运》的“天下为公”就释“公”为“共也”，主要涉及政治领域如形成公议、公论与公愤概念，家族宗族领域如形成公田、公堂、公祠、公银、公谷概念，社会生活领域如形成公所、公会、公团、公约、公推、公举、公建、公论概念。至于前述第二种作为“普遍全体”之意的“公”的概念所以能脱离第一种指涉现实世界“公”的概念类型而产生，则与道家视“天”与“公”为对等概念有关，例如《老子》第16章“知常容，容乃公，公乃全，全乃天，天乃道，道乃久，没身不殆”，正因道家具有无公私分别的天的主张，因此“公”就成为“天”的表德，而也就具备了“天”的普遍全体特性。陈弱水还指出上述第三种类型作为世界根本原理的“公”的概念，则是由于第二类“公”的概念所衍生化出的“公义”“公道”“公正”等词的长期使用，而逐渐直接带有道德原理的意味。以上参见沟口雄三：《中国与日本“公私”观念之比较》，《二十一世纪双月刊》总第21期（1994年2月），页85—97；陈弱水：《中国历史上“公”的观念及其现代变形——一个类型的与整体的考察》，收入许纪霖、宋宏编：《现代中国思想的核心观念》（上海：上海人民出版社，2010），页563—592。

①　语言学家在研究现代汉语之际，曾提出语言运用有稳态与动态两类，所谓的稳态语言，是指具有历时性、相对性、有序性和普适性，即指词语特征使用稳定，受时间影响小，更新与变异缓慢，构成现代汉语词系底层，起到基础与主干作用。本文认为对现代汉语中的稳态词语的描述亦可用之于古代，类似本章研究的“公道”概念，就属于语言学家所谓的稳态词语，在中国明代“公”的概念有所变动前，基本使用稳定，受时间影响小，也不具有大规模更新与变异，可以视为古代汉语词系统的底层，具有作为支撑古代汉语与思想世界的基础与主干作用。相关研究参见张普：《论语言的稳态》，《郑州大学学报》（哲学社会科学版）2008年第2期，页105—109；饶高琦、李宇明：《基于词频逆文档频统计的词汇时间分布层次》，《中文信息学报》2019年第11期，页31—38。

②　网址 https://mhdb.mh.sinica.edu.tw/dictionary/index.php，检索日期2023年3月29日。表4-1中仅整理与呈现出重要的译词，其他另以短语意译“公道”一词的情况，可详见“英华字典资料库”。

表4-1　"英华字典资料库"中"公道"译词表

编者和辞典名	出版年	"公道"的主要英译词
马礼逊《英华字典》	1822	Equal、Just、Justice
卫三畏《英华韵府历阶》	1844	Equitable、Just
麦都思《英华字典》	1847—1848	Equal、Equitable、Fair、Just、Justice、Moderate、Upright、Conscionable、Equity、Rectitude
罗存德《英华字典》	1866—1869	Equal、Equitable、Fair、Just、Justice、Justly、Right、Upright、Equity、Conscientiousness、Equitableness、Equitably、Fairness、Justness
卢公明《英华萃林韵府》	1872	Equitable、Fair、Just、Justice、Conscionable、Equity
井上哲次郎《订增英华字典》	1884	Equal、Equitable、Fair、Just、Justly、Right、Upright、Conscionable、Equity、Conscientiousness、Fairness、Justness
邝其照《华英字典集成》	1899	Equitable、Fair、Just、Justice、Justly、Fair play、Reasonable、Rightly、Equity
颜惠庆《英华大辞典》	1908	Equal、Fair、Honest、Just、Justice、Plain、Reason、Round、Square、Conscionable、Equity、Propriety、Equitableness、Equitably、Fairness、Justness、Plain-dealing、Popularity、Squareness、Above-deck、Fair-play
卫礼贤《德英华文科学字典》	1911	Billig - fair, just(公平、公道) Gerechtigkeit - justice(正义、公道) Rechtlichkeit - honesty, legality(义、合理、公道、良善) Ungerechtigkeit - injustice(不公正、不公道)
商务印书馆《英华新字典》	1913	Fair、Justice、Justly、Upright、Conscionable、Equity、Equitably、Fairness、Justness、Popularity
赫美玲《官话》	1916	Equitable、Fair、Honest、Impartial、Just、Play、Square

从表4-1中几部重要的近代英华双语字典对译"公道"一词的英文字汇中，

可统计归纳出对译最多的英文字汇依序为：Just、Justice、Fair、Equitable、Equity、Equal，可见"公道"概念在中国近代吸收了西方的公正、合理、正直、正义、正确、公平、应得、平衡、直接、法律制裁等概念。而西方 Just、Justice、Fair、Equitable、Equity、Equal 等概念又与 Public 概念密切相关，因此 Public 概念中的人民性、公领域性、社会性等特征，[①]也同时附加在上述作为"公道"的英文译词 Just、Fair、Equitable、Equity、Justice、Equal 等概念上，并黏着于中国近代新式的"公道"概念之中。在上述由"符合普遍全体性之秩序"的善群之道转向"公平、正义"等西方概念之对译的过程中，即可初步看到中国传统"公道"概念的近代转型历程。

中国传统"公道"概念是以"天"作为"公"的价值根源，因此"公"实际上对于"个人"而言，仍是一种普遍性的集体性桎梏，正如从传统废私立公或大公无私之思想中可见一斑；但在以西方概念对译时，则更多地纳入了以正义、平等、个人权利等为价值根源的西方近代价值观。从英华双语字典中可见，原先"公道"一词在 1822 年马礼逊编的《英华字典》中主要对译的是 Equal（相等的、相同的、平等的、同等的）与 Just（正义的、公平的、应得的、合理的、正确的）这两个概念；而后在 1847—1848 年麦都思编的《英华字典》中首次增加的"公道"概念英译词，包含 Fair（公平、合理、公正）、Upright（正直、诚实、合乎正道）、Conscionable（凭良心的、正直的）、Rectitude（公正、诚实、清廉），主要是正直、诚实与凭良心这三种新的意涵；而 1866—1869 年罗存德编的《英华字典》主要增加了 Right（正确、正义、权利）与 Conscientiousness（尽责、凭良心办事）概念，使得"公道"开始带有与"权利"相关之意，以及具有经济学、心理学上的"责任心"的意涵，显示出更加强调社会化与公领域化特质；1899 年邝其照编的《华英字典集成》又多了 Reasonable（有道理的、合情理的）概念，显示出强调法理之外也在乎情的面向；1908 年颜惠庆编的《英华大辞典》增加了 Honest（诚实、正直、坦承、直率、真诚、纯正

---

① 陈弱水指出，西方"公"的概念有三个特征：其一，在语源上表现出人民性，如拉丁文的 publicus 是"公"一词的先祖，法语和英语的 public 都是同一个词，德语有关"公"的用语中也有 publikum，从语源上看，publicus 是从 populas（人民）变化而来，也许还受到 pubes（成年男子）的影响，意思为"属于人民全体的""与人民有关的"；其二，自罗马法区分公私二法以降，"公"指称的是人间两个基本领域中的公领域，其后西方有公重于私与私先于公的争议，但"私先于公"终于在近代自由主义的助推下成为主旋律，一切"公"都必须以保护与尊重"私"作为前提；其三，"公"还具有社会性特征，如拉丁文 utilités publica（公共利益），在中产阶级社会与公共领域兴起前就存在。以上参见陈弱水：《中国历史上"公"的观念及其现代变形——一个类型的与整体的考察》，收入许纪霖、宋宏编：《现代中国思想的核心观念》（上海：上海人民出版社，2010），页 581—582。

的)、Plain(清楚的、清晰的)、Propriety(允当性、礼)、Popularity(便宜、公道)等概念,显示出强调经济学的允当性与哲学和法学中的"礼"的意涵;1916 年赫美玲(Korl Hemeling,1878—1925)编的《官话》则增加了 Impartial(公正、中立、公平、不偏不倚的)概念,凸显了法学中的公正与经济学中的中立意涵。

由上可见,"公道"概念在近代英华双语翻译过程中所展现出的近代转型,就是朝向经济学、法学等社会性与公领域性概念迈进,而时间则是在罗存德编写《英华字典》的 19 世纪 60 年代,这很显然是受到《万国公法》以自然法为依归的公道之公理处理国际上外交事务的影响,以及与近代经济学、法学、心理学、社会学等新式学科知识传入中国有关,使得"公道"不仅只是处理传统中国"天下"间的事务,更是处理"万国"乃至"世界"间的事务关系的原理。除此之外,公道不只出自传统人心,还加入了现代心理学中的社会责任心概念,这是受到西方近代社会、义务、责任、经济学、法学等概念与学科知识传入的影响,进而使"公道"概念扩大,触及经济、社会、公领域等方面,就此而与过去传统中国的"公道"概念有所不同。

从近代英华双语字典的"公道"概念译词考察中,可掌握"公道"概念在词汇面相的发展轨迹,但其实际上是如何被近代知识人所运用的? 在实际的近代跨语际实践中,"公道"概念又是如何通过与其他西方近代概念互动后完成近代转型的? 这一过程是如何发生的? 这些即是本章接下来要回答的问题。

第二节　快读与远读:"公道"概念的共现数据分析

通过数字人文技术,研究者可从巨量的语言量化证据中找到"公道"概念的转型结构。同样以数据库中 1840 至 1925 年间一亿余万字的史料为研究对象,在方法上同样采用兼具微观与宏观视野的数字人文研究法,数字技术方面同样使用 N-gram 分词与 CUSUM 时间序列计算等方法。

一、共现结构:"公道"概念的共现概念词丛

本章进行了以下研究步骤,找到 1840 至 1925 年间与"公道"概念相伴共生的 10 大共现词:其一,以"公道"为检索词,从数据库中下载 1840 至 1925 年间以"公道"为中心,前后各 10 字,每段共 22 字左右的语料,经过数据清理后共有 945 条,总计约 19,406 字;其二,对上述 19,406 字"公道"语料进行人机互动的分词工作,先用 Bi-gram 分出所有二字词后,再由人工过滤出具有意义的关键词,如表 4－2。

表 4-2 数据库（1840—1925）中"公道"语料前 10 高频共现词丛表

序号	共现词	共现次数
1	真理	78
2	主持	55
3	中国	50
4	人心	30
5	各国	28
6	世界	21
7	政府	21
8	平等	21
9	正义	21
10	国家	18

　　经过数字技术的计算协助，可快读出 1840 至 1925 年，在数据库中与"公道"一词相伴共生的前 10 高频共现词，依序分别是：真理、主持、中国、人心、各国、世界、政府、平等、正义、国家。

　　在远读视野下，表 4-2 数据呈现出三点信息：其一，在数据库中 1840 至 1925 年间，与"公道"一词共现的前 10 高频关键词中，大多为具备价值观属性的概念，如"真理""平等""正义"等，显示出"公道"概念在当时与这些价值观概念义近，是以"平等""正义"作为其内涵，并有视"公道"概念为"真理"的现象；其二，与"政府""国家""主持""中国""各国""世界"等词共现，代表的是"公道"概念在近代的公领域化与全球化特性；其三，与"人心"一词共现，揭示出与"公道自在人心"此一中国传统思想间的连续性，但由于"人心"概念在近代西方心理学知识传入后也产生近代转型，因此另一方面也呈现出与传统思想的非连续性。基于数字人文方法的快读优势，可先对近代以来"公道"概念的演变轨迹进行一全体式的远读掌握，对"公道"概念的整体发展有一初步认识。

二、共现轨迹："公道"概念共现概念词丛的时序分析

　　表 4-2 数据是基于数据库（1840—1925）中所收"公道"语料，经过计算后，得出的 10 个围绕"公道"一词的高频共现词，但尚缺乏时间序列维度信息，为揭示前 10 高频共现词与"公道"一词在数据库中的共现比例变化现象，本章进行以下计算工作：第一，计算 10 个共现词在数据库中每一年与"公道"一词的共现次

数;第二,以 CUSUM 方法,计算前 10 高频共现词与"公道"一词在每一年的共现使用比例累加值后绘制成图 4－1。

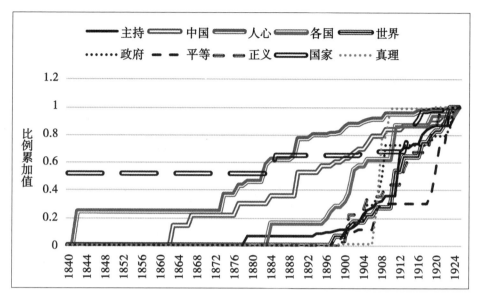

图 4－1　数据库(1840—1925)中与"公道"概念共现的
前 10 高频概念词历年共现比例累加值图

从图 4－1 中虽大致可见"公道"概念在长时段中与 10 个高频共现词的历时性分布结构,但 10 个共现词的时间分布现象看起来还是颇为复杂。这时可再通过集群计算,对 10 个高频共现词进行分群,最后得出不同时期中与"公道"概念共现论述的概念群组。本章对 10 个高频共现词进行分群的标准,同样是以 CUSUM 累加值曲线的相似性为主。本章基于计算结果数据进行判断,以 Distance level 在 80 以上为分群标准值,依照计算可分出 7 群,如图 4－2所示。

从图 4－2 计算结果,可客观地将共现词分为 7 群:1."主持""世界""正义""政府";2."平等";3."各国";4."真理";5."中国";6."人心";7."国家"。接着可依照 7 群共现概念词分群结果,通过视觉化图示,明确且快速地给出概念的时间分群状况,如图 4－3。

从图 4－3 中可明显看出不同时间段概念词群的变化,依照思想史发展时间序列,可归纳出公道论述的三段发展历程,分别是:1.早期论述:"人心""中国""各国";2.中期论述:"主持""世界""政府""正义";3.晚期论述:"平等"。其中

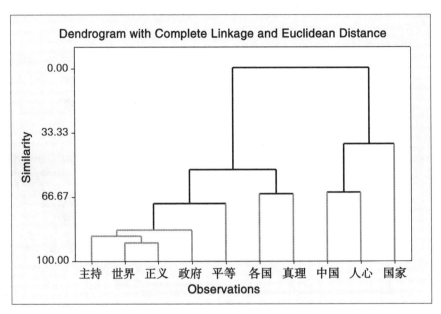

图 4 - 2　数据库(1840—1925)中与"公道"概念共现的
前 10 高频概念词历年共现比例累加值集群分析图

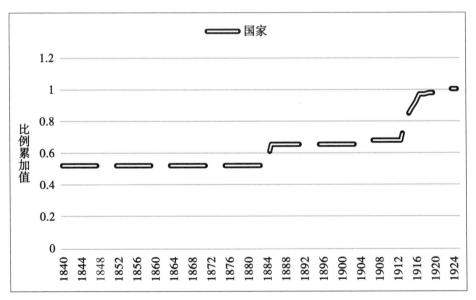

图 4 - 3 - 1

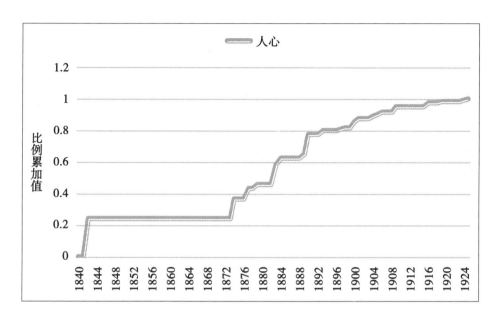

图 4 - 3 - 2

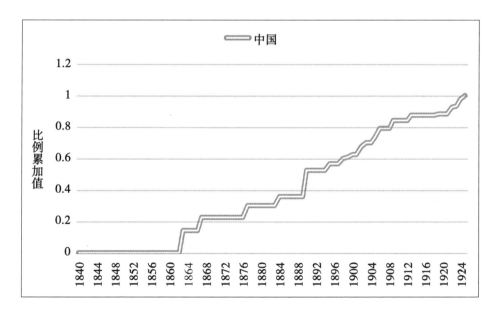

图 4 - 3 - 3

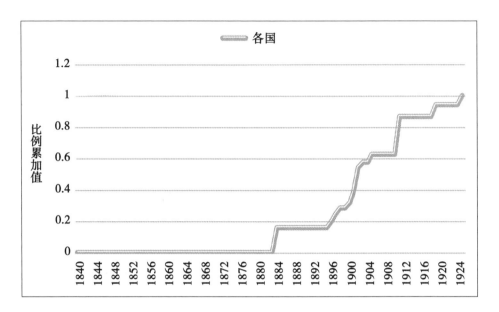

图 4 - 3 - 4

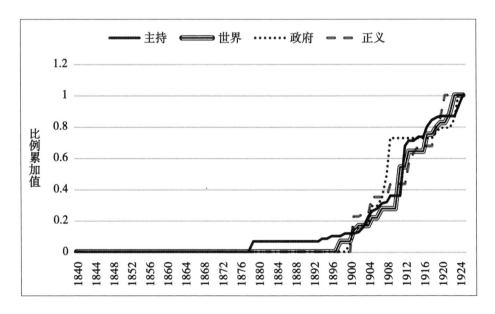

图 4 - 3 - 5

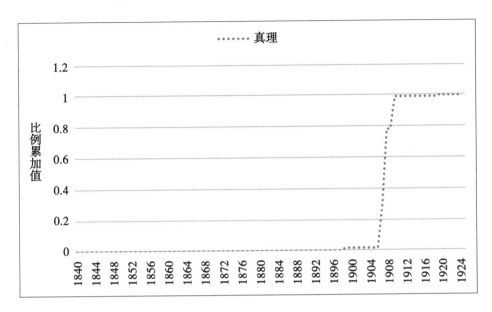

图 4 - 3 - 6

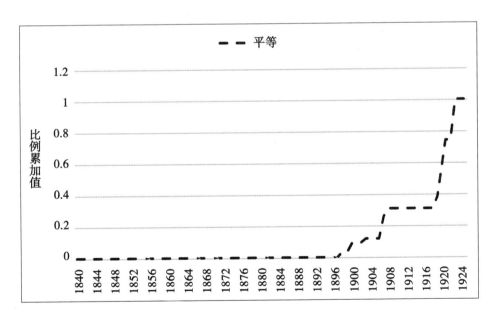

图 4 - 3 - 7

图 4 - 3 数据库(1840—1925)中与"公道"概念共现的
前 10 高频概念词历年共现比例累加值集群分图

"国家"与"真理"二词与"公道"的共现并未具有分段涌现的时间特征,因此不进行深入讨论。以下即对具有"分段涌现时间特征"的三个阶段共现词群进行系统与主题的分析,考察这些问题:"公道"概念在近代与上述高频共现概念词的共现论述意义为何? 早、中、晚三期的共现变化,各自揭示着"公道"论述的哪些意涵演变?"公道"概念如何与不同时期中的共现词互动,进而完成近代转型? 以下基于前述快读与远读后的数据结构与线索,回到文献史料中进行人工与机器合作的共读工作,进一步揭示近代中国"公道"概念的转型历程。

第三节　共读:"公道"概念的发展轨迹与历史意涵

根据图4-3,可以看出"公道"概念在与其高频共现词互动下,展现出三个阶段性发展。以下就依照三阶段的"公道"共现词群发展,回到文献中进行考察分析工作。

一、早期论述:"人心""中国""各国"

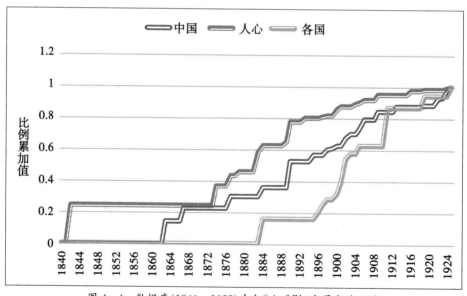

图4-4　数据库(1840—1925)中与"公道"概念早期共现的
高频概念词历年共现比例累加值图

从图 4-4 可见,在 1840 年至 1895 年甲午战争前,与"公道"概念早期共现的词依出现时间顺序为"人心""中国""各国"概念,展现出"公道人心论"与"万国公道论"。

(一) 公道人心论

在数据库(1840—1925)中"公道"与"人心"一词最早的共现史料出自 1842 年,但数量很少,直到 1870 年后共现现象才明显增多并稳定。在用例方面,最早是中国传统"公道自在人心"的思维习惯的展现,如 1842 年山东道御史黄宗汉(1803—1864)在《奏海龄闻系误杀良民甚多以至被民戕害折》中指出:"因思海龄既死,人复何仇。果系城陷殉难,一家尽节,其情形深堪悯恻,平日即办理不善,亦可稍赎前愆。其视临阵逃走,事后捏报遇救得生者,殊属有间,公道自在人心,言之者不应如此痛恨。"①此处"公道"概念是用于讨论中国内部司法事件,文中指出前任副都统海龄因逆夷侵犯海疆,在查拿汉奸时误杀许多良民致使民心不服,因此产生良民围困海龄,海龄开炮反击,在此之际使逆夷有机可乘,致使镇江府城失守之事。黄氏认为若是如传言一般,海龄是被民众戕害而死,那么人死后也就不应仇视,若是城陷而一家殉难而死,则其情堪悯,即使平日办事不善也可稍赎其罪,因为这比起那些临阵逃走,事后还捏报遇救得生者,是有很大差别的。黄宗汉认为基于"公道自在人心",不应如此痛恨海龄。上述的公道人心论具有强烈的儒家伦理原理性格,认为海龄殉节之道德可凌驾于其误杀良民之过,此处公道人心是基于"殉难尽节"这样的中国传统儒家忠君爱国的公而忘私的公共道德意识。其他用例还包含 1883 年的《法越交兵纪》提到:"法人则诡谋百出,而吾朝则大度包容,以此二者判之,孰曲孰直,公道自在人心,固不能专咎吾国之疎也。"②又如 1893 年崔国因的《出使美日秘国日记》中提到美国旧金山规矩会牧师花勒环游地球考察教务后回到国内,在会中陈述指出美国违约禁止华人到美国,甚为无识与无礼,美国人民应深感痛恶并羞对中国,正因"公道在人心",因此美国也有对此事清议者。③再如 1893 年郑观应(1842—1921)在《盛世危言》中提到教案问题,指出中国平民正是因为在教案处理中不能被公允对待,因此怒而拆教堂,毁教士,其实引发这些事件的都是教士与华官,他们应当自知惭愧,因为"公道自在人

①　黄宗汉:《(一九七七)山东道御史黄宗汉奏海龄闻系误杀良民甚多以至被民戕害折》,收入故宫博物院编:《筹办夷务始末》(道光朝)卷之 58(台北:国风出版社,1963),页 1177。

②　曾根啸云辑,王韬编纂:《法越交兵纪》卷之二(台北:文海出版社,1974),页 230。

③　崔国因:《出使美日秘国日记·二》(长沙:岳麓书社,1985),页 134。

心也"。① 这里的"人心"都仍指向基于中国传统内在超越的"天理良知"。此时的"公道人心"与前文的"天道人心"有着一致的价值和内涵，显示出早期"天道"与"公道"的关联性。

而在甲午战争后，对儒学产生价值逆反思潮之下，是否"公道人心论"也产生了价值逆反而有所变化呢？1900 年录自《金山中西日报》并刊登在《知新报》上的《驳种疫公论》一文提到旧金山华埠卫生院医生诬说埠内有疫症，想通过全埠种疫的方式支销公款，然而华埠唐人根本无疫，因此为了对抗无故种疫，遂闭门罢市，以抗狼医疫我，幸有《摩侒呵》及《港尼古》两西报的公论主持正义，指出华埠根本无疫，实际上是有医生发现了有唐人染胀气之症而发热核以死的案例，狼医不明就里就作出判断，只要是东亚黄种之人就要接种疫苗以避免传染，然而狼医委托上街种疫的皆是无名小医生，因乱刺唐人手臂，造成恐慌，又因为四处讹传华埠有疫，累及商务甚大，然而即使狼医贻害巨大，最后仍没有定论，只能相信"公道自在人心"。② 而 1904 年张之洞（1837—1909）在与端方、赵尔巽的《致外部粤汉铁路北段美售于比请照合同作废电》中也提到，他到南京接见驻宁美领事马墩，质问美国公司为何将湘路转售比国，其言由于美公司主人身故后，众人分家，因此财力不足，故需转售，美领事告诉张之洞可将此约作废，张之洞认为此语彰显出"公道自在人心，利害所关固无所容其迁就"，这显示出"公道"概念超越个人利害，亦即因公道乃是根基于天人合一之人心天心之故。③ 再如 1906 年的《论南昌教案》一文指出，从译自英国 1906 年 3 月 1 日《蛮吉士特报》的文章可见，针对南昌教案，西人已经不同于过去动不动就污名化中国排外或仇洋，而是转而客观地主张那些犯案教徒本来就是华民，应受华官管理，非西人教士所能够私庇，这样就事论事的主张彰显"公道之自在人心也"，表示"公道"概念乃是不论中西国别与华洋人种都共同肯定的普世皆然之道。④ 从甲午战争后"公道"与"人心"共现史料中可见，其基础仍是传统的放诸四海皆准、能判断是非善恶的天理良知的"人心"，不同的是"公道人心论"从原先处理国内华夷天下中的事务转向了国际万国世界中的事务。而有趣的是"公

---

① 郑观应：《盛世危言》（沈阳：辽宁人民出版社，1994），页 119。

② 《驳种疫公论》，《知新报》第 122 册，1900 年 7 月 11 日。

③ 张之洞、端方、赵尔巽：《鄂湘督抚张之洞端方赵尔巽致外部粤汉铁路北段美售于比请照合同作废电》，收入北平外交史料编纂处：《清季外交史料》（光绪朝）卷 182（台北：文海出版社，1963），页 48。

④ 译英国一千九百零六年三月一日蛮吉士特报：《论南昌教案》，《外交报》第 6 卷第 7 期，1906 年 5 月 18 日。

道"与"人心"的共现情况在1906年后就很少出现,这呈现出公道人心论主要还是属于传统"公道"概念话语,因此随着近代转型后就逐步退出了历史话语舞台。

而"公道"与"人心"的共现除了以"公道自在人心"的短语呈现外,另有一将"公道自在人心"的短语拆解为"公道"与"人心"两个概念的并列使用,且用意有所变化,成为在公领域彰显王法之公道以收百姓人心之意的现象。如1874年(同治十三年)沈葆桢(1820—1879)在《请移福建巡抚驻台湾疏》中提到,台湾地区向称饶沃,长久以来都为异族垂涎,闽省一向需台米接济,并其所在位置乃东南七省门户,海防险要之地,不管就内政或外防来说都须重视此地,但却因台湾地区后山凶番遍布,导致开山不易,至于山前虽早有建置,然也弊病丛生,如班兵惰窳、蠹役盘踞、土匪横恣、民俗愔淫、海防陆守俱虚、学术不明使庠序以容豪猾、禁令不守、赌为饔飧等。为求能巩固海防要地,沈氏列举请福建巡抚驻台的十二个好处,其中第四个便利之处就是法令能更为快速地在台施行,令台湾地区人民因见闻巡抚亲切而"人心贴服,公道速伸"[1],亦即沈氏希望通过移福建巡抚至台的方式,将台湾百姓纳入认同之中,使大清的公道能够普遍伸展施之于台湾,以此令台湾百姓人心向归,有助于巩固地险工作,此处"人心"一词是指人民与百姓之心。又如1876年(光绪二年)同样是沈葆桢在《研讯皖南教堂滋事确情分别示惩疏》中,也针对皖南教案事件指出:应当遴选干员监督地方官对此案的审判,依照情形轻重给予抚恤,如此才能"彰公道而靖人心"。[2] 这里的"人心"亦指人民之心。

然而,从上面叙述虽可见"公道自在人心"的短语从清中叶到晚清之际都还在使用,但基本上,在1899年《劝学篇书后》中,可以看见"公"的合理性根据已从过去的"天"转为"众人"。何启(1859—1914)、胡礼垣(1847—1916)基于维新派的"道器俱变"论主张,针对主张"变器不变道"的张之洞所写《劝学篇》一文而作的《劝学篇书后》中就指出:"民,人也;君,亦人也。人人有好善恶恶之心,则人人有赏善罚恶之权。然就一人之见而定,则易涉私心;就众人之见而观,则每存公道。是故以好善恶恶之心,行赏善罚恶之权者,莫若求之于众。民权者,以众得权之谓也。"[3]由此可见,晚清之际的"人心"概念已具"积私以为公"的"众"的"多

①　沈葆桢:《请移福建巡抚驻台湾疏》(同治十三年),收入盛康辑:《皇朝经世文编续编》卷91(台北:文海出版社,1972),页3439。

②　沈葆桢:《研讯皖南教堂滋事确情分别示惩疏》(光绪二年十二月二十八日),收入王延熙、王树敏辑:《皇清道咸同光奏议》卷18(台北:文海出版社,1969),页1016。

③　何启、胡礼垣:《劝学篇书后》,收于《新政真诠:何启胡礼垣集》(沈阳:辽宁人民出版社,1994),页335—427。

数决"的意涵，是在个体主义基础上的众人公心，而非集体主义下的物人之心。中国传统哲学从天道、天理、天下出发连结"公"的概念，因此"公道"背后的"人心"乃"天道""天理""天下"的代名词。传统"公道"概念往往是对专制制度的一种合理性论证，因此在传统公道视野中的"人"是"物人"，并非近代具有个人权利与人格权的"个人"。由此可见传统公道与近代以"普遍个人权利"为价值的"公道"概念就有所不同。近代"公道"概念乃是基于 16 世纪上半叶开始发展的"遂私以为公"的思想嫁接西方概念后逐渐酝酿形成。[①]

（二）万国公道论

从图 4-3 中，可以看见"公道"与"中国""各国"两词从 1860 年后开始依次共现，而"公道"概念先与"中国"后与"各国"概念共现，代表的是"公道"概念使用范围的扩大化，有一从处理"中国"事务扩大到"各国"事务的发展轨迹，这对应的是中国近代从天下观转向万国观乃至世界观的视域转移。根据过去的研究，"世界"概念在中国近代思想转型期中，即与"中国"与"各国"高频共现，代表的正是从天下观转向万国观，最后达到世界观的发展过程，也是在罗志田所谓国家目标外倾的根本性近代大转变下的词汇语言形式表征。[②] 基于此，当"公道"与"中国""各国"两词共现，代表的正是"公道"概念从处理天下观下的中央—四方事务转为处理国际事务的发展趋势。"公道"概念在 1860 年后，逐渐从天下观语境下的公道转变为万国观下的公道，此时"公道"中"公"的意涵就从天下观中的"以天为公"转为"以万国为公"，正如 1864 年译出的《万国公法》，就是用以处理万国事务的公共之法。图 4-3 数据呈现出"公道"概念与"中国""各国"两词的共现时间序列，是先与"中国"一词

---

① 关于近代"公"的概念研究，详见黄克武：《从追求正道到认同国族：明末至清末中国公私观念的重整》，收于黄克武、张哲嘉主编：《公与私：近代中国个体与群体之重建》（台北："中研院"近代史研究所，2000），页 59—112；李长莉：《公私领域及私观念的近代演变——以晚清上海为例》，收入刘泽华等著：《公私观念与中国社会》（北京：中国人民大学出版社，2003），页 218—243；刘畅：《中国公私观念研究综述》，收入刘泽华、张荣明编：《公私观念与中国社会》（北京：中国人民大学出版社，2003），页 366—413；章清：《近代中国对"公"与"公共"的表达》，收入许纪霖主编：《公共性与公共知识分子》（南京：江苏人民出版社，2003），页 192—220；陈弱水：《中国历史上"公"的观念及其现代变形——一个类型的与整体的考察》，收入许纪霖、宋宏编：《现代中国思想的核心观念》（上海：上海人民出版社，2010），页 563—592。

② 关于近代世界概念与外倾化研究，可详见罗志田：《走向世界的近代中国——近代国人世界观的思想谱系》，《文化纵横》2010 年第 3 期，页 26—33；罗志田：《国家目标的外倾——近代民族复兴思潮中的一个背景》，《近代史研究》2014 年第 4 期，页 13—18；邱伟云、郑文惠《走向新世界：数字人文视野下中国近代"世界"概念的形成与演变》，《南京大学学报》（哲学·人文科学·社会科学）2020 年第 5 期，页 88—106。

共现,后与"各国"一词共现,而在 1900 年后则开始较为稳定地与"中国""各国"二词共现,表示"公道"概念已完成从天下之法转向万国之法的发展历程。实际用例如下所示。如第二章曾提及 1863 年美国所回照覆文件中,谈及中国处理白齐文事件时指出,中国并未公道地对待白齐文,若是依据公道原则应再次起用白齐文,由此可见"公道"概念亦为西人处理中西外交事务时的原理性根据。① 又如时任总理各国事务衙门章京的志刚,在 1867 年参加蒲安臣(Anson Burlingame, 1820—1870)使团出使欧美各国时所写的《初使泰西记》里,提到他们与衣西巴呢雅驻法使臣欧罗嘎萨晚餐时,由于欧罗嘎萨将往伊国,故谈及中伊两国欲办之事就是招工,欧罗嘎萨说招工不难,只要设定工人限期返回的命令就好,避免一朝而终无返期,终究勤劳而死,然而伊国却"不肯公道办法,欲中国强令赴招。中国纵不自爱其民,焉能驱之就死地乎"②。由此可见,中国亦以公道原则,要求列国应以公理与公法处理外交事务。在引文的表述中,寻求"公道"的中国已然处于弱势地位,不但无法再寄希望于过去天朝所依靠的"天道",甚至需要处于强势地位的他国"公道办法",可见此时的"公道"已成为需借助公理、公法等公共概念以寻求保障的现象。

　　而后在列强欺虐蚕食之下,"公道"概念所处理的事务就不仅止于中国与另一国的双边关系,而是扩大为中国对各国的多边关系事务,"公道"概念的责求对象亦从单一国家成为多方列强,反映出国际形势的压迫势态。如 1883 年王韬编纂的《法越交兵纪》卷四提到,在法越交兵之际,英国袖手旁观,不问胜负,而德国、美国、俄国都未与越南通商,越南又不属欧洲公法管辖范围,不愿取怒于法,不过虽然明里不加干涉,但"公道自在,各国须不干预,而亦未尝不时发议论,隐然诮法之黩武穷兵也"③。这里"公道"展现于各国对法攻越南的时议之中。又如 1894 年由江南制造局刻印的英国学者费利摩罗巴德(Sir Robert Phillimore, 1810—1885)所撰,傅兰雅(John Fryer, 1839—1928)口译,俞世爵笔述的《各国交涉公法论三集》(Commentaries upon International Law, Vol. Ⅰ—Ⅲ)中,提到两国交战之际,不能去禁止其属地的贸易,因为"欲禁敌国属地之贸易,则大为不是,而不公道,凡开各国公用之口,未必因战事而生,有时各国属地要得平安,而让此事"④。由上可见,在近代由于列强在

----

① 美国《(六一八)照覆(上折附件)》,收入故宫博物院编:《筹办夷务始末》(同治朝)卷之 17 (台北:国风出版社,1963),页 436。

② 志刚:《初使泰西记》(长沙:岳麓书社,1985),页 362。

③ 曾根啸云辑,王韬编纂:《法越交兵纪》卷之四(台北:文海出版社,1974),页 481。

④ 费利摩罗巴德撰,傅兰雅口译,俞世爵笔述:《各国交涉公法论三集》卷之四,收入张荫桓辑:《西学富强丛书》(上海:上海鸿文书局石印本,1896),页 116。

国际上的强势地位，两国交战之际亦需考虑各国的利益与意见，而列强意见即成为国际外交场上的"公道"，因此"公道"与"各国"概念的共现，展现出的是"公道"概念的外倾化现象，而这与海上交通运输之发展及民族国家殖民和全球化贸易息息相关。再如 1898 年曾广铨(1871—1940)翻译自《纽约报》西正月三号的《合肥相国论中国时局》一文，记录了对李鸿章的访谈，李鸿章提到"近年以来，中国阅历较深，知识渐广，方慕泰西各国治民公道，深愿效法，不料各国竟乘中国积弱之势，无端构隙，任情欺虐，此种情形，试问公道否乎"①。此处体现出中国即使"深愿效法"泰西之道，却仍然无法获得泰西之"公道"对待的现象。又 1902 年《英相沙侯致驻华英使电》中将美国政府照覆中、俄、德三国照会录呈给驻华英使，指出美国虽然一直说若是旅居中国的美国商民一旦遭逢意外，就要唯中国是问，但其实美国还是认为如义和团一事"罪魁究应归中国惩办，始合公道，各国不应越俎"，因此美国政府主张各国赶紧选定全权大臣与中国开议和局，②这里也是基于义和团运动影响所及并非单一国家，而是多方，故而应以公道处理之。最后再如 1903 年译自《美国报》的《论中美交涉宜存公道》一文，指出 1862 年美国遣使拔林根(Anson Burlingame，1820—1870，中文名即蒲安臣，前已提到)使华，开启中美交涉，拔氏基于义和团运动之前各国无使节驻守北京，因此不能洞晓彼此政策故相互猜疑失和的问题，主张"各国驻华公使宜同心协力，联合办事，而以公道待中国。又谓各国所要求者，若能不为己甚，中国当亦乐从"③。这里再次证明"公道"乃指"各国"的共同意见之意，但因为当时中国势弱，"公道"显然业已成为实质上的"列强"之意而非公议。从以上又可见"公道"概念的外倾化现象，展现出名义上的万国"公道"论。而近代中国之意见所以无法被纳入各国公议公道中，无法受到"公道"的保护，其关键要素之一即是受到当时的国际法将中国视为半文明国家的思想框架影响所致。因此唯有中国真正为各国共同认定为一文明国后，才能跻身世界，成为万国之"公"中的一员。④

---

① 湘乡曾广铨译：《合肥相国论中国时局》，《时务报》第 53 册，1898 年 3 月 3 日。

② 《英国蓝皮书一》，《外交报》第 2 卷第 19 期，1902 年 9 月 16 日。

③ 译美国报：《论中美交涉宜存公道》，《外交报》第 3 卷第 10 期，1903 年 5 月 21 日。

④ 关于近代国际法思想的发展以及如何基于欧洲中心论分世界为文明国、半开化的(half-civilized)社会形态与未开化的人群(barbarian)，乃至文明国具有开发未开化人群的职责之思想，以及丁韪良(William A. P. Martin)如何通过翻译去遮蔽惠顿(Henry Wheaton，1758—1884)《万国公法》中的自大等相关研究，可详见王尔敏：《十九世纪中国国际观念之演变》，《中国近代思想史论续集》(北京：社会科学文献出版社，2005)，页 68—138；林学忠：《从万国公法到公法外交：晚清国际法的传入、诠释与应用》(上海：上海古籍出版社，2009)；刘禾：《国际法的思想谱系：从文野之分到全球统治》，收入刘禾主编：《世界秩序与文明等级》(北京：生活·读书·新知三联书店，2016)，页 45—100。余例不详举。

二、中期论述:"主持""世界""政府""正义"

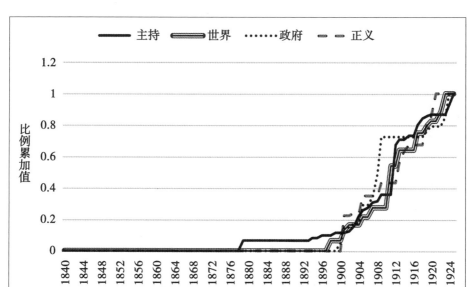

图 4-5　数据库(1840—1925)中与"公道"概念中期共现的
高频概念词历年共现比例累加值图

图 4-5 中的四个"公道"概念共现词分别是"主持""世界""政府""正义",这四个词与"公道"概念自 1895 年后就开始稳定地集群共现。在这四个共现词中,"世界"为空间性名词,"正义"为价值性名词,"政府"为主体性名词,"主持"为动词,"公道"概念为何以及如何与这四个词在 1895 年后开始同步稳态共现发展呢? 以下就从共现史料中一看究竟。

(一)　主持公道论

第一个考察的是作为动词的共现词"主持",该词与"公道"在近代的共现具有什么意义呢? 1879 年曾纪泽(1839—1890)在出使日记中提到去拜访法国下议政院首领刚必达(Léon Gambetta,1838—1882)之时,刚必达说自己也对于教士横恣不以为然,日后若遇上中法民教交涉之事"定当主持公道,断不偏袒教士、神父,务使中法之好,日益亲睦"[1]。由此可见,主持公道者为法国下议院首领,而所处理的正是中法外交事务,主持公道之意表示不徇私偏袒己国。

---

[1]　曾纪泽:《曾纪泽出使日记》(二),收入曾纪泽著,王杰成标点:《出使英法俄国日记》(长沙:岳麓书社,1998),页 843—844。

1898 年严复翻译的《天演论·导言十八·新反》中提到一譬喻，园夫治园有两种方法，一是架设适宜群生的环境，一是把恶种芸除，只留善种传衍，若是对比国家人治，就是保民养民与善群进化二事。然而，在自然界中园夫可以芸除恶种，但在现实社会想通过此方法善群进化却不可行，因为不能以人治之力去芸除恶种，唯留善种，只能"主持公道，行尚贤之实"，取人民共有的明德与知能日新扩充，以此自然地善群进化。① 这里显示出公道乃是社会之中有人主持的善群之道，而非自然界中无人主持的天演物竞之道，揭示了社会与自然之道不可通用，而"主持"一词正是指明了公道有别于天演之道的关键所在。由于《天演论》经翻译出版后影响甚巨，因此"公道"概念也在《天演论》的"以群为公"的主张下，逐渐与传统"以天为公"的"公道"概念产生距离，开启了"公道"概念的近代转型。

而在 1902 至 1903 年之际，"主持公道"者成为俄、英、美，处理的事务则主要是列强对中国索取巨额庚子赔款。1900 年（庚子年）八国联军侵华后，清廷在 1901 年被迫签订《辛丑条约》，需向俄、日、英、法、美、奥、意、德八国，以及比、荷、西、葡、瑞、挪等虽未出兵，但在战争中也有人员与财产损失的"受害"六国赔银共 4.5 亿两，其中俄国出兵最多，为了弥补国内财政故提出比损失多的赔款数字，获得超过 1.3 亿两白银赔款，而美国则是主动提出尽量让清政府合理地赔款，这是为了维持 1899 年美国所提出的中国门户开放政策的存续，然最终则是采纳由在清朝海关总税务司工作几十年的英人赫德（Robert Hart，1835—1911）在计算中国的还款能力后，提出的 39 年分期付款的主张，每年各国可回收的本息都超过他们的实际损失金额，这使各国同意并确定了赔款数额。为了赔款，清廷开始向各省征课杂税并对外借款。在这巨额赔款过程中，还出现一种情况：当时各国本已都改为采用金本位制度，因而白银需求降低，国际银价在 1901 年开始暴跌，这时巨额赔款问题中又加上赔款以金价为基准，使得拥有大量白银的中国被迫承担了金银汇兑成本的镑亏，造成极为严重的财政问题。② 在上述语境下，1902 年驻俄代办胡惟德（1863—1933）于《致刘坤一庚子赔款照约应还银电》中，对俄国外交部趁金贵银贱之际，要求以金价赔款之事提出异议，认为应当照约赔银而不能还金。他在报告电文中指出已向俄外部说明中国民生已经不支，若是还金则需再承担镑亏，若清廷为还钱进

---

① 严复译：《天演论》，收入王栻主编：《严复集》（著译日记附录卷）第 5 册（北京：中华书局，1986），页 1357—1360。

② 参见丘凡真：《精琪的币制改革方案与晚清币制问题》，《近代史研究》2005 年第 3 期，页 117—143。

行搜刮而使中国内部产生激变，最后还不起钱，也并非各国所愿，且中俄相邻，休戚相关，为友好与维持大局，希望俄国能"主持公道为他国先"，俄外部闻之即答应回去与户部会商并与各国接洽。① 这里"主持公道"者就是庚子赔款中的"第一债主"俄国。而在 1903 年译自伦敦 1 月 10 日《波林尼士报》的《论赔款宜允中国用银》一文，则报道了面对各国强迫用金价赔款，中国请求以银价赔款的争议问题，指出在一开始索取赔款额度时，"英美二国，始终主持公道，其余各国，则彼此相战，攘臂而前，务求多得"，然在中国请求以银赔款之际，竟只有美国政府同意，英国政府却主张应以金价赔偿。在此，《波林尼士报》作为英国舆论报，指出英国政府也应支持美国，附议赞同中国以银赔偿的主张，否则若以金价赔偿则恐再造成中国动荡，难以善后；且若改以金价赔偿，则"原定赔款四百五十兆两，如每两按英金三先令计，现已将至五百五十兆两"②，实不甚公道。而 1903 年 5 月，前驻华美使西华德（William Henry Seward，1801—1872）在博罗克林城总会的演说被《美国报》记录下来并译成《论中美交涉宜存公道》一文，提到美国应当以权力，行利人利己之事，帮助中国维护主权，因中国地大利厚，若能保全，美国则可得推行商务的绝大市场，绝不能让欧洲各国占领太平洋边上的这块土地进而危害美国。由上可见，美国报纸舆论主张美国应当成为"主持公道"者，而"公道"的合理性根源在此即为国际舆论力量，如文中指出："曩美国与他国交通，主持公道，素不以争战为能。曩者墨西哥为欧洲强国所侵，美以一言，令其退师。今何不本此方法，以助中国乎？夫国于地球，权力诚不可无，然必当以此权力行其利人利己之事也。"③由此可见，"主持公道"者在近代万国互联的时代语境中，指代的是能掌握舆论话语霸权者，"公"的合理性根据从"天"变成了"国际舆论"。

其后，能影响"国际舆论的话语主体"就成为"主持公道"者，如 1907 年驻美国纽约领事夏领事寄赠的，由美国各报汇译而来的《论美国减收中国赔款》一文，通过对纽约《太晤士报》《普士提晚报》《地球报》《吐礼宾报》、华盛顿《普斯提报》《赫卢报》《波得么太阳报》《士蒲布利波布力报》、费城《烈渣报》《米勒倭基仙丁纳报》中对美国减收中国庚子赔款政策的言论，发现美国舆论界都一致同意减收政策，

---

① 胡惟德：《驻俄代办胡惟德致刘坤一庚子赔款照约应还银电》，收于北平外交史料编纂处：《清季外交史料》（光绪朝）卷 157（台北：文海出版社，1963），页 263。

② 译伦敦一月十日波林尼士报：《论赔款宜允中国用银》，《外交报》第 3 卷第 2 期，1903 年 3 月 3 日。

③ 译美国报：《论中美交涉宜存公道》，《外交报》第 3 卷第 10 期，1903 年 5 月 21 日。

并认为这是全国荣誉，是公平、正直、公心、光明正大、公允之道的展现，是收得应得赔款而无一钱沾海寇腥味的展现，夏领事最后提到："按历观美国各报于减收赔款之事皆无间言，美国主持公道者也，彼欲以重债牵倒中国者，其又谓之何耶？"①这里夏领事希望以全美舆论公道，促使想要用重债牵制中国的其他各国警醒，由此可见美国及全体人民在当时被视为可影响国际舆论的"主持公道"者。

　　而1908年译自英国《康顿白烈报》的《论日人治韩》一文，则在讨论日韩问题时指出，伊藤博文（1841—1909）既能使日本维新，那么由他治韩当能"主持公道，而为韩人所悦服"②，这里"公道"概念仍是不顾自身私利的公允之道，然而1908年8月之际，却开始出现对以国际舆论为内核的"公道"不信任的现象，如《论中葡领海问题》一文指出："自铁血主义之昌明，所谓公理者，不过一鲸吞蚕食之假面已耳。以俄皇之野心，而自命为弭兵之向戍，吾安知今日之平和会，非与俄皇弭兵之举同一命意也哉？就令其主持公道，发乎至诚，而列强眈眈逐逐之雄图，又岂区区一会之力所能驯狮而缚象也？"这种怀疑是对近代诸多不依公道的国际外交局势现象的反动结果，对列国不敢发出公道之声，对所谓的国际舆论公道产生了价值逆反，如文中言："去岁开会之时，韩皇派遣专使，吁戚衔哀，而举会会员，坐视其泣血秦庭，曾无一人焉，出空言以相劳苦者，尚安望其能力持公义，以遏横流也耶？"③由上可见，虽然两次海牙公会看似能主持世界公道，但却在诸多不公道的现实经验中失能，使得时人对公道价值产生逆反，为新道的出现铺路。由以上主持公道论看来，"公道"概念作为处理世界外交事务时的核心价值地位未变，但主持公道的主体却有所转移，主持公道的主体从单一国家成为国际舆论，这是"公道"概念的世界化趋势所致。

　　（二）世界公道论

　　"公道"概念与"世界"概念的共现，基本上就是延续前一阶段与"中国""各国"两概念共现的趋势而来。诚如前面提出的，"公道"概念先与"中国"，后与"各国"共现，是呼应从天下观到万国观变化的语言证据，然根据前人研究可知，在转向万国观后还有朝向世界观的发展变化，亦即在万国观之际，仍以中国为万国中心，但转进世界观下，中国就只是世界中之一国。在万国观心态下，中国并未想挤进万

---

　　①　汇译美国各报驻美国纽约领事夏领事寄赠：《论美国减收中国赔款》，《外交报》第7卷第26期，1907年11月10日。

　　②　译英国一千九百零八年一月康顿白烈报：《论日人治韩》，《外交报》第8卷第4期，1908年3月27日。

　　③　《论中葡领海问题》，《外交报》第8卷第19期，1908年8月21日。

国舞台,只是从过去天下观的"中央—四方"转为万国观的"中国—万国",仍是中国中心观;但转向世界观后,中国就成为世界中的一国,并极力想争取成为世界舞台中之一要角,这就是万国观与世界观的根本不同。在上述语境下,"公道"在与"中国"和"各国"二词共现后紧接再与"世界"一词共现,代表的是"公道"概念的世界化,此时的"公"不再是传统中国中心论下带有普遍全体性的"天",而是世界各国总意之"公",这样的"世界公道论"在近代,实际上是由日本传入中国。如 1898年日本前内务大臣伯爵板垣退助(1837—1919)写的《论欧人欺侮异种为不合公理》一文指出,他不相信欧人能保持如同过去他们祖先那样的公义精神而不丧,因为欧人从否境到满盈的发展,使他们私欲渐长并得意自负,因而忘其祖先倡导的作为天地公道、世界大道、人类正道的自主平等概念。板垣氏指出白人现在自认为是世界主人,想要垄断地球,这就是以天地公道、世界大道、人类正道为私,白人以自己有文明利器,随意用威力胁迫稍微违背他们意见的亚洲未开化之民,并以冥顽野蛮之排外思想者去污名化与谴责亚洲之民,然而实际上根本没有比欧人更排外者,因为欧人以为世界都是白人所有,想把非白人都斥出地球之外,这是绝对的排外思想。由此文可见,"公道"概念处理的事务,已经扩及亚欧与黄白之争,与过去仅止于处理中国内部事宜,或是处理中国与他国乃至各国的双边或多边事宜不同,处理的是世界上所有国家多向共振的复杂动态外交事宜。[①] 由此可见,"公道"概念确实是当时世界列国均肯定并援以作为外交原理与公例的依归。

而在八国联军侵华之后,世界列国关系更进一步地同时紧密地扭结在中国瓜分问题上,事涉世界列国利益,必须以列国总意为"公道"来处理,方能维持"均势"的和平,"世界公道论"就益发重要。如 1902 年译自《东京朝日新闻》的《记国民同盟会之解散》一文,作者近卫笃麿公爵(1863—1904)指出,自从联军进入北京救援公使开始,瓜分中国的问题就于兹兴起,日本反对瓜分中国,希望保全数千年大国之自主,这不但是世界通义,也是作为邻邦的交谊,因为若瓜分成功,中国国内将内乱相继,列国割据,必会相争,如此引欧洲势力入东亚,日本邻近中国,根本不可能晏然无事,因此为求保全自善,应支持中国自主。更进一步,作者还指出,保全中国不仅是为了中国、日本,更是"关系东洋之列国,实世界之公道,天下之通义,凡有国者所不能外也"[②]。由此可见,"世界公道论"成为处理八国

---

① 日本前内务大臣伯爵板垣来稿:《论欧人欺侮异种为不合公理》,《知新报》第 58 册,1898 年 7 月 9 日。

② 近卫笃麿公爵演说,译四月二十八日东京朝日新闻:《记国民同盟会之解散》,《外交报》第 2 卷第 10 期,1902 年 6 月 1 日。

联军侵华后所引起的世界各国在华利益分配问题时的共识。

　　而除了处理八国联军侵华后衍生的国际外交问题外，"世界公道论"还用以处理自 1899 年美国提出中国门户开放政策后遗留下来的满洲问题。如 1905 年 2 月，翻译自 1904 年 12 月日本《太阳报》的《论经营满韩》一文，讨论了东清铁路的处理事宜。文中指出东清铁路既是俄国所有，那么日本就该占领，应讨论的只是应该由官方还是民间经营的问题。文中主张东清铁路十分重要，并非民间能独立经营者，且"开放满洲之事，本世界公道，而图各国民人之利便，不可不为完全之设备"，因此应当先由政府经营，等到人民有能力经营了再改为民营。① 这里"世界公道论"指的就是美国提出的中国门户开放政策，因为此一政策是主张中国实行"门户开放"的贸易机会均等政策，美国是在承认列强在华"势力范围"和已获特权前提下要求"利益均沾"，不妨害列强利益，故获得列强的支持；清政府方面也在以抛弃主权的"以夷制夷"与"一体均沾"方式，令列强互斗而借此求得生存空间的企图下，同意门户开放政策，因此使得此一政策成为包括中国在内的世界列国共同承认并肯定的"世界公道"，而日本也就顺势运用"世界公道论"作为侵略中国东北地区之合法性依据。

　　有趣的是，世界公道论不仅用于处理国际事务，还为晚清革命人士用作革去君主立宪制度的理据，如 1907 年无政府主义报刊《新世纪》中刊载的《就社会主义以正革命之义论》一文，提到立宪不是不行，但若为君主立宪则美亦为恶，就像是有人"以公道光耀世界上之黑暗，以平等削去一切阶级，以自由破坏种种专制，以幸福灭除社会上之祸根"，但却遭到皇帝政府以谋反作乱为名而欲荡平之的问题。② 文中以社会主义为世界公道，公道代表的是自由、平等、幸福，对立于背公道、尚阶级、重专制的君主立宪制度。该文首次提出以自由、平等、幸福、社会主义为世界公道之内涵，属于有别于国家主义的世界主义下的世界公道论，追求的不是各国总意之公，而是人类总意之公。

　　世界公道论在各种国际事件的使用中，到了 1911 年已经明确定义为"万国公断之志愿"，主要处理"万国交际"之问题。如 1911 年《瑞京万国平和会办事处致外部义国骤递战书有背海牙公约请联合要求恪守公理照会》指出，义大利与土耳其战争使国际舆论震动，并且影响各国经济，然而各国政府对此事却未克尽义

　　① 译日本明治三十七年十二月太阳报：《论经营满韩》，《外交报》第 5 卷第 1 期，1905 年 2 月 28 日。

　　② 千夜：《就社会主义以正革命之义论》，《新世纪》杂刊之一，收入张枬、王忍之编：《辛亥革命前十年间时论选集》第 2 卷（北京：生活·读书·新知三联书店，1978），页 1014。

务，因为自 1899 年与 1907 年两次海牙公会以来，万国交际已辟新幕，各国政府均派代表参加公会，但各国面对义土战争却不作声，似乎弃两次公会决议不顾，然"夫方今世界为公道时代，为互助时代，已经各国政府公认矣"，并且《和解国际纷争条约》序言还指出，日后国际纷争必设法和平解决，通过扩张法律范围并"固结万国公断之志愿"，而所谓"文明国团"应当互相扶助，瑞京万国平和会办事处才照会中国外部应当有所表示。① 从该文件可见，世界公道论在近代的形成，与 1899 年和 1907 年两次海牙公会密切相关，正是通过公会组织，世界各国有所联系，即使义土战争与中国无直接关系，亦基于世界公道被要求必须发声，由此可见"公道"概念的世界化在 1911 年已然形成并固定成为惯例。从上可揭示"公道"概念使用范围扩大化与外倾化的时间点是在 1895 年之后，这是甲午战败后万国观去中心化并走向世界所致。而世界公道论在近代多为日人使用，并为留日学生译入中国，展现出一种隐微的被欧洲同视为半开化国家的中国与日本的团结，以及一种共同以世界公道论去反对带有文明阶梯论色彩的"万国公法"秩序的表述策略。

（三）政府公道论

在"公道"概念的共现论述中，"政府"与"公道"常常作为对立概念共现，这代表的是论述者意图通过"公道"概念对抗"专制政府"。如 1900 年在《清议报》中刊发的《中国近事·谕旨滥发》一文，报道了日本报纸指斥中国政府骄横暴慢，自政变以来所降谕旨，如违背祖制降立嗣之谕，购缉康有为等人，株连翁同龢、陈宝箴等名士等偏离政治常经与文明轨道，为人轻藐耻笑之事。日本报中指出清朝政府之蛮横不仅事关中国自身，因为当时的中国问题就是世界问题，而《清议报》编者在最后则评议指出，即使连日本新闻报都无法忍受清政府的各种违背文明常经的决定，可见"公道自在人心，彼昏庸政府尚不知戒惧修省，徒以矫诏伪谕，贻万国羞，终亦必亡而已矣"②。由此可见，"公道"概念被用以指斥慈禧所把持政府的蛮横。梁启超在 1898 年维新失败流亡日本后创立《清议报》，意图通过文字影响舆论，将清廷的蛮横与世界普遍认识的"公道"总意相对立，以"公道"对抗与谴责当时的清朝专制政府。

上述这类论述形式也为革命阵营运用。如 1907 年廖仲恺（1877—1925）在

① 瑞京万国平和会办事处：《瑞京万国平和会办事处致外部义国骤递战书有背海牙公约请联合要求恪守公理照会》，收入北平外交史料编纂处：《清季外交史料》（宣统朝）（台北：文海出版社，1963），页 620—621。

② 《中国近事》，《清议报》第 42 册，1900 年 4 月 20 日。

《民报》发表《虚无党小史》一文，主要介绍俄国虚无党，提到该党起源于 1872 年学生戚古思(Nikoli Tchaikowski)所倡成立的戚古德团(Tchaikowtoyy)，此团纲领有三：其一扑灭国家，其二破坏文明，其三联合自由民团组成全世界自由民国。基于三条纲领，廖氏认为其志大言远，他们设立出版部进行小册子宣传的散布工作，秘密输入麦喀氏(引者注：即马克思)之《资本论》等思想，且党员不怕辛苦地改变形象为织工、泥匠、靴匠、马具匠、小学教师等，一男一女可伪为夫妇经营小商店与小客栈，希望借此能与无智无识小民交游，宣导"身世之不足恋，阶级之不平等，政府之不公道，权族之不天良，一般道德如是如是，吾辈最后之得救，惟有自杀，不则被杀耳，与鬼为邻伤心哉，切肤之痛，汝其与"，唤醒不少民众。① 从中可见，在革命阵营的叙事之下，"公道"与"政府"概念也对立，因为帝俄政府是专制的，故与非专制的"公道"概念相互抵触。

　　然而需要注意的是，虽然《民报》引入俄国虚无党中以"公道"对抗"政府"的论述，但却是希望在以公道推翻专制政府后建立共和政府，与革命阵营中的无政府主义者不同，故 1908 年无政府主义者李石曾(1881—1973)更进一步在《新世纪》中，对《民报》的《政府说》进行回应，写了《无政府说——书〈民报〉第十七号〈政府说〉后》一文。文中主要反驳政府存在的必要，主张无政府思想，在文中明确凸显出"公道"与"政府"的对立性，"公道"不仅仅是对抗"专制政府"，更是对抗"所有政府"，这就展现出了以"共和政府为公道"或以"无政府为公道"的差异。李石曾指出，如果万事只计利害而不管善恶是非，那必然使人趋于不正当，公道与真理也无显著之日。在当时普遍认为政府就是仅计利害而不计是非善恶的思潮语境下，促成了无政府主义者主张只有去除政府才能"无国界种界，更无彼吾之别，无利己害人，此真自由、真平等、真博爱能见之日也。此无政府之所以合于公道、真理也"② 由此可见，无政府主义者的"公道"概念是不计利害只论是非善恶之道，而与只计利害的"政府"相对。

　　当然，在舆论表述中亦有与"专制政府"相对应的"公道政府"，其代表就是当时的美国。如 1904 年底，基于 1894 年同美国签订的《中美会订限制来美华工保护寓美华人条款》的不平等条约期满，旅美华侨请清政府提出废除条约的请求，美国政府却主张续约而拒绝废约，因此引起了抵制美货运动。在此情况下，1905

---

① 渊实：《虚无党小史(续第十一号)》，《民报》第 17 号，1907 年 10 月 25 日。

② 民(李石曾)：《无政府说——书〈民报〉第十七号〈政府说〉后》，《新世纪》第 31—36、38、40、41、43、46、47、60 期，1908 年 1 月 25 日—8 月 15 日，收入张枬、王忍之编：《辛亥革命前十年间时论选集》第 3 卷(北京：生活·读书·新知三联书店，1978)，页 145。

年，外交部向国内发电报指出，美国总统请求中国赶紧禁止抵制美货行动，因为正如美使所说如果一味抵制，阻止美国应得利益，只会令协商更为困难，到时华工苛例未除，华商损害已大。电文中指出中美交谊展现于日俄开战以来，“美政府主持公道，以保全中国领土，限缩战地，布告各国，现又调停和议，正宜互相维持，以固东亚太平之局”，不宜因废约与抵制美货运动伤害中美和好关系，因为此事只是需要“商改工约”，不应“禁销美货”，美国方面希望清政府加以妥善处理。之后清政府果然在各种权宜之下，压制了抵制美货运动，而美国政府也为保在华利益而放弃续约，抵制美货运动就此平息。[①] 在文中可见，由于美国不仅关切自身利益，还从东亚乃至世界全局进行考量，展现出“世界公道”精神，使美国成为当时“公道政府”的代表。而以美国作为代表的“公道政府”，就是《民报》所肯定、《新世纪》所否定者，因为虽都同为晚清革命阵营，但前者仍肯定政府组织，因此看见美政府所作决定中不计利害只论善恶之一面，而后者否定一切政府组织，因此看到的是美政府计算自身利害乃至各国利害之一面而有所差别。

有趣的是，在“专制政府”与“公道政府”的两种并列论述中，革命阵营将两种政府作为“二元对立”，但改良阵营却尝试调和，主张“阶段发展”。如1905年谷生在《东方杂志》发表《利用中国之政教论》一文，主张利用中国专制政教、专制之力，行强迫教育之制，乃至工业、路矿、官制、服色，只要有适合强迫之事务，都可用专制之力提倡之，当长期以专制政教间接影响民风习俗，自上而下雷厉风行，不出十年中国就能兴起，兴起而后方能立宪，否则若是中国未能兴起，在欧风墨雨飘摇之中，是无法从容立宪的。作者谷生希望读者能了解立宪与专制的轻重缓急，并指出若是有人不察情况而只会诉厉专制政教，甚至希望消灭专制政教，徒炫立宪美名，在国民并无几人有立宪资格下，是绝不可能实现立宪制度的。他指出中国自秦至民国就已政教合一，因为“自秦以来，天下之教皆为政体之附庸，无古无今，不能持一说为公道之标准，与政府相抗衡”[②]，这里的“公道”与“政府”对立，因为中国自秦至民国皆是专制政府，“公道”在此处代表专制之外的声音。但有趣的是，此文并非反对专制政府，而是认为在“公道”的“立宪”到来前，先要基于专制政府的专制力让中国兴起，而后立宪与公道才能真正实践，这里就展现出一种将“公道政府”寄托于未来的悬置论。

① 外部：《(七八五六)发(署粤督、南洋大臣、署闽督)电》，收入“中研院”近代史研究所编：《清光绪朝中日交涉史料》卷88(台北：文海出版社，1963)，页1674。

② 谷生：《利用中国之政教论》，《东方杂志》第2年第4期，1905年5月，收入张枬、王忍之编：《辛亥革命前十年间时论选集》第2卷(北京：生活·读书·新知三联书店，1978)，页40。

綜合上述，在“公道政府论”下，“公道”成为评判甚至反对政府的工具。不但时人借此表达对清政府的不满，甚至有无政府主义者主张以真理公道去除一切政府的思潮出现。由此可见，“公道”与“政府”的共现，表征的正是“公道”意涵由天道人心转向世界公议之后，产生的对传统封建体制中忠君思想及专制思想的反动论述。

（四）正义公道论

“正义”为一关系范畴中的价值性概念，与同为价值性概念的“公道”一词共现，显示出两概念成了相互定义的近义词，就资料线索看来，这一情况最早始自 1901 年《侵略支那之无谋》一文。文中提到：“美国文明之国也，美人开化之民也，此予所深信，而诸君所熟识者也。诸君以正义公道为行为之标准，无强弱无贫富，其待遇实相同也，此等之贵女绅士既自己不欲枉正义以害公道，则其不欲其政府之有暴戾之行也自明，发扬维持一国之德义及名誉者，实在此等贵女绅士也。今吾人将共见万国仲裁裁判所之成，此实由此等贵女绅士之义侠且宽大慈仁之尽力所致。”①这里展现出“公道”概念的世界主义化，“公道”的话语主体不再是“政府”，而是无国别的世界性组织“万国仲裁裁判所”。“公道”概念话语为一“他者话语”，亦即公道始终都是用以指称“他者”，不会用以称自己很公道，在此使用特性下，“公道”成为一道德性标签，可起到用道德赞誉加以正增强，激使他者兴起公道之心，也可起到道德谴责的负增强功效，激使舆论攻击不公道者，具有以言行事与以言取效之用，这里可见“美国政府”是暴戾的，而“美国”与“美人”则是文明与开化的，“公道”的话语主体已能理性地区分开“政府”“国家”与“人民”之间的不同，并能运用公道话语去促使人民影响政府的暴力的不公道的决定。基于万国仲裁裁判所的成立，“公道”概念就已经是超越国家主义，是在世界主义下以人类“群约”与“群利”为标准的正义“公道”概念了。

那么，正义公道论的合理性建立在何处呢？1903 年 1 月由杨毓麟（1872—1911）翻译的《自由生产国生产日略述》一文，谈到美国独立宣言与独立纪念日，文中先将独立宣言的内容作了简要概括，该宣言指出独立乃是基于“天地之公道，人类之大义，以明自由权利之本原”，而“人类者，平等者也，自天然所赋与而有不可割畀他人之权利者也”，因为生命、自由、幸福等权利的安全需要才设立政府，赋予一部分权力，让政府有施政权力，如果政府与保障人民权利的目的相违

---

① 《侵略支那之无谋（接前册）》，《清议报》第 70 册，1901 年 2 月 19 日。

背,甚至蔑视或滥用人民所贷之权利,则"别立新政府,而脱离独夫民贼之手,此所谓生人之正义者也"。由此可见,所谓的"正义"是以人民的生命、自由、幸福、平等为依归,就此可见"正义公道论"是以"人"为主,并与"政府"相对抗,而这样的主张就是在时人已意识到"谁的公道"问题时所提出的。独立宣言基于上述理据,指出英国政府已经蔑视其殖民地并犯下各种罪恶,因此向"宇内万国请公正之审判",美人希望能与母国英国分离,宣言中提到"吾等亚美利加合众国之代议士相集于此,代全殖民地之人民,诉于保护正义公道之公明的社会裁判所",请求能独立于英国殖民母国。[①] 由此可见,正义公道论在此作为一种关系范畴中的价值,具备了超越与凌驾英国国家政府主权,能介入处理英国内部事务的力量,正义公道论的提出正是"公道"概念在跳离国家主义框架、超越国界后转向以"人"为主的世界主义的语言证据。

1909 年之际,翻译自日本《太阳报》的《东洋之部》一文,向国人介绍日本内部有关进步党中改革派与非改革派之间竞争的情况,提到当时日本"又新会"为了平息进步党因内部争乱而致使"内外之政务未举,而政界早呈腐败之兆,议会渐为天下所轻视"的现象,便兴起组织新政党的运动,并在宣言中指出新政党的立场。该文中指出他们希望"纠合同志组织一大政党,执正义,履公道,发挥健全之国民舆论,破官僚政治,举责任内阁之实,当务之急,先废苛税,矫军费偏重之弊,以尽运用宪政之妙,兹揭纲领,宣示公众,有深表同情而欲宣力国家者,悉为吾辈良友,无亲疏远近之别"[②]。由此可见,正义公道论除了用于国际外交场域,也可用于某国内部事务,从此可归纳出正义公道论的特征与内涵,就是用以去除个别国界、种界、党界等分别立场与私利私心后,一切推本于"人"的无私之道。

那么正义公道论在辛亥革命后国体与政体双重改变之下是否有所变化呢?1913 年 3 月,李大均在《庸言》发表《敬告国民注重中日外交意见书》一文,主张应积极筹划中日同盟,如此能够保全东亚大局,进而维持世界和平。文中提到有人可能会提出中日同盟的主张必然受到列强为难,并非中日两国所能负担之疑问。李大均指出中日同盟只是均衡两国之利害以保东亚和平,对列强地位与权利无损;且东亚和平则列强地位权利越稳固,不会造成列强因忧惧起而与中日两国为敌的问题。且若是列强怀疑中日两国同盟别有深意,那么列强之间同盟不

①　杨毓麟译:《自由生产国生产日略述(续第二册)》,《游学译编》第 3 册,1903 年 1 月 13 日。
②　《东洋之部》,《外交报》第 9 卷第 12 期,1909 年 6 月 2 日。

也别有深意? 因此李大均认为列强必不会反对中日同盟,因为"国际间有公道正义在,吾知列强之必不出此也"①。这里的正义公道论与辛亥革命前一样,都用以处理国际上列国的外交关系,将正义公道道德标签赋予列强,进行道德劝说的正增强,激使列强不对中日同盟表示反对意见,以符应其实为正义公道化身的形象。而正义公道论所以在辛亥革命前后无所变化,是因为在晚清之际就已经转型成为超越国界的世界性价值,因此国家政体或国体的改变并不会影响正义公道论的论述对象与内涵。

此后,正义公道论虽然相较晚清阶段使用为少,但因其是在世界主义下基于以"人"为核心的普遍认同之价值,因此仍多次作为重要的中介,与"人道"②"平等"③等概念相联结,这也预示着"公道"概念确实为"道"的概念成功转向"人"及"人道"乃至"社会"时的关键概念。

---

① 李大钧:《敬告国民注重中日外交意见书》,《庸言》第 1 卷第 8 号,1913 年 3 月 16 日。

② 1919 年 5 月,北京大学文科哲学系学生、五四运动的主要领导人之一、参与火烧赵家楼的谭鸣谦时年 33 岁,在《新潮》发表《"德谟克拉西"之四面观》一文,建立了"德谟克拉西"与"平等""自由""国家主义""社会主义"等概念相互组合的民主话语,并在俄国过激派的社会主义与德国的社会民主主义之间进行选择,认为以实行社会政策去体现社会主义的德国更为适合中国。谭鸣谦所建立的话语,弥合了社会主义与国家主义乃至平民主义、共和主义之间的冲突。他以美国威尔逊氏在组织国际联合会之基本问题中指出"国际联合会为约束各国起见,有禁止不守条约之国,在世界商场活动之权,以示惩诫",这就呈现出经济与精神的"德谟克拉西"密切相关,并且指出何谓精神的"德谟克拉西",文言:"盖所谓精神的'德谟克拉西'者,以公道正义为前提。以安宁幸福为目的。以自由平等为依归。凡此者皆所以贯澈'德谟克拉西'之精神,而发展人类特有之理性,以循序渐进于完全美满之境域也。质辞言之,即所谓人道主义而已矣。"这里谭鸣谦建立了一种精神的"德谟克拉西"的话语,与"公道""正义""安宁""幸福""理性""人道主义""生命安全"和"平基础""正道""平民主义""自由民族""大同世界"等概念组合为一美式的人道主义下的平等正义公道话语。见谭鸣谦:《"德谟克拉西"之四面观》,《新潮》第 1 卷第 5 号,1919 年 5 月 1 日。

③ 1920 年 5 月《新青年》刊发的《对于俄罗斯劳农政府通告的舆论(附录)》一文,展示了俄国劳农政府给中国的通牒内容,以及当时中国各团体的回应文字,从中可以看见俄国劳农政府归还旧俄时期在中国所获得的一切利权的做法,使中国知识人从 1919 年华盛顿会议中对公理正义怀疑的情况下,又再次转回相信自由平等博爱公理正义。文中记录《上海各马路商界总联合会》对于俄国劳农政府通告的回应写道:"俄国劳农政府公鉴:我们在水深火热被侵掠的当中,忽接到贵国政府给我们中国人民的通告,把从前贵国专制政府所得于我们的一切权利,根据贵国立国的精神,无条件的归还了;我们对于贵国此种公正友谊的处置,不但表示十分诚意感谢的心与赞美贵国所取的立国的精神,为世界外交史上树立了未曾有的模范,并且觉得在这公道正义互助的新世界下面,也有同等的责任,应该努力奋斗,使国际的压迫,国内的专制阶级,都从此消灭,更使博爱自由平等的精神,益见彰明。"这里展示了社会主义下俄式的平等正义公道观。记者:《对于俄罗斯劳农政府通告的舆论(附录)》,《新青年》第 7 卷第 6 期,1920 年 5 月 1 日。

三、晚期论述："平等"

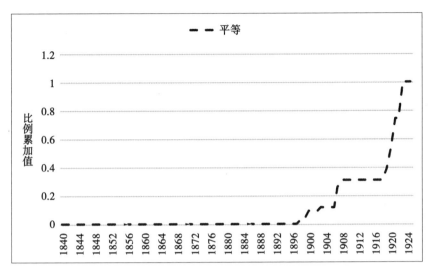

图 4-6　数据库(1840—1925)中与"公道"概念晚期共现的
高频概念词历年共现比例累加值图

从图 4-6 中可见,"公道"与"平等"一词自 1895 年甲午战争后即开始少量共现,甚至在 1908 年后出现共现停滞现象;直到 1918 年后,两概念才又开始共现,并且是大量地稳定共现。这两个时间点,恰恰分别是在戊戌变法和五四运动前夕,标志着"平等公道"作为革命话语的重要意义。那么,"公道"概念从与君权、天道相表里到成为推翻封建专制政府的关键主张,这其中到底发生了什么?"公道"与"平等"概念又有何关系?

前文提到过,日本前内务大臣伯爵板垣所作的《论欧人欺侮异种为不合公理》一文于 1898 年翻译发表于《知新报》,文中认为"自主平等"乃是"天地公道也,世界大道也,人类正道也"[1],以"平等"与"公道"互训。此时日人眼中的"公道"即已脱离了传统的共识,而代之以明治维新引入的西来平等观念,[2]并将此

---

① 日本前内务大臣伯爵板垣来稿:《论欧人欺侮异种为不合公理》,《知新报》第 58 册,1898 年7 月 9 日。

② 古城贞吉译:《大隈伯论变更国政》,《时务报》第 31 册,1897 年 6 月 30 日。如日本外务大臣大隈重信(1838—1922)即把日本明治维新的成功归结为"四民平等"。关于中国近代平等概念如何从传统佛教术语成为西方 Equality 的对译概念词的相关研究,可参见邱伟云:《中国近代平等观念的形成(1895—1915)》(台北:新文丰出版公司,2015)。

视为日人明治维新的成功经验。可见，"平等""公道"这两个汉字词在日本最初的结合，即具有反传统的效果。中国的早期平等公道论，即通过这一互文互训的策略，将西方近代"平等/Equality"观念植入符合传统政治秩序的"公道"之中。此种策略正对应了戊戌变法在旧政体中推行新思想之尝试。

变法失败后，具备反传统效果的"平等公道论"很快成为革命派的政治话语。1903年9月刊登于革命阵营期刊《浙江潮》中的《四客政论》一文谈到："以少数压多数不公道不平等之事，或且变而益甚，于吾民族果有何等之利益乎？"①这是文中提到四种政治立场之一的无政府主义者的主张。1907年之际，无政府主义者的机关报《新世纪》中，更将"平等""公道"作为阐述"革命"合理性的依据，称真正革命是"光明正大的革命也，涂灭一切之弊病，无种界，无国界，惟以公道为衡……为社会求平等自由幸福"，借此区别出他们所主张的社会革命与民族革命、反清革命阵营的立场差异。② 李石曾也在《祖宗革命》一文中将作为革命对象的上帝与祖宗称为"不平等不公道之事之护法"③，展现了无政府主义者基于无私大公主张意图解构一切强权的革命论调。

然而，最初作为舶来品的"平等"与"公道"概念相联结，并没有形成足以掀起社会革命的重大影响。无政府主义者破家式的朴素的个人平等观，既不符合传统惯性，亦不符合时人在民族矛盾、国家危机之下愈加凝聚的民族平等、主权平等等集体式平等诉求。唯有等到民族革命成功，达到五族共和平等理想后，社会主义之平等公道论才能逐渐走入国人的视线。

辛亥革命后的"平等"概念，正如谭鸣谦在《新潮》发表的《"德谟克拉西"之四面观》一文中所指出的那样，几乎包含在美式人道主义、德式社会民主主义和俄国过激的社会民主主义等各种可能的革命选择中。谭氏在介绍美式人道主义时，即以"发挥公道正义，促进自由平等以贯澈其本邦所培育多年精神的'德谟克拉西'之主张"④描述之，由此可见基于个人自由平等权利的美式平等公道观的内涵。然而，正如胡适（1891—1962）翻译的《杜威博士讲演录：社会哲学与

---

① 愿云：《四客政论》，《浙江潮》第7期，1903年9月11日。

② 千夜：《就社会主义以正革命之义论》，《新世纪》杂刊之一，收入张枬、王忍之编：《辛亥革命前十年间时论选集》第2卷（北京：生活・读书・新知三联书店，1978），页1015。

③ 李石曾：《祖宗革命》，《新世纪》第2、3期，1907年6月29日、7月6日出版，收入张枬、王忍之编：《辛亥革命前十年间时论选集》第2卷（北京：生活・读书・新知三联书店，1978），页979—980。

④ 谭鸣谦：《"德谟克拉西"之四面观》，《新潮》第1卷第5号，1919年5月1日。

政治哲学》一文中提到的,美式人道主义主要谈个人权利与义务的关系,讨论个人主义与社会国家福祉间该如何拿捏才不会使个人主义损害社会的问题,需要国家政策层面"以政治的势力使不公道的逐渐公道,不平等的逐渐平等"①,显见美式人道主义下的平等公道观念与当时国人思想中存在的一体式的平等观念框架并不契合。至于德国式的社会民主主义下的平等公道观念,虽有人大力主张,但也因与时代需求和思想大潮不符而难以留存。李璜(1895—1991)于1923年在《少年中国》陆续发表的《社会主义与个人》《民主主义的革命与社会主义的革命》二文中,均肯定结合社会主义与民主主义下的平等公道观,认为马克思主义是对应德国民族性与当时潮流而来,②因此不一定适合中国,移植到中国则需调整。那么如何调整呢? 在看似与民主主义相对的社会主义的共产党宣言中,其实"在每一行字中间都露出平等公道和自由的理想"③,这正是当时中国民主革命的理想,因此李璜不主张将民主主义与社会主义二者划分成不同阵营的革命任务,而主张结合民主主义与社会主义式的革命,以及结合两种主义下的平等公道。然而这种主张,是难以被已经建立起资产阶级与无产阶级意识形态的人们所接受的,因为大多数人在此时已经认识到唯有先完成社会主义革命,才有可能获得真正的民主,因此德式的社会民主主义公道平等论因不契合当时时空而被汰洗,这时最后就只剩俄式过激的平等公道论了,因此可见"平等公道"作为革命话语的完成,正是来自苏俄政府兼具外交平等和阶级平等的革命主张。俄国劳农政府归还旧俄时期在中国所获得的一切利权的决定,使得中国知识人从巴黎和会后对公道的怀疑中回转,重新相信平等博爱的公理正义;而俄式社会主义平等概念关注阶级平等和社会大我的幸福,去除了国家主义的阴影,即与中国传统一体式平等概念以及当时国人追求世界主义下以"人"为主体的平等公道观相契合。

由上可见,"平等公道论"无论是以"改良"还是"革命"的面貌出现,皆已不复传统"公道"中以"君"为主的天道思想,而体现为以"人"为主的对专制政府反动的人道思想。由五四运动后中国革命的选择也可以看出,从巴黎和会之后对国际地位平等公道的呼吁到新民主主义革命对阶级平等的诉求,正是"平等"概念将近代全数外倾的"公道"概念重新引回内部而兼重内外平等公道的

---

① 杜威(John Dewey)讲,孙伏园记,胡适译:《杜威博士讲演录:社会哲学与政治哲学》,《新青年》第8卷第1期,1920年9月1日。

② 李璜:《社会主义与个人》,《少年中国》第4卷第1期,1923年3月。

③ 李璜:《民主主义的革命与社会主义的革命》,《少年中国》第4卷第2期,1923年4月。

变化过程。

第四节　小结："公"的扩大与反噬

　　由以上结合远读与细读的共读分析可见，1895 年甲午战争后，"公道"概念的理据发生了从传统合道性的"人心"转向近代合理性的"正义"与"平等"价值的转折。这一转折不仅反映在以个人为主体的公领域，亦以国家为主体向外交范畴的公领域延展外扩，形成"列强共识"之意涵。在弱国外交境况之下作为他国的列强共识成为"公道"后，晚清知识人再据此反向攻击清政府之不"公道"，借此松动清朝专制政府的合法性，以达到改革或推翻清政府的目的，可谓因一词之变而挑战乃至颠覆了传统公道观中"公"与"君""天"系于一脉的思想观念。就此不但可由客观数据印证过去以甲午战争为中国近代知识人思想转变之拐点，更可见微知著地揭示其发生过程。

　　图 4-7 数据呈现出"公道"概念与"人心""正义""平等"三个概念的共现时间序列。

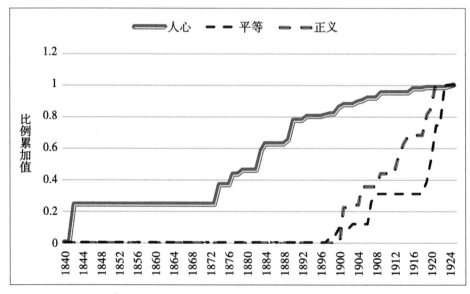

图 4-7　数据库(1840—1925)中"公道"概念与"人心""正义"
"平等"三词历年共现比例累加值图

　　由上图可见，"公道"概念在近代思想转型时期具有两段变化：19 世纪末从

"公道人心论"转向"正义公道论"，20世纪20年代以后"平等公道论"急剧升温，这两个转折点恰好对应甲午战争的外交颓势和十月革命/巴黎和会之后的思想转向。在上述转向中，"公道"概念的价值来源从"人心"转向"正义"与"平等"，代表的是中国传统德性伦理学的"合道性"价值在公领域让位于泰西近代基于正当行为伦理学的"合法性"价值，这也揭示出公道所适之"公"的对象已从合道的华夷天下到合法的万国世界的转变。至于"公道"概念所以能从传统以天道、天理等儒家共识为判准，转移到以泰西正当性共识为判准，实得力于知识界的"儒学价值逆反"思潮，并在"平等"概念"嫁接"的助推下最后得以完成。

中国近代知识人在甲午战争与八国联军侵华后对儒学产生价值逆反思潮，逐渐产生中国传统"天道"概念失能的印象，因此连带着对专制君主所代表的"天"观产生怀疑，并进而松动、逆反，如谭嗣同的《仁学》中就展现了冲破"天"之网罗的思想。正如前一章指出的，由于近代出现了"天道失能"与"'天道'概念博物馆化"思潮，因此"公道"概念能逃逸于中国传统基于德性伦理学的"天道"框架。在这一语境下，梁启超引入福泽谕吉（1835—1901）公私二元论学说，把公共领域事务与儒家德性伦理划分为两不相干的部分，使公共领域事务具有自身之理，与应限制在私领域的儒家德性伦理无涉，①就此接引了西方近代自主之权、自由、权利等概念，作为公共领域事务的价值判准，使得泰西之"正义/Justice"取代东方之"人心"，成为公道之理。

而接引这些组成西方近代正当行为伦理学的基本概念，则与中国传统儒家德性伦理学中的公善私恶思维习惯产生冲突，此时是依靠着严复以"开明自营"（enlightened self-assertion）概念，改变过去中国传统"讳言利"的态度，以及时人所建立的"积私以为公"思考框架，如1903年《公私篇》"夫私之云者，公之母也，私之至焉，公之至也"②，还有以契约与公利为依据的共守公利的群约为公的概念，③调和并解决了传统中国儒家德性伦理学中认为个人追求必与道义和公利

---

① 关于中西公私二元论，详见金观涛、刘青峰：《"天理"、"公理"和"真理"——中国文化合理性论证以及正当性标准的思想史研究》，《观念史研究：中国现代重要政治术语的形成》（北京：法律出版社，2010），页27—70。

② 《论说·公私篇》，《浙江潮》第1期，1903年2月17日。

③ 如1896年严复译的《天演论·论四 严意》中指出："攻窬强弱之间，胥视此所共守者以为断，凡此之谓公道。泰西法律之家，其溯刑赏之原也，曰：民既合群，必有群约。"而在1902年《英国蓝皮书一》中可见群约公道现象，如："第三款、论各国政府商民赔款，须由中国公道赔偿，按此事各国意见相同。"这里即见"公道"及国际各国群约之道。而在1903严复译的《群己权界论》中则可见利群公道观："夫其事之利少害多如此，顾古今社会，不以此为不仁而犹举之者，则以其 （转下页注）

发生冲突的问题,使"私"与"人"的发现与崛起具有合理性与正当性。

　　正是在上述新的思想语境中,近代"公道"概念中得以存在着"小我个人",不似传统"公道"概念是以"物人"方式存在。正如严复与梁启超都发现,假如没有"私"的话,他们所提倡的"公"的价值就无法实现。因此在倡导个人自主、社会自立,同时发展个人与社会以救国的思潮下,"积私以为公"的思潮逐渐确立,以"国民之私"累积成"群体之公"的主张逐渐普遍,这时的"公"所代表的是符合多数人利益的超越理想,亦即"正道"与"正义"。正是"积私以为公"的思想框架的出现帮助了"公道"概念的近代转型。中国近代知识人在继承以往传统人本思想与肯定人欲的思想,以及在近代传入的西方近代人权、个人主义观念的双重影响下,在晚清产生了"人的发现",在民初出现了"人的崛起"等双重思潮,正是这样的语境帮助了"公道"概念的价值根源从"以天为公"转向"以人为公"。在上述语境下,近代的"天"被解构,"公"从"天"解放,并在从"大我的天"解放后,转向到近代"小我的人"身上。"公道"概念的判准从"一元的天"转到"普遍个人",以众人总意与舆论为"公道",而非以"天的代言者"的意见为"公道"。

　　在转向"公议"内涵之后,外交领域中的公道仍然面临需要他国"主持正义"的尴尬。无论是《万国公法》对中国"半文明国家"的无理划分,还是巴黎和会对作为战胜国的中国的不公对待,都使得多国"公议"无法真正"公道",甚至成为不平等条约的依凭。原本属于中国古代佛教范畴的"平等"概念,在辗转接引日本、欧美和苏俄平等观念之后,近代知识人终于在苏俄政府的内政外交中看到了可以接受与对话的"平等公道",并迅速接纳使之成为重要的革命话语。通过与"平等"这一内外兼具且与"正义"概念相比更为具体可量的概念相结合,"公道"的内涵由仅涉及外交再度转回兼及内政,成为中国改良与革命的正当性依据,反噬传统观念所维系的政治体制。

　　从本章研究中可见,中国近代"公道"概念的近代转型有三点特征值得注意:其一,从传统处理天下华夷事务的抽象的"公道自在人心",到处理万国世界事务的有矩可循的"正义"与具体可量的"平等",展现出"公道"内涵的扩大和西化;其二,走出天下观的中国,从被迫于《万国公法》中寻求不可能之公道,到置身世界

（接上页注）事之终利于其群,而其竟之出于公道故也。"这里即点出所谓"公道"就是不以少数利害作为标准,而以"利群"为标准。参见严复译:《天演论》,收入王栻主编:《严复集》(著译日记附录卷)第 5 册(北京:中华书局,1986),页 1367;《英国蓝皮书一》,《外交报》第 2 卷第 24 期,1902 年 10 月 16日;穆勒(John S. Mill)著,严复译:《群己权界论》(上海:商务印书馆,1930),页 112。

外交场域弱势地位时被动要求"主持公道",再到被平等观念点亮主权思想后的主动诉求,"公道"概念在国家层面的变迁,反映出近代中国的外交主体性之进退;其三,在一些知识人那里,曾经作为儒家天命、天道体系一环的"公道"获得"世界公议"之意涵后,转而成为反噬攻击传统"忠君"观念的武器,可见转型时代不同义项之间"并轨"所产生的巨大思想震动。

第五章　世界观中的"道"："人道"

第一节　"人道"概念的溯源

以"人"为本是中外皆共同肯定的普遍认同之价值,西方有其 Humanity 概念发展史,[①]中国自古也有"人道"概念论述。现存文献中所见最早"人道"一词的用例,当数成书于战国中期、有中国最早书籍之称的郭店楚简《五行》篇,其中提到"四行和谓之善。善,人道也",由此可见"人道"概念在战国中期即已出现,其内涵为"善"。所谓"善",指仁、义、礼、智四德行的谐和实践,由此可知中国传统"人道"概念即为依于儒家道德秩序的一种"德性概念",是表诸人的"行动和谐",基于德性行为的人人互动和谐状态之"道",可谓"四行和善人道观"。这种传统人道观念根基于中国传统的大我个人观,寄个人小己和善于大我人道之中。[②] 虽然后来"人道"概念伴随不同思想家的立场而有内涵上的变化,如《荀子》《庄子》《礼记》《左传》等文献中的"人道"概念都略有不同,但其中的共同核心都是带有道德性与秩序性。因此,中国传统人道是一种重视道德与秩序的概念,而作为人间的"道德秩序"的基础,便是中国传统带有盈虚消长、损有余而补不足内涵的"天道"概念。在传统中,"天道"概念即为"人道"秩序的所以然。

由上可见,"人道"概念在中国出现极早,且内涵大致保持相对稳定,主要以封建伦理道德秩序内涵为核心,直到中国近代"个人"概念发生变化,[③]以及知识

---

① 可参见 Raymond Williams 对 Humanity 一词的研究,Raymond Williams,*Keywords：A Vocabulary of Culture and Society*（New York：Oxford University Press,2015）,pp. 102‑105.

② 详见谢君直：《简帛〈五行〉的人道思想》,《揭谛》(台北)2008 年第 14 期,页 185—215。

③ 关于中国近代个人概念变迁研究,可详见金观涛、刘青峰：《中国个人观念的起源、演变及其形态初探》,《二十一世纪双月刊》总第 84 期(2004 年 8 月),页 52—66;黄克武：《"个人主义"的翻译问题——从严复谈起》,《二十一世纪双月刊》总第 84 期(2004 年 8 月),页 40—51;许纪霖：《大我的消解：现代中国个人主义思潮的变迁》,《中国社会科学辑刊》2010 年 3 月号,页 1—21。余例不详举。

分子引入西方近代的 Humanity 概念后,才使中国的"人道"概念产生变迁而有新的发展。那么,在与西学接触后的"人道"概念究竟接受了哪些西方思想? 可以进一步从近代英华双语字典来加以考察。通过使用"英华字典资料库",可以看见晚清以来一系列英华字典对"人道"一词的英译发展轨迹,并从中掌握中国近代"人道"概念的跨语际实践过程,整理如表 5-1。

表 5-1 "英华字典资料库"中"人道"译词表

编者和辞典名	出版年	"人道"的主要英译词
马礼逊《英华字典》	1822	Birth (Birth of a son without knowing man 释为"无人道而生是子也") Miracle (Tseïh and Sëĕ were both born without the intervention of human means, and therefore their cases cannot be discussed according to ordinary principles 释为"稷契皆天生之耳,非有人道之感,非可以常理论也") Miraculous (Miraculous conception, without knowing man 释为"未有人事而生的,非人道而生")
卫三畏《英华韵府历阶》	1844	无
麦都思《英华字典》	1847—1848	Miraculous (Miraculous conception 释为"非由人道而生") To obtain (To obtain the body of a man in the metempsychosis 释为"得还人道")
罗存德《英华字典》	1866—1869	无
卢公明《英华萃林韵府》	1872	Metempsychosis (Metempsychosis or transmigration of souls 释为"得还人道") Miraculous (Miraculous or supernatural conception 释为"非人道而生")
井上哲次郎《订增英华字典》	1884	无
邝其照《华英字典集成》	1899	无
颜惠庆《英华大辞典》	1908	Moral (Moral law 释为道、人道、伦理;Moral law, the law which prescribes the moral or social duties 释为道、德纲、人道、伦理、道理) Foot-path (A narrow path for foot-passengers only 释为径、小街、步道、人道) Deontological (That relates to deontology 释为人道学的、修理学的、义务论的) Trottoir (A side-walk for pedestrians 释为道旁人走之路、人道、渠边路)

（续　表）

编者和辞典名	出版年	"人道"的主要英译词
卫礼贤《德英华文科学字典》	1911	无
商务印书馆《英华新字典》	1913	无
赫美玲《官话》	1916	Inhuman（残害人道的） Lord（Lord temporal 释为人道显族） Humane（有人道的） Humanity（The doctrine of Humanity 译为人道主义；the kind feelings，etc.，of mankind 译为人道） Humanitarian（人道的） Humanitarianism（人道主义）

　　从表 5-1 中可初步归纳出"人道"一词在近代中国传教士或知识分子所编写的英华双语字典中的英译发展历程。首先，1822 年马礼逊《英华字典》中在谈及"稷、契皆天生，非人道而生"之事时涉及"人道"一词，未有专门一词对译"人道"概念，与"天道""公道"皆有专有英文词语对译现象不同，如 1847—1848 年的《英华字典》、1872 年的《英华萃林韵府》都是如此；其次，直到 1908 年，《英华大辞典》中始译出 Moral 与 Deontological 这两个词，对译道德的、举止的、行为的、伦理的、德义的、善恶的、是非的、道义的、道德上之行为、荡闲逾检、道、伦理、义务论等概念，这表示在颜惠庆及其同时期知识分子的理解中，"人道"仍为一道德性概念，这与中国传统立基于天道的人道论仍有部分一致性；最后，在 1916 年的《官话》中，才最终确定以 Humanity 对译"人道"概念并使用至今。① 由上可见，"人道"一词一开始并未被西方传教士所注意，因此未被作为英华对译时的重要概念。至于为何未被重视，可能是由于西方传教士基于传教目的，相对人道来说更重要的是谈天道，故而未注意并强调"人道"概念。只有等到"人"的概念逐渐受到重视后，"人道"概念才出现于双语字典的义例中。

---

　　① 关于中国近代"人道""人文""人文主义"等概念与 Humanism、Humanitarianism 等概念间的翻译与流通过程，可参见章可：《中国"人文主义"的概念史（1901—1932）》（上海：复旦大学出版社，2015），页 14—34。以上双语字典内容，均检索引自英华字典资料库，网址 https://mhdb.mh.sinica.edu.tw/dictionary/index.php，检索日期 2023 年 3 月 29 日。由于"人道"一词在英华双语字典中用例较少，因此这里不仅只列英译词，还将涉及"人道"一词的短语解释也列上以供参考。

从以上"人道"一词与英文对译的历时性考察中，可略见中国"人道"概念的近代思想转型之一隅。传统中国"人道"概念是基于一套对应"天道"的天人合一思想框架，展现为儒家在人间所主张的仁义礼智等道德秩序概念。在天人合一框架中，是以人格意志、形上义理、自然规律的"天"作为"人"的价值根源。"天"实际上说来，就是"人"的依归，此即"人副天数"。但在近代对译西方概念时，则通过以西方近代伦理学中的 Moral、Deontological 概念，替换了中国传统作为"人道"的价值根源与依归的"天"，进而推动了中国近代新式"人道"概念的转化。刘禾在讨论近代词汇转型问题时，也将近代东亚使用的"人道"一词归类为"回归的书写形式外来语"，意指近代知识人所使用的"人道"一词，是源自古汉语的日本"汉字"词语类型，与中国古代使用的"人道"一词在概念外延与内涵上有所不同。[①] 那么，这一转变是如何发生的？此即本章接下来要讨论的问题。

第二节　快读与远读："人道"概念的共现数据分析

以下通过数字人文技术，宏观地从语言量化证据中找到"人道"概念的转型结构。同样以包含一亿余万字的数据库为研究对象，在方法上采用数字人文研究法，经由文本挖掘后得出宏观数据线索，给出 1840 至 1925 年间与"人道"概念相伴共生的 10 大共现词。

一、共现结构："人道"概念的共现概念词丛

为求得"人道"概念在数据库中的共现概念词丛，本章进行以下研究步骤。第一，以"人道"为检索词，从数据库中下载 1840 至 1925 年间以"人道"为中心，前后各 10 字，每段共 22 字左右的语料，经过数据清理后共有 2248 条，总计约 45680 字。第二，对上述 45680 字"人道"语料进行人机互动的分词工作，先用 Bi-gram 分出所有二字词后，再由人工过滤出具有意义的关键词，如表 5 - 2。

经过数字技术的计算协助，可快读出 1840 至 1925 年间，数据库中与"人道"一词相伴共生的前 10 高频共现词，依序分别是："主义""正义""世界""文明""自

---

① 刘禾著，宋伟杰译：《附录 D 回归的书写形式外来语：源自古汉语的日本"汉字"词语》，《跨语际实践：文学民族文化与被译介的现代性中国：1900—1937》（北京：生活·读书·新知三联书店，2002），页 404—430。有关中、日之间"人道"一词的流通过程有待另文处理。

由”“社会”“进化”“我们”“天道”“惨无”。

表 5-2　数据库（1840—1925）中“人道”语料前 10 高频共现词丛表

序　号	共现词	共现次数
1	主义	319
2	正义	109
3	世界	106
4	文明	58
5	自由	53
6	社会	49
7	进化	44
8	我们	40
9	天道	39
10	惨无	34

　　在远读视野下，表 5-2 数据呈现出五点信息：其一，在数据库中 1840 至
1925 年间，与“人道”一词共现的前 10 高频关键词中，大多属于价值观属性的概
念，如“正义”“文明”“自由”“天道”等，显示出“人道”概念在当时与这些价值观概
念近义，可互训；其二，与“世界”“社会”等词共现，显示出“人道”概念在近代作为
原理概念的使用场域，同样展现出“道”的公共化与全球化的近代转向特征；其
三，与动词“进化”共现，揭示出“人道”概念的可变性；其四，与“我们”“主义”这两
个名词共现，展现出“人道”概念从传统包容性的“道”的概念变成一具有排他性、
一贯性、意志论式的主义式概念；其五，“惨无人道”作为固定搭配短语，展现出作
为谴责语言的功能性。以上基于数字人文方法的快读优势，研究者可先对近代
以来“人道”概念的内涵结构进行全体式的远读掌握，对“人道”概念整体发展有
一初步的认识。

二、共现轨迹：“人道”概念共现概念词丛的时序分析

　　表 5-2 数据是基于数据库（1840—1925）中所收“人道”语料，经过计算后，
得出的 10 个围绕“人道”一词的高频共现词，但尚缺乏时间序列维度信息，为揭

示前 10 高频共现词与"人道"一词在数据库中的历年共现比例变化现象,本章进行以下计算工作:第一,计算 10 个共现词在数据库中每一年与"人道"一词的共现次数;第二,以 CUSUM 方法,计算前 10 高频共现词与"人道"一词在每一年的共现使用比例累加值后绘制成图 5-1。

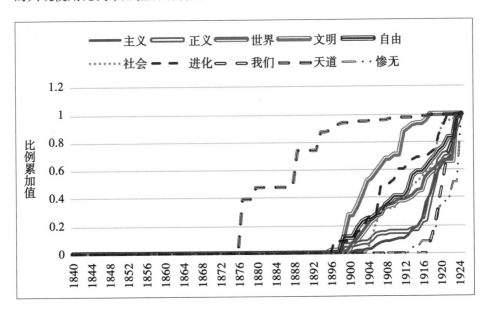

图 5-1 数据库(1840—1925)中与"人道"概念共现的
前 10 高频概念词历年共现比例累加值图

虽从图 5-1 中大致可见"人道"概念在长时段中,与 10 个高频共现词的历时性分布结构,但 10 个共现词的时间分布现象看起来还是颇为复杂。这时可再通过集群计算,对 10 个高频共现词进行分群,最后得出不同时期中与"人道"概念共现论述的概念群组。本章对 10 个高频共现词进行分群的标准,同样是以 CUSUM 累加值曲线的相似性为主。基于计算数据进行判断,以 Distance level 在 80 以上为分群标准值,依照计算可分出 4 群,如图 5-2 所示。

从图 5-2 计算结果,可客观地将共现词分为 4 群:1."主义""正义""我们""惨无";2."世界""自由""社会""进化";3."文明";4."天道"。接着可依照 4 群共现概念词分群结果,通过视觉化图示,明确且快速地呈现共现概念的时间分群状况,如图 5-3。

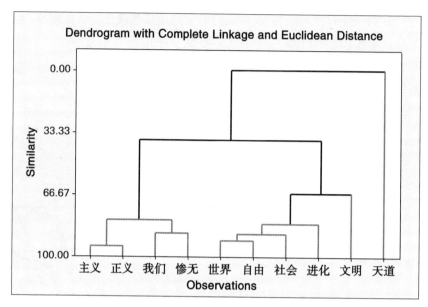

图 5-2　数据库(1840—1925)中与"人道"概念共现的
前 10 高频概念词历年共现比例累加值集群分析图

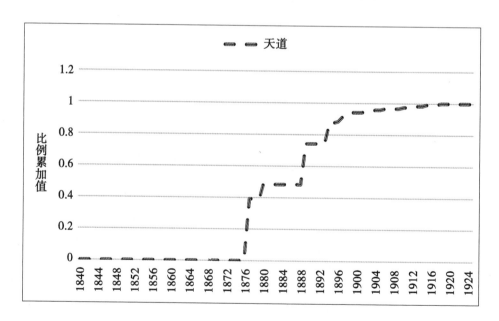

图 5-3-1

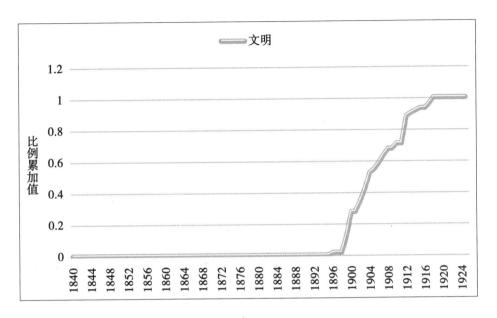

图 5-3-2

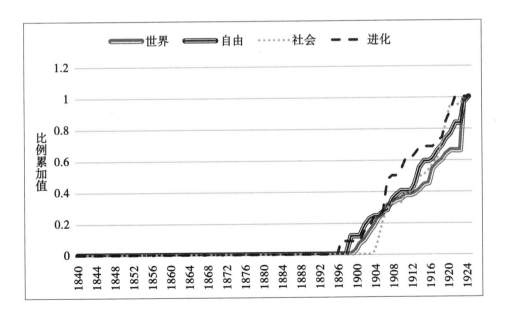

图 5-3-3

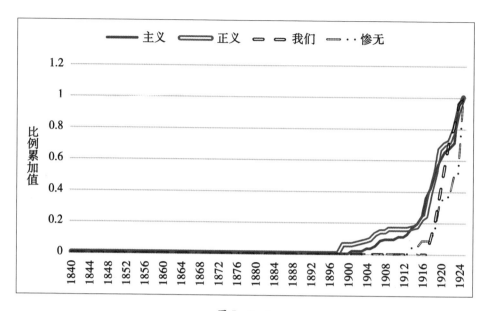

图 5 - 3 - 4
图 5 - 3　数据库(1840—1925)中与"人道"概念共现的
前 10 高频概念词历年共现比例累加值集群分图

　　从图 5 - 3 中可明显看出不同时段共现词的变化，依照时间序列，可归纳出人道论述的三段发展历程，分别是：1. 早期论述："天道"；2. 中期论述："文明""世界""自由""社会""进化"；3. 晚期论述："主义""正义""我们""惨无"。以下即对具有"分段涌现时间特征"的三个阶段共现词群进行系统与主题的分析，考察以下问题："人道"概念在近代与上述高频共现词的共现论述意义为何？早、中、晚三期的共现变化，各自揭示着人道论述的哪些意涵演变？"人道"概念如何与不同时期中的共现词互动，进而完成近代转型？以下基于前述快读与远读后的数据线索，回到文献史料中进行人工与机器合作的共读工作，进一步揭示中国近代"人道"概念的转型历程。

第三节　共读："人道"概念的发展轨迹与历史意涵

　　根据图 5 - 3，可以看出"人道"概念在与其高频共现词互动下，展现出三个阶段性发展。以下就依照三阶段的人道共现词群发展，回到文献中进行考察分析工作。

一、早期论述:"天道"

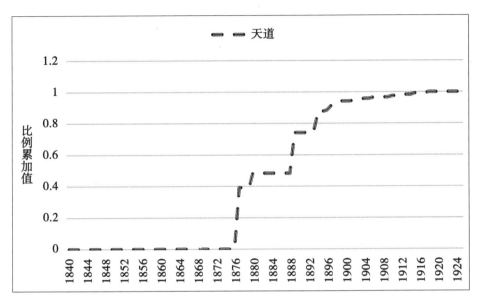

图 5 - 4　数据库(1840—1925)中与"人道"概念早期共现的
高频概念词历年共现比例累加值图

从图 5 - 4 可见,在 1840 年至 1895 年甲午战争前,"人道"概念早期共现词为"天道",此一现象在第三章已经谈及,展现出的是当时的"天道与人道贯通论"。在第三章中基于"天道"为核心看见的是"人道"服从"天道"的自下而上的现象,本章则转向基于"人道"为核心的角度来看,可见一"天道"自上而下的翻转,亦即随着儒学价值逆反的发生,"人道"逐渐逃逸出"天道"秩序的范畴,开始具备了自身独立存在的特征、意义与价值。

1877 年,由浙宁浸会本地牧师周顺规所写的《论耶稣之道超于诸教不得不传至万邦》一文,其中指出"道"分"天道"与"人道",而"天道出于天,人道出于人"。周氏认为中国三教之首的儒教不断追问的"道",可由耶稣圣书中得知,由此可见,"天道人道论"在洋务运动时期,已被视为一种西方传教语言媒介,基于"天"的基础,会通中国传统"人格天"与西方耶稣神天;[①]而后 1880 年,传教士艾约瑟谈及泰西教育时提及应当身教、心教、神教三者兼重,若是只重身教与心教,

---

① 周顺规:《论耶稣之道超于诸教不得不传至万邦》,收入李天纲编校:《万国公报文选》(香港:三联书店,1998),页 27—28。

却不知神教以养其神魂，也会有祸患产生，因为注重身心只是"使人道显明，不能有天道昭著也"，若无术养其神魂，仅栽培身心也有所不足。① 由上可见，"天道"与"人道"共现论述除了第三章所言是中国传统君臣劝谏与纳谏话语外，还是西方传教士的传教话语，在这两种话语下，"人道"皆从属于"天道"。

甲午战争后，对儒学产生价值逆反的近代知识人开始对儒学进行近代诠释，"人道"与"天道"也因此开始由从属关系转变为并列关系。1898 年，康有为在《长兴学记》中谈到"志于道"时，提出"天道尚圆，人道尚方。圆首以为智，方足以为行；不圆则不能备物理，不方则不能立人道"，认为"人道"具有使"天道"落地，不致虚悬无节止的作用，②可见他非常重视"人道"，因此通过转化性诠释，对传统儒学中天道与人道的上下关系结构进行近代转化。③ 无独有偶，康有为的弟子梁启超也调整了"人道"概念的位置。1902 年，梁启超在讨论中国学术思想时指出，中国所以尊天，目的实在是为了现实世界与现在当下，不同于西方尊天目的是在万有之外，其关键原因在于中国文明起于严寒贫瘠的北方，未受天的厚待，而需纳天于人事，关注实际问题，因此"人伦亦称天伦，人道亦称天道"。讨论天道、天伦需验于人道、人伦方向，故"善言天者，必有验于人"，这就是中国尊天思想近于宗教却又与他国宗教不同之处。④ 此处虽然以"传统"解释，但实质是对"人道"与"天道"的关系加以改换，从传统的"人副天数"转为并列的"人方于天"甚至是逆转的"天验于人"。康、梁师徒通过改变传统"天道"与"人道"的关系结构，对儒学进行了近代转化，展现出"人"的概念在近代的逐步勃兴之势。

"人道"概念逐步逃逸于对"天道"的从属位置，除了得益于康、梁师徒为了变法而进行的儒学近代化诠释之外，还得益于西方近代天演进化论的传入。进化论将传统"天道"概念中的人格天与道德天内涵卸下，仅存自然天意涵，如此作为无意志的自然天必然就无法再对"人道"有任何道德束缚与指导性意见产生。如 1894 年，陈炽在讨论中国传统淫祀问题时以"天道远，人道迩"与孔

---

① 艾约瑟：《泰西诸国校塾》，收入李天纲编校：《万国公报文选》(香港：三联书店，1998)，页473—474。

② 康有为：《长兴学记》(选录)，收于汤志钧编：《康有为政论集》卷 1(北京：中华书局，1981)，页 88—91。

③ 关于康有为早期人道思想，可参见蔡乐苏：《康有为早期思想中的人道观念片议》，《清华大学学报》(哲学社会科学版)1997 年第 1 期，页 31—38。

④ 中国之新民：《论中国学术思想变迁之大势》(未完)，《新民丛报》第 3 号，1902 年 3 月10 日。

子说"敬鬼神而远之，非其鬼而祭之，谄也"来反对一切无名不正之淫祀，"天道"概念在文中被进行了除魅；①再如 1898 年梁启超用"开新者兴，守旧者灭，开新者强，守旧者弱，天道然也，人道然也"来证明开新兴强的天道人道观，与传统具有意志性的盈虚消长、济弱扶倾的天道人道论有所不同；②又如《知新报》于 1898 年发表的联美主张的文章中，以美国为"天下最公之国"，认为中国只要明其刑政、增强民气，就会因为"天道喜强而恶弱，人道推亡而固存"而获得美国的扶助，此处的"人道"与"天道"形成互文关系，而以"最公"之美国为其代言。③从这些材料可看出，在天演进化论的影响下，传统人格与道德"天道"概念被改换成为一种带有"喜强恶弱"特征的适者生存的"自然"天道，使得"人道"不再受到人格与道德"天道"的保护、调适、约束乃至管辖，二者成为地位相当的并列概念。

　　第三种使"人道"与"天道"解绑的思想依据是近代传入的西方社会科学思维。如 1903 年严复翻译的斯宾塞《群学肄言》中，论及宗教与群学之关系时指出"人道有极者也，而天道无极者也"，因此宗教不可废，可以用之管理人道不足以尽物之处，对"群"具有大用，此处揭示有极人道与无极天道无法互相替代，最好折衷二者。这里，"人道"与"天道"都被纳入社会科学的群学框架中，"天道"中的神秘性被消解，除魅后被还原为一种社会控制力量，天道与人道成为辅翼群学的两轮，二者的意涵彻底离析。④

　　此后，即使试图维护传统天人秩序的学者，也不得不进入"天道"与"人道"相消长的语境，通过对"天"的自然转换对传统加以阐释。如 1905 年刘师培（1884—1919）在《国粹学报》发表《理学字义通释》一文，其中谈及"道"字时指出，中国前儒以气化流行为"天道"，以日用事物当行之理为"人道"。文中通过气化的"自然天"，将"人道"解除于对传统人格天的依从关系，还指出"人道"起源不是出于天，而是基于利害，以利为善，以害为恶，然后相率而行，久而成"公是非"，并固化为善恶准则，成为一群所是为善德、一群所非为恶德的现象，此处则通过重构"公"的释义，将"人道"解除于对传统道德天的依从关系，使得人道对天道的依循从"宰制依从"转向"自然践履"。由此可见，虽然刘师培仍是主张传统自上而

---

① 陈炽：《淫祀》，《庸书》内篇卷上，收入赵树贵、曾丽雅编：《陈炽集》（北京：中华书局，1997），页 33。

② 梁启超：《经世文新编序》，《时务报》第 55 册，1898 年 3 月 22 日。

③ 南海陈继俨撰：《论中国今日联欧亚各国不如联美国之善（续四十一册）》，《知新报》第 42 册，1898 年 1 月 3 日。

④ 斯宾塞著，严复译：《群学肄言》（二）（上海：商务印书馆，1931），页 274。

下的天道人道论,但这里的"天"已经悄然发生了变化。①

辛亥革命以后,君主封建政体倒台,近代主要作为君臣谏议语言与传教语言的天道人道论,在如第三章所述"天道"概念随着"天命"概念解体而除魅理性化之下,自然也褪去政治光环,不再是新一代知识分子用以论政的主旋律,但下沉保留在民间话语中的天道,仍然在面向社会大众的教育与时事论说中具有中介意义;同时,博物馆化的传统天道人道观也逐渐进入学术史讨论的视野之中,而在这些变化中,可以明确看见"人道"概念已经凌驾于"天道"概念的变化轨迹。

在实际运用方面,如梁启超的弟子蓝公武(1887—1957)曾在文章中引《中庸》以诚为教,说明诚乃是天道与人道的共通内涵,②希望借助天道的权威性挽救民初共和时的道德乱象。这是传统"天道"概念的短暂复现,但更多的是如新一代知识人从反面出发,认为唯有推倒传统权威"天道"概念,才能真正地获得共和果实,如第三章曾提到的1915年陈独秀在《抵抗力》一文中提出"天道远,人道迩",人们的"正路"是取迩而不迷其远,在天人相分的框架下,人道就更先于天道,成为人们应该关心与努力的方向。陈氏从道家思想出发主张"天道恶,人道善",因为天道恶,故时有灾害,人类需努力地祛除之以图生存,以技术征服自然。此处他更进一步去定义所谓"人道":"兹所谓人道者,非专为人类而言,人类四大之身,亦在自然之列,惟其避害御侮,自我生存之意志,万类所同,此别于自然者也。"由此可见,陈氏所指"人道"非"人"独有之道,而是指具有避害御侮因而有别于自然的"自我生存之意志",所以人道之展现,即在于"自然每趋于毁坏,万物各求其生存"的"一存一毁"之间,而"抵抗力"正是"万物之自我生存意志"与"天道自然"相战之意。由此可见陈独秀的天道人道论与过去不同之处,在于天道由善转恶,人道由"具象的人"转向抽象的由抵抗求生之意志而获得的真正自由之道,在此架构中,"天道"与"人道"皆褪去了道德层面的意味,而成为其倡导人力主观能动性的注脚。"人道"在此凌驾了自然天道,展现出人定胜天的精神。③

同时期还有谢无量也撰文追踪"人道"的兴起与"天道"的衰弱,以儒学别宗的荀学作为其理论根据,指出荀子之前儒学推本宇宙而相信天人交感,但至荀子后"专言人道,以为天道无与于人事也",并基于此批评子思所主张的五行说与孟子所谓性善论,正是由于性善论的所以然是本于天,人之性善乃继天之善,所以

---

① 刘光汉:《理学字义通释(续第九期)》,《国粹学报》第10期,1905年11月16日。

② 蓝公武:《中国道德之权威(续第一卷第三号完)》,《庸言》第1卷第5号,1913年2月1日。

③ 陈独秀:《抵抗力》,《新青年》第1卷第3期,1915年11月15日。

荀子在不谈天道之下，自然地提倡性恶论。至此，谢氏为"人道"与"天道"概念二分以及"人道"概念的发扬，寻得了传统学理上的源流。① 而后 1922 年，时年 49岁的梁启超基于先后在北京政法专门学校和东南大学讲课的内容，整理出版了《先秦政治思想史》，对这一时期的天道与人道观念之辨作出回应。书中"前论"的第二章《天道的思想》中指出，从《诗》与《书》两部不同年代的经典中可略见天道观念的变迁轨迹，如商周《书》经中展现出对天的至极敬畏，但到了宗周将亡之际，对天的信仰就产生了动摇。梁启超认为这是由于丧乱之际，人们从现实上发现与传统福善祸淫的思想相反的事实，因此基于理性开拓便开始怀疑，正如其所举《左传》中子产斥神灶说"天道远，人道迩，非所及也，何以知之？灶焉知天道？是亦多言矣，岂不或信"②。由此可见，梁启超对传统神秘的天道观念进行学理化与理性化的除魅工作，接着将之纳入学术史讨论范畴中，此时人道的重要性得以凸显，最后使"天道"成了"人道"历史发展长河中的一环。③

二、中期论述："文明""世界""自由""社会""进化"

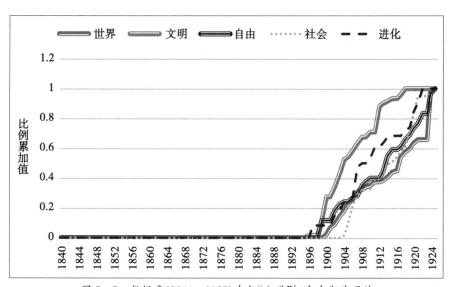

图 5-5　数据库(1840—1925)中与"人道"概念中期共现的
高频概念词历年共现比例累加值图

①　谢无量：《韩非》，《大中华》第 1 卷第 8 期，1915 年 8 月 20 日。
②　阮元校刻：《十三经注疏·春秋左传正义》(北京：中华书局，2009)，页 4529。
③　梁启超：《先秦政治思想史》，《饮冰室专集》之五十(昆明：中华书局，1941)。

从 1895 年甲午战争后儒学价值逆反开始直到辛亥革命推翻君主封建政体前，由"人道"概念的主要共现词中可看出三种发展趋势：其一，"人道"的核心价值从"天道"转向"文明""自由"；其二，"人道"的关系处理范畴包含"社会"与"世界"；其三，"人道"的内涵从"固定不变的"转为"可进化变易"的。那么，"人道"概念为何以及如何与这五个词在 1895 年后开始同步稳态共现发展呢？以下就从文献史料中一看究竟。

（一）文明人道论

据所掌握材料，"文明"与"人道"概念组合，最早出现于 1896 年 12 月《时务报》中刊载由日本古城贞吉译自《日本新报》的《论俄国候补处务大臣》一文，文中指出曾经主导俄、法、德三国敦促日本归还甲午战争后在《马关条约》中所获辽东半岛利益的俄国外相鲁马能务（Алексей Борисович Лобанов-Ростовский，1826—1896）逝世后，俄国基于"洞悉文明，知人道可重"，必不会再出现屠杀土耳其耶稣教徒那样的独断独行的暴力政策，此处展现出"人道"概念通过"文明"概念的重组共振，获得近代化后的"文明"概念中人类智德进步的意涵。此处要注意的是，上述的"文明"概念并非中国传统中如《周易·贲·象传》"文明以止，人文也。观乎天文，以察时变，观乎人文，以化成天下"中人文化成的文教昌明发达"文明"观，而是近代日本东学结合法国政治家基佐（François Pierre Guillaume Guizot，1787—1874）的文明论与西方物竞天择思想后，由福泽谕吉（1835—1901）开启的带有进步意涵的文明开化的"文明"概念。[①] 这类不同于中国传统的文明人道论，1899 年为梁启超所注意，如前文曾指出其在《自由书》中提到，法人正是通过发冢、枭斩、焚尸之法，令驻越不满五千的法兵能练化四十万越南军队为法守御，就此他感叹："以文明人道自命之法兰西，而有是耶，而有是耶！呜呼，今世之所谓文明，所谓人道，吾知之矣。"[②] 自上论述中，可见中国近代文明人道论的新认识，基于"人道"概念内涵伴随着近代喜强恶弱的"尚力思潮"被加以重组，展现出从传统"和的文明人道论"转为"力的文明人道论"，从"济弱扶倾为

---

① 关于中国近代"文明"概念史研究，可详见方维规：《近现代中国"文明"、"文化"观的嬗变》，《史林》1999 年第 4 期，页 69—83；黄兴涛：《晚清民初现代"文明"和"文化"概念的形成及其历史实践》，《近代史研究》2006 年第 6 期，页 1—34；刘文明：《欧洲"文明"观念向日本、中国的传播及其本土化述评——以基佐、福泽谕吉和梁启超为中心》，《历史研究》2011 年第 3 期，页 66—77；黄克武：《从"文明"论述到"文化"论述——清末民初中国思想界的一个重要转折》，《南京大学学报》（哲学·人文科学·社会科学）2017 年第 1 期，页 68—78。余例不详举。

② 梁启超：《自由书》，《饮冰室专集》之二（昆明：中华书局，1941），页 106—107。

人道"转为"适者生存为人道"的变化历程。

而近代知识人对"文明人道论"从"和"到"力"的新认识，在当时呈现出两种反应。第一种反应是仍基于传统东方儒学文化圈中济弱扶倾与遵循"和"的秩序的文明人道论去进行批判。如 1900 年 10 月翻译自《日本报》的《欧洲列国与人道》一文指出："华人以杀彼数十白人之故，列国遂大骂为文明之公敌，人道之公敌，因数十人而遂起十余万大兵以问罪，今俄人曾不半日而杀华人数千，而欧洲列国无半词。"①日人在此批评的正是 1900 年 7 月沙俄屠杀海兰泡一地五千余名华人的海兰泡事件（Blagoveshchensk Massacre）中展现出的"力的文明人道论"。② 基于俄国一方面主张文明人道，一方面进行屠杀华人行动的矛盾，日本对俄国式的"力的文明人道论"进行批判。第二种反应是肯定近代带有进步的文明开化意涵的"力的文明人道论"。如 1903 年 4 月《新民丛报》中提到"德意志学者之论，惟强者乃有权利，岂惟权利，文明人道，亦惟强者所私有耳"的主张，③以及 1903 年 8 月《浙江潮》中提及德国史家兰克（Leopold von Ranke，1795—1886）等人指出的"自然之富源，肥腴之土地，委之野陋未开无能者之手，而文明人不代为之谋，是实大背人道，徒妨碍文明之进步而已"，因此产生有能力的人类就具备开拓权利与责任，而"劣等人种者，若不服从优等人种，则非消灭之不可"的主张，以上论述正是新的"力的文明人道论"的展现。④

在上述两种类型的文明人道论中，"人道"概念显现出双重结构，进而产生知识分子的双面认识，如 1903 年《浙江潮》所刊载《满洲问题》一文，一方面既肯定列国的"力的文明人道观"，指出"若犹事姑息偷安，使俄国得遂行其野心，献文明于蛮人之膝下，供人道于恶魔之面前，平和荣光同归牺牲，洵如是，则吾国死活之问题、兴亡之运命，今将决于此时矣"，主张"力"抗俄国；一方面又回到传统"和的文明人道观"进行谴责，"呜呼，俄人果文明乎？俄国果文明乎？咄，白色鬼汝也，人道之敌，文明之仇"，就此裁决俄人屠杀行径已失文明人道资格。⑤ 而后来发生在 1904 年的日俄战争就成为全球验证到底"文明人道论"应往"和"还是"力"的方向发展的关键事件。

从 1904 年 1 月开始，报刊舆论中开始出现讨论日俄战争中究竟谁是文明人

①　译日本报：《欧洲列国与人道》，《清议报》第 59 册，1900 年 10 月 4 日。

②　译日本报：《文明国人之野蛮行为》，《清议报》第 65 册，1900 年 12 月 2 日。

③　《杂评》，《新民丛报》第 29 号，1903 年 4 月 11 日。

④　斠葵：《新名词释义（续第二期）》，《浙江潮》第 6 期，1903 年 8 月 12 日。

⑤　《满洲问题》，《浙江潮》第 6 期，1903 年 8 月 12 日。

道代表的问题，最后结论见之于日俄战争结束后，如 1907 年 7 月《外交报》上转刊译自《日日新闻》上的《论第二次平和会》一文，指责俄国击沉交战国的私船而私吞私有财产的不法行为，呼吁列国应努力阻止这种"觝排攘斥非文明灭人道之辈"。文中指出由俄皇尼古拉二世（Nikolay Alexandrovich Romanov，1868—1918）于 1899 年召开的第一次海牙和平会议乃是以文明人道为主旨，但显见第二次由俄国提议召开的和平会议中，很多提案都是俄国基于自己的利益，不同的是日本在第一次会议仅是旁听，第二次则因战胜俄国成为超列世界一等之国，得以居于主座而有表达意见的权力，因此应求意志的贯彻。① 自此可见，在日俄战争后，俄国所代表的"力的文明人道论"已被扬弃，日本所代表的儒家文化圈的"和的文明人道论"成为列国肯定的主旋律。而自日俄战争后，在晚清知识人眼中的俄国已成了"和的文明人道论"下不文明与灭人道之国家的代表。

　　"文明人道论"除用于伴随日俄战争兴起的国际外交论述外，也出现在晚清之际的"民族革命论"与"无政府革命论"中。在"民族革命论"方面如 1908 年《民报》针对已被镇压的印度民族独立运动发出呼吁，通过刊登印度《自由报》发刊词与相关报道的方式，一面呼应支持印度民族独立运动，一面以此鼓舞中国人的民族独立运动，文中表达了在印度国民视野下英国殖民政府对印度殖民地的不文明人道的事迹："夫以蹂践人道之政府，外饰文明，以诳耀天下，使我赤子无辜，每饭不饱，歉岁一至，流殍千里，而政府犹伪施赈恤，利用一撮之粟，以人道自饰，尽职自命。"②这里可见对帝国主义向外扩张殖民的"力的文明人道论"的思想合法性的解构。英国正因殖民的侵略行动，与俄国一样在"和的文明人道论"视野中被划入不文明人道阵营中，而"和的文明人道论"成了印度人反抗英国殖民乃至中国人反抗列强殖民的核心价值观。③ 在"无政府革命论述"方面，如 1907 年《新世纪》刊登褚民谊（1884—1946）的《就社会主义以正革命之义论》一文，主张"为社会求平等自由幸福，以公道为衡，凡世界上事事物物，有害于社会、背其目的者，如专制阶级祸根，一举而痛绝之，以实行科学的进化，求世界之真文明，于

---

① 译日本明治四十年四月二十七日东京日日新闻：《论第二次平和会》，《外交报》第 7 卷第 13 期，1907 年 7 月 5 日。

② 台山译：《印度自由报发刊辞 题云"印度者印度人之印度"》，《民报》第 21 号，1908 年 6 月 10 日。

③ "和"为中国与印度两大古国共同重视的核心思想，"和"的思想传入日本后被迅速接受，并成为日本的核心思想，由此可见，"和"乃是东方人共同的思想根源。相关讨论可参见白笙答古墨乐盉原著，杨荫樾译：《和之关系（译印度白笙答古墨乐盉原著）》，《大中华》第 1 卷第 3 期，1915 年 3 月 20 日。

是以人道大同、世界极乐为其究竟"①,这里呈现出基于世界主义去除一切强权的文明人道论,为晚清时期文明人道论的特殊发展。

在辛亥革命后,文明人道论出现被拆解的现象,知识分子意识到所谓的"文明"甚或与"人道"是对立的,如1914年易白沙发表《铁血之文明》一文,主张在天下充满着各种嗜杀行动的情况下,谈非攻与人道是会为智者取笑的,表现出其肯定"铁血文明"而反对仁义之"人道"的主张,首次展现解纽"文明人道论"的想法;②其后,1915年陈独秀在《现代欧洲文艺史谭》一文中提到西洋三大文豪左拉(Émile Édouard Charles Antoine Zola,1840—1902)、易卜生(Henrik Ibsen,1828—1906)、托尔斯泰(Leo Tolstoy,1828—1910),指出他们三人讲求自然主义、个人自由意志、尊人道、恶强权且批评近世文明,因此其思想左右一世,这表达出一种认为正面的"人道"概念应与负面的近世"文明"概念相对的思想框架;③其后1918年《去兵》一文则针对"一战"结束后协约国即将召开和平会议之事,提出应当以"去兵"为唯一保持和平的方法,文中提到即使是文明国的士兵仍有强暴气息的现象,透显出"非战的人道"与"强暴的文明"对立框架,目的正是希望通过此框架,使"人道"概念能脱离"强暴的文明"而不被污名化,仍能作为全球普遍认同的价值。由上可见,"人道"因"文明"而具备了开化进化之意,促成"人道"概念的近代转型,但"人道"也因西方"文明"概念在"一战"后被质疑与扬弃而染上了负面色彩。最后只能通过概念的解纽,来保持其超越中西,作为普遍认同价值的公正性。

(二)自由人道论

据目前所见材料,"自由"与"人道"概念组合最早出现于1899年译介自日本的文章,如译自日本报纸的《论清国政变前后状态》一文,讨论清朝政变前后情况,日本诸新报归纳了当时清人的三种主张:协和满汉、保现今国势,以及任自然之势。其中以学者为主提出的任自然之势一派,认为汉人有融化其他文明的力量,因此俄、英、德、法虽一时割据中国土地,但最后都仍会被汉人融合,汉土仍会以汉人为首。日报记者反对这样的说法,因为从家国之故、东洋之局、宇内之势、人道自由等思考,就知在任自然之势过程中中国必遭英、俄、德、法的各种干预而无法

① 千夜(褚民谊):《就社会主义以正革命之义论》,《新世纪》杂刊之一,收入张枬、王忍之编:《辛亥革命前十年间时论选集》第2卷(北京:生活·读书·新知三联书店,1978),页1011。
② 白沙:《铁血之文明》,《甲寅》第1卷第4号,1914年11月10日。
③ 陈独秀:《现代欧洲文艺史谭》,《新青年》第1卷第4期,1915年12月15日。

自由，如此是无法感到安乐的，因此反对中国的放任自然之说，而认为应在未亡之时就起而救治，因此呼吁中日两国仁人志士共谋解决问题。[①] 又如同年译自《东京日报》的《美兵攻非岛不易》一文，指出当时美国内部有党派反对总统威廉·麦金莱（William Mckinley，1843—1901）在美西战争中的进攻主张，认为那是"有背美国历史，反乎人道，蹂躏自由之大义，实为渎武之暴举"[②]。由上可见，1899 年之际，借由日本东学开启的"自由人道论"，一面可调动中国国内产生不应任自然之势而丧失自由人道的情绪，进而影响中国的内部舆论与内政，一面又可联结全球反美情绪，影响全球局势。就此可见，"人道"概念在晚清是通过东学开始与"自由"概念组合共振，展开其后裁决各种国际事务的自由人道论。

　　此后，自由人道论展现出两种看似矛盾的论述发展方向，一面用以肯定欧美各国皆为自由人道之代表，一面用以批评欧美各国并非自由人道国家。肯定的观点如 1902 年《法理学大家孟德斯鸠之学说》一文，赞美法国启蒙时期思想家孟德斯鸠（Montesquieu，1689—1755）提出的行政、立法、司法三权鼎立不相侵压制度，对世界具有很大的贡献，促成 1772 年英国本国禁奴、1833 年英国属地禁奴、1865 年美国南北战争后黑奴制全废、1861 年俄国释放农奴，自此白种人辖地无复有奴隶，皆为"自由民"而"人道始伸"。孟德斯鸠通过梁启超介绍成为近代中国知识人眼中的"人道之明星"[③]，而"人道"概念就通过"欧美各国废奴"的自由论述，开启处理"社会"层面阶级问题的自由人道论，并树立欧美各国为社会阶级问题上的自由人道之代表。而批评的观点如 1902 年《中国新教育案》一文，提及杜兰斯哇（今译德兰士瓦，Transvaal，现为南非的一部分）与菲律宾分别与英国和美国对抗，虽然二者因为诸多英雄的牺牲最后得以延续危亡的国脉，但纵使是无法延续而最终覆亡，也因有"爱国心"而能展现出"自由不死，人道不灭"的永恒精神，即使虎狼般的英美也不能阻止他们终有一天获得国家独立，"人道"概念在此就通过"英美殖民地"的不自由论述，开启处理"世界"层面殖民与被殖民问题的自由人道论，指出英美等帝国主义国家在世界殖民问题上是不自由与不人道的代表。[④] 综上可见英美两国一面是自由人道，一面是非自由人道的看似矛盾现象，其实并不矛盾，因为这体现出当时所认识的"自由人道论"是范围性的，只

---

① 《东报译编》，《清议报》第 7 册，1899 年 3 月 2 日。

② 《美兵攻非岛不易》，《知新报》第 84 册，1899 年 4 月 20 日。

③ 中国之新民：《法理学大家孟德斯鸠之学说（未完）》，《新民丛报》第 4 号，1902 年 3 月 24 日。

④ 磬心：《中国新教育案》，《新民丛报》第 5 号，1902 年 4 月 8 日。

对国内乃至国外同为"文明开化"的人与国家表现出"和的自由人道",至于"半开化"与"未开化"的人与国家则不谈"和的自由人道论",而应秉持"力的自由人道论",对"半开化"与"未开化"两者"以力开化",方为自由人道的表现,这里呈现出自由人道论具有的范围适用性。

自由人道论的引入与看似矛盾的运用,促使知识人尝试更深入地探讨"自由"与"人道"概念。1902年,西方Liberty概念作为一西方舶来品,须以中国的已知思想去加以格义会通,才能让中国人了解何谓西方Liberty概念。因此"人道"与"自由"概念也在理论层面讨论上展开共振,使得二者更为深刻地结合,并在中国思想界传播。

梁启超最早于1902年6月在《新民说》的"论自治"部分提及自由人道,认为"自治"定义就是"发于人人心中良知所同然,以为必如是乃适于人道,乃足保我自由而亦不侵人自由,故不待劝勉,不待逼迫,而能自置于规矩绳墨之间"[①],次年在《近世第一大哲康德之学说》一文中,通过肯定康德的本质与现象并行二分论,一方面主张"自由"乃是一切学术与人道的根本,一方面又主张在"自由"之下可与"不自由者"并行不悖,将这种说法引以为华严圆教上乘,进一步阐释"本质的良知自由人道论"。[②]

严复亦通过译介将自由与人道间的概念思辨引入中国。在亚当·斯密(Adam Smith,1723—1790)《原富》(*An Inquiry into Nature and Causes of the Wealth of Nation*)一书中,斯密反对基于"民与民交,不相强而各得自由者,人道之正也"的钞商自由人道,认为自由之意义是对人没有损害,若任由钞商恣意所为,不管一国一群的大损,则会造成一二家自由但通国人民却不自由的问题,故国家必须禁止罔利而害市廛的问题,限制钞商的自由人道。同时在译自穆勒(John S. Mill,1806—1873)的《群己权界论》(*On Liberty*)中亦有"使人道必以进化为争存,而欲更进而弥上也,则必自倡思想言论之自繇始耳"的言论自由的人道主张,通过穆勒之口带出了以"言论自繇"作为人道争存与进化向上的根本秩序原则的思想。[③] 凭借缘起于穆勒为反抗19世纪维多利亚社会中强制性道德主义因而提出的西方自由观念的引入,"人道"概念得以与穆勒的自由观共振,成为只要不涉及他人利害,个人(成人)就有完全行动的自由,其他人和社会都不

---

① 中国之新民:《新民说》,《新民丛报》第9号,1902年6月6日。关于近代"自治"概念史研究,可详见黄东兰:《跨语境的"自治"概念——西方·日本·中国》,《江海学刊》2019年第1期,页164—175。

② 中国之新民:《近世第一大哲康德之学说(续廿五号)》,《新民丛报》第26号,1903年2月26日。

③ 严复译:《群己权界论》(上海:商务印书馆,1930),页39。

得干涉；只有当自己的言行危害他人利益时，个人才应接受社会的强制性惩罚之道。"人道"概念通过与穆勒式自由观的重组共振，从"由不具人格的物人集成的人道秩序"转为"由具备人格的小我个人集成的人道秩序"。由上可见，梁启超与严复等近代知识分子在接引西方自由概念进入中国时，是通过将西方康德的本质良知自由与斯密式自由观纳入"道"的范畴，形成兼具理想与现实双层结构的自由人道论，进而促成传统概念的近代转型。

在逐渐引入并深化自由人道论后，革命派与立宪派也开始以此来进行社会主义或共和与统一主义论述。革命派方面如 1903 年《浙江潮》刊登《新社会之理论》一文，分别由《概念》《新社会之过程》与《新社会之主义》三篇小文章所组成，其中主张"自由"与"社会主义"必须一同实现，否则基于"理想"去求"自由"的进步只会入迷，离"自由"而谈"社会主义"就只是野蛮的奴隶制度，如若多数人民不富有而没有受教育的权利，则不仅牵涉吃饭问题，更是"智能自由与人道之问题"，因此呼吁志士要舍身为社会鞠躬尽瘁，施行铁血手段，这是"志士天职"，就此可见一种社会主义式的自由人道论。① 而立宪派方面如 1903 年《玛志尼少年意大利会约》一文，指出少年意大利会会员都遵守共和主义与统一主义。基于共和主义，则一国之民不管是基于神意还是人道，彼此才能成为自由平等的兄弟；若不遵守共和主义，那么国中就会有侵害自由与放弃自由者，这不管与神意还是人道都是相互违悖的。② 这里通过玛志尼（Giuseppe Mazzini，1805—1872）的少年意大利会约，揭示出一种共和与统一主义式的自由人道论。而在上述两种自由人道论的讨论中，皆可见对于"自由"的审慎。

其后，自由人道论还用于刑律、文学、殖民等问题的讨论上。刑律方面如 1907 年王仪通（1864—1931）于 1906 年赴日考察回国后，在提交的考察日本裁判监狱报告书中指出，日本监狱改良最有成效者就是通过人为的关注与改善衣、食、住三项卫生情况，降低监狱中死亡与疾病的比例，这是"人道之义务"与"维持自由刑本体之法理上任务"，③"自由人道论"参与了法律近代化过程。由于"人道"包含"物质基本生活条件"与"精神感化教育"两部分，因此法律近代化要注意一方面必须剥夺犯人"自由权"以符合"自由刑"（Freedom Punishment）的本体法理，一方面也要顾及囚犯的人格权、生命权等人道精神，而自由人道论在此即

① 大我：《新社会之理论》，《浙江潮》第 8 期，1903 年 10 月 10 日。
② 《玛志尼少年意大利会约》，《新民丛报》第 40、41 号，1903 年 11 月 2 日。
③ 王仪通：《调查日本裁判监狱报告书》，收入刘雨珍、孙雪梅编：《日本政法考察记》（上海：上海古籍出版社，2002），页 57。

加深了其辩证意义。在文学方面,如 1908 年鲁迅(1881—1936)发表的《摩罗诗力说》中表现出两种自由人道论:其一,通过普鲁士义勇军中的爱国诗人台陀·开纳(Theoder Körner),揭示一种为了邦人的"自由与人道之善"而能自我牺牲的民族主义式自由人道论;其二,通过表扬英国诗人拜伦(George Gordon Byron,1788—1824),揭示一种兼具拿破仑式毁灭压制特性,以及华盛顿式自由反抗竞争特性的自由人道论。[①] 最后在殖民方面,1908 年的《印度自由报》一文中,主要将法国人权宣言译入印度,指出英政府对印人的不公,借此呼吁号召印人起来反抗。文中特别举例英政府在处理跟自身利益无关的非洲 Congo 问题时都能秉持人道去要求比利士政府废除当地的强迫劳动,但却在处理印度事宜时漠视人道,通过这样的对比,意图揭示出英国看似慈祥恺恻与真讲人道的处理事务表现,正如同英国是自由商业的第一代表一样,看似对商业利益持开放政策,然而实际上却并非真的主张自由商业,正如其也不真正主张人道一样,从英国强迫输入罂粟到中国与印度两地可证明其非人道者。[②] 文章通过印人视角解构了英国殖民政府作为自由与人道代表的世界想象,也进一步解构了早期引入的英国式的自由人道论。

辛亥革命后,自由人道论仍持续出现,比较特别的是围绕孔教问题的讨论,如 1913 年康有为发表的《以孔教为国教配天议》一文,批评当时新学者的无知,指出他们所崇拜的博爱、平等、自由与人道主义等新道德中国早已有之,如《中庸》提到的"仁者人也",孟子注解为"仁者人也,合而言之道也",这就是"人道"概念,是两千年来中国小孩都知道的"浅说",如今新学者竟还将"人道"二字奉为由法国而来的"舶来"的"新道德品",康有为指责这是不知道自己家里有宝藏反去宝爱别人不要的东西的愚笨行径。此文展现出儒学近代化下的自由人道论。[③]而另一篇 1914 年于《甲寅》发表的《国教废止案》,讨论了英国政治家爱斯葵斯(Herbert Henry Asquith,1852—1928)经历数十年之久的数十次论战,最后使英国政府通过爱尔兰自治案的经过,文中指出爱尔兰得以自治后,解决了过去英国不许爱尔兰人信仰天主教、一切学校都掌握在教会手中、剥夺了爱尔兰人中非信仰国教的学童的学习权利等不人道的问题。文中通过被视为英国政府彰显"自由人道"的爱尔兰自治案,进一步反省中国国教论问题,从历史上来看,连 20

---

① 　令飞(鲁迅):《摩罗诗力说》(1908),收入张枬、王忍之编:《辛亥革命前十年间时论选集》第 3 卷(北京:生活·读书·新知三联书店,1978),页 236。

② 　公侠译:《印度自由报》,《民报》第 23 号,1908 年 8 月 10 日。

③ 　康有为:《教说:以孔教为国教配天议》,《不忍》第 3 册,1913 年 4 月。

世纪中具有国教的英国都要废止国教了，何况素来没有国教的中国，今日却要以孔子来作为教主，就此批评将宗教"定一尊"乃是"人道之贼，自由之敌"，因其背后目的是想禁止人们与各种思想的接触，使人们因无知而不会反抗，易屈从上位者，政府就因此可放肆地为所欲为。① 由上二文可见"自由人道论"同时被尊孔阵营与非孔阵营所使用，用以捍卫或攻击孔教国教论，展现出近代"自由人道论"的双向诠释特征。

除上之外，还有接续晚清解构英美自由人道形象的论述，②此一现象代表民初新一代知识分子从西方国家一连串失信事件中，更深刻地了解对待英美的方式不应谈主义、理性、道德、良心等，而应谈实际、事实、方略、对付、计较利害、张罗面子等，才能得到公平对待，展现出民初知识分子疑惧"英美自由人道论"的倾向。由此可见，当时国际上的自由人道论已成了处理某些特定国际问题时的伪善口号，一旦涉及不同的利益圈时，自由人道论就被忽略，而这就是引起中国人对英美自由人道论的普遍自明性产生怀疑的关键所在。

（三）人道进化论

据目前所见材料，"人道进化论"最早出现于 1897 年康有为《礼运注叙》中，认为中国已然进入小康之境，若不求进化、仍墨守旧方法，就是违背孔子之道。因为孔子之所以神圣并非仅是因为其提及大同，更重要的是主张"人道之进化"，大同与小康都是孔子治世之药而已。由此可见，人道进化论是在康有为基于儒学近代化的转化性诠释中出现，这亦是受到甲午战争后价值逆反思潮影响所致。③ 其后 1902 年康有为又发表《孟子微》一文，更进一步指出"人道之仁爱、人道之文明、人道之进化，至于太平大同"，皆由"不忍人之心"为根源而出，并指出"盖孔子为制作之圣，大教之主，人道文明进化之始，太平大同之理，皆孔子制之以垂法后世，皆当从之，故谓百王莫违也"。此处康有为继续强调人道进化论由

---

① 渐生：《国教废止案》，《甲寅》第 1 卷第 2 号，1914 年 6 月 10 日。

② 如 1913 年 3 月，时年 35 岁的汤明水，在《政治上之伪善（政治罪恶与道德之二）》一文中谈《政治罪恶论》一书，通过法国地方法院法官博洛尔（Louis Proal，1843—1900）由西方历史中举出的很多案例，证明政治家都是伪善的，"自由人道"都是用以谋公私的旗帜。又 1921 年 9 月，时年 50 岁的堺利彦（1871—1933）在《新青年》刊登的《太平洋会议》一文中，指出了美国取代英国成为霸主、成为帝国主义的现象，这现象最明显的就是表现于过去威尔逊总统仍是在"半知觉"的程度上用"自由人道"这样的华美名词去迈向民主帝国，而到了哈定总统则是"全部意识"的坦白与从事民主帝国的行动。以上参见汤明水：《政治上之伪善（政治罪恶与道德之二）》，《庸言》第 1 卷第 7 号，1913 年 3 月 1 日；堺利彦：《太平洋会议》，《新青年》第 9 卷第 5 期，1921 年 9 月 1 日。

③ 康有为：《礼运注叙》，收入汤志钧编：《康有为政论集》卷 1（北京：中华书局，1981），页 193。

孔子始论,这里嫁接的是中国传统三世进化说。① 康有为联系西方的仁爱、文明、进化等概念以阐释"人道"概念,同时仍以传统儒家的"不忍人之心"作为根源,使得早期"人道进化论"仍呈现为一种基于儒家思想的中西混生式人道话语。康有为正是首位提出"儒家三世说人道进化论"者。"人道"概念通过"进化"与三世说概念重组共振,获得了"直线进化"与"阶段改革发展"的发展规律性与必然性,从"周期循环的人道秩序"变成"阶段性直线进化的人道秩序"。

　　其后,严复也通过 1904 年译出的孟德斯鸠(Montesquieu,1689—1755)《法意》与英国法学家甄克思(Edward Jenks,1861—1939)写于 1903 年的《社会通诠》(A History of Politics)二书,进一步揭示"人道进化论",如在《法意》第十卷《论法之为攻取而立者》的第三章《胜家之权利》中指出,战胜国对待战败国的人民有四种方法,古代罗马帝国采用的是"或取其种而剿绝之",而今日所用公法则是"以其国之法还治其民,而胜家但主行权,为之政府",由此证明了从古至今确实在义理、宗教、礼俗方面越来越好,看似"诚有识者所共知,人道进化洵不诬也",然而《法意》接着指出"顾吾世之公法家,笃信古史之所传闻,而不知其事之或由于不得已,于是所言,辄陷巨谬"。② 由此可见《法意》并不肯定人道进化之说。严复也意识到《法意》原先带有的一种不进化的静态悲观主义决定论倾向,因此为避免读者接受《法意》中的静态论而自我命定地认为中国将如同孟德斯鸠所言一样绑死在专制政体此一类型,他以强化"人道进化论"的方式来加以解决,配合译出《社会通诠》一书,以 19 世纪社会哲学家所提出的历史能自发开展而不需干预的历史进化论主张以及乐观主义决定论,进一步强化人道进化论,通过《社会通诠》分阶段向前的奴隶、宗法、军事、工业社会理论的配合,赋予了《法意》中三种类型政体能够进化的动力。在《社会通诠》中可见,当提及近代商业行为与准则的商律起点时,书中指出商律乃是从野蛮部族与文明邻国的贸易行为的逐渐进化中产生的,商业行为正是人道进化的一大原因,强调"商业有无"成为人道是否已经进化的标准,呈现出《社会通诠》一贯的唯物与经济决定论特征。《社会通诠》里主要表达了一种"物质的人道进化论",而非"精神与道德的人道进化论"。③ 综上比较归纳可得出严复主张的"人道进化论"混合了穆勒式自由观,孟

---

①　明夷:《孟子微》,《新民丛报》第 10 号,1902 年 6 月 20 日;《孟子微(续十三号)》,《新民丛报》第 17 号,1902 年 10 月 2 日。

②　孟德斯鸠著,严复译:《孟德斯鸠法意》上册(北京:商务印书馆,1981),页 194。

③　甄克思著,严复译:《社会通诠》(上海:商务印书馆,1907),页 70。

德斯鸠的义理、宗教、礼俗进化观，以及甄克斯的唯物与经济进化观，是兼具来自西方精神与物质的双重人道进化论，与康有为主张的"儒家三世说人道进化论"有同有异，相同点是两人都主张"阶段性的直线人道进化论"，相异点即在"人道"的"所以然"与"进化动力"皆有所不同之上，康有为认为是基于中国传统内在超越的"不忍人之心"，严复则认为是基于西方的"自然神学"与"乐利主义"。

　　面对康有为与严复等一代知识领袖共同提出的"阶段性的直线人道进化论"，当时革命派出现两种延伸讨论：一种是无政府主义革命派，另一种是民族主义革命派。无政府主义革命派方面，1907年褚民谊一方面在《就社会主义以正革命之义论》中指出"科学实业，不为世界人道增进化，而惟斤斤以致一国之富强，其用心亦私之甚矣"①，批判了国家主义下的科学实业，主张科学实业应在世界主义下才是真正为增进世界人道进化而努力；另一方面在《普及革命》一文中，他提到宗教作为教育人民的工具而与政治一同前进，政治阻碍人道进化是有形的，而宗教阻碍人道进化是无形的，因此提出以普及革命与发达科学作为反对宗教的两种方法，并呼吁有志社会改良以及人道进化者，必须关注并支持反对宗教的行动。另如1907年李石曾也一方面在《驳新世纪丛书"革命"附答》一文中提出尊卑平等并不是指"人人之乘车马船，或人人步行"的齐头平等，而是指"力求去其不平，能至何等地步，即至何等地步"的态度，正是巴枯宁（Mikhail Alexandrovich Bakunin，1814—1876）主张的"人道进化由未尽善而之较为尽善"与克鲁泡特金（Peter Alexelevitch Kropotkin，1842—1921）主张的"人道进化由未幸乐而之较为幸乐"之说；②另一方面，他又在《三纲革命》一文中指出，愚子暴父将自以为圣贤的狡者所制之礼用以效幼教长，相习成风，练成奴隶禽兽畏服性质，使子者由幼而长不能脱于迷信强权，如此世世相传，"阻人道之进化，败坏人类之幸福"，"慈孝"成了"人道进化"程度的指标，慈孝风气越盛则众人各私其私，人道进化程度越幼稚，高程度的"人道进化"是"自由平等博爱"与"无私"的，是去除家庭与社会纲常名分的，是"有父子之遗传"而无"父子之名义"的，无家庭与无纪纲的人道才是进化程度最高的为人之道，最后该文提出家庭革命、圣贤革命、纲常革

　　①　千夜（褚民谊）：《就社会主义以正革命之义论》，《新世纪》杂刊之一，收入张枬、王忍之编：《辛亥革命前十年间时论选集》第2卷（北京：生活·读书·新知三联书店，1978），页1013。
　　②　真（李石曾）：《驳新世纪丛书"革命"附答》，《新世纪》第5期，1907年7月20日出版，收入张枬、王忍之编：《辛亥革命前十年间时论选集》第2卷（北京：生活·读书·新知三联书店，1978），页993。

命的人道进化论。[①]综上可见，无政府主义者基于"直线人道进化论"，主张在自由、平等、博爱价值观下，通过灭家庭、灭纪纲、灭圣贤、灭宗教等革命行动的帮助，朝向幸福人道直线进化，展现出"无政府主义式的破家灭纪直线人道进化论"。

至于"民族主义革命派"则与无政府主义者不同，反对"直线人道进化论"，如1908年章太炎在《四惑论》一文中反对以"进化"与否去指责他人，与康有为、严复、无政府主义者认为人道进化方为善的主张不同，他认为"进化"是自然规则层次的问题，没有是非，因此不能指责："以进化者，本严饰地球之事，于人道初无与尔。然主持进化者，恶人异己，则以违背自然规则弹人。"[②]就此可见章太炎把"进化"与"人道"区分。进化是自然规则的问题，人道是人为规则的问题。换言之，人道没有进化之说，与康有为、严复、无政府主义者都认为人道会进化的说法不同，为的是把"进化"悬置在"自然界"中，避免主持进化者妄用自然界的进化之说作为人文世界中的指导秩序。这里可见章太炎意图解构"人道进化论"，是为避免适者生存的残酷自然法则凌迟本应济弱扶倾的人道世界，展现出一种将"自然"与"人文"加以区隔，借以保存人文精神的终极关怀，此外还可瓦解立宪派知识人想基于"人道进化论"去论证从君主专制转向君主立宪阶段性进化主张的合理性。

辛亥革命最后取得了政治革命的成功，完成以共和推翻专制的工作，但人道已经进化了吗？显然没有。不仅没有，面对共和初年的乱局，知识人甚至开始怀疑人道是否真能进化。如1913年梁启超发表《一年来之政象与国民程度之映射》一文，指出当时上至官吏，下至氓庶，基于政象混乱，人人都没有了将来感，只关注现在，如此则国家岂有未来。不仅如此，丧失将来感将导致"进化永窒，即人道或几乎息矣"，表现出对于共和初年时局的担忧。[③]但如梁启超这样对于人道进化的质疑是少数，因为从数据线索与文献史料可见，当时其他知识人已不大使用"人道"与"进化"的概念组合进行论述，这代表的是人道进化论已为大部分人普遍认识；但在五四运动后，知识人又基于恐怖的"一战"，再次怀疑人道是否已经进化的问题，并提出讨论。如1919年魏嗣銮（1895—1992）在《人类进化的各

①　真（李石曾）：《三纲革命》，《新世纪》第11期，1907年8月31日出版，收入张枬、王忍之编：《辛亥革命前十年间时论选集》第2卷（北京：生活·读书·新知三联书店，1978），页1017。

②　太炎：《四惑论》，《民报》第22号，1908年7月10日。

③　梁启超：《一年来之政象与国民程度之映射》，《庸言》第1卷第10号，1913年4月16日。

面观》一文中，专门讨论人道进化问题，在面对欧洲所见各种战争与战后所见各种失信现象中，扣合道德概念进行论证，指出当时对于人道进化问题的四种立场：人类不进化，人类一进一退，人类进化甚迟采螺旋上升，人类进化甚速且人道正谊将公行，强权与武力将消灭。基于此，魏氏综观中国历史与"一战"中人类"行事道德"的发展后，悲痛地感到"人道进化，实在太迟"，但从"立言道德"来看又觉得人类道德观念进步神速，打破了过去的幼稚信仰，因此人道大进。[1] 又如1920年李璜发表《法兰西近代群学》一文指出：孔德（Auguste Comte，1798—1857）群学最欲解决的问题就是"人道进化时间"，主观定义与假设了一个人类进化程序的存在，然后用科学方法去证明其真实，这一主张受到涂尔干（Émile Durkheim，1858—1917）的批评，因为社会进程是复杂的，不是如孔德说的那样是由人道束起的前后接起的直线的社会进程，因为根本没有所谓单纯继承，所以社会变迁不能用几何直线代表。这里展现了当时对"孔德式的秩序与爱的直线人道进化论"以及"涂尔干式的复杂人道进化论"的思辨。[2] 再如1921年由袁振英（1894—1979）翻译自俄国 *Soviet Russia* 周报的《俄罗斯研究（32）：列宁与俄国进步》一文，指出列宁（Lenine，1870—1924）通过考察人类进化的实在情形，深信结合马克思派方法论与个人理想，可以到达包含劳农的全体劳动者的"人道的进化"。[3] 由上可见，辛亥革命后新一代知识青年们内心迷茫，一面从道德理论立言层面看见人道朝向文明进化，但一面又从"一战"中列强实际行事层面看见人道朝向野蛮退化，展现出当时知识分子在张灏（1937—2022）所提出的近代理想与现实的两歧性双层建构中的认识矛盾心境。[4] 而新一代知识分子的应激反应，正如魏嗣銮归纳指出世界上对于人道进化论的几种立场：其一，"欲求宇宙的真理"的专重理论派；其二，"欲谋人类的发荣"的专重实际派；其三，上两种人"合

---

　　① 魏嗣銮：《人类进化的各面观》，《少年中国》第1卷第1期，1919年7月。

　　② 李璜：《法兰西近代群学》，《少年中国》第2卷第4期，1920年10月。

　　③ *Soviet Russia* 周报，震瀛译：《俄罗斯研究（32）：列宁与俄国进步》，《新青年》第8卷第6期，1921年4月1日。

　　④ 张灏先生曾指出"五四"思想具有两歧性，表面是西方启蒙运动主知主义，骨子里带有强烈的浪漫主义色彩，一方面主张面对现实应该研究问题，另一方面又想找到一种主义以逃避时代问题的复杂性，这种双层结构就是"五四"思想的两歧性，他将之归结为理性主义与浪漫主义、怀疑精神与"新宗教"、个人主义与群体意识、民族主义与世界主义四个方向。本书认为"五四"思想的两歧性乃是自近代以来就存在的思想结构，正是这种思想结构使得中国传统思想能顺利完成近代转型。关于张灏的主张，参见张灏：《重访五四：论五四思想的两歧性》，《幽暗意识与民主传统》（北京：新星出版社，2006），页200—226。

衷共济,人道乃有进境"的调和派;其四,更深入从科学与实证角度去思考"人道进化"的研究派;其五,关注俄国马克思主义式,包含劳农的全体人道进化的转向派。虽然上述五派各有不同反应,但关怀却都是一致的,都是希望通过不同的方法,弥合并自我解释内心中对于"人道"是否进化以及是否仍有价值的怀疑,进一步维护"人道"概念作为全球普遍认同之价值的合理性,因此呈现出民初"复调的人道进化论"。在 1921 年后或因新一代知识人都肯定人道必能进化只是方式不同,或因中国大众已转向直接行动的革命,故而不在思想论述上再作深究,"人道进化论"就不再被提及了。

（四）社会与世界人道论

据目前所见材料,社会人道论最早出自 1904 年严复翻译的《社会通诠》一书《宗法通论分第三》部分,文中指出"图腾社会人道几无亲亲之可言",意为图腾社会中并无宗法亲亲的人道秩序,因为图腾社会传女不传男,这里"人道"概念通过与《社会通诠》中的"进化"与"社会"概念共振,成为具有进化能力的社会人道论,而前述的进化人道论就参与到了近代转型后的"社会"概念的论述之中。[①]

在"人道"开始介入并成为指导"社会"的秩序后,如何推进社会中人道秩序进化的讨论出现了正反两面立论。反面立论方面如 1905 年《西洋伦理学》一文,认为口惠自由"不足以改良社会"且为"人道进化之魔障","一二自由名词"不能保证社会中"人道"的进化;[②]又如 1906 年《开明专制论》一文忠告《民报》革命派时指出"欲以野蛮之力杀四万万人之半,夺其田而有之,则靡特人道不应有此豺性,即社会主义之先辈,亦不闻有此学说",认为反清主义不能推进社会人道的进化;[③]再如 1907 年《国民势力与国家之关系》一文,批评官吏乃是奉国家之意,执行保卫个人、维持社会的政治机关而已,不能违背法律去做贪残之事,否则对国家则为国贼,对人民则为民贼,在法制盛行时代是不能容许

---

①　甄克思著,严复译:《社会通诠》(上海:商务印书馆,1907),页 17。关于中国近代"社会"概念的兴起以及从"群"到"社会"概念转型的讨论,可详见金观涛、刘青峰:《从"群"到"社会"、"社会主义"——中国近代公共领域变迁的思想史研究》,《观念史研究:中国现代重要政治术语的形成》(北京:法律出版社,2010),页 180—225;冯凯:《中国"社会":一个扰人概念的历史》,收入朱联璧译,孙江、陈力卫编:《亚洲概念史研究》第 2 辑(北京:生活·读书·新知三联书店,2014),页 99—137;李恭忠:《Society 与"社会"的早期相遇:一项概念史的考察》,《近代史研究》2020 年第 3 期,页 4—18。余例不详举。

②　后素:《西洋伦理学》,《二十世纪之支那》第 1 期,1905 年 6 月 3 日。

③　饮冰:《开明专制论(续第七十四号)》,《新民丛报》第 4 年第 3 号,1906 年 2 月 23 日。

这种"蹂躏公权,违反人道之毒物,阻社会之文化,害国家之进步,而陷人类生存于灭绝"的官吏,认为贪残官吏阻碍社会人道进化;①1908 年褚民谊在《新世纪》发表《无政府说——书〈民报〉第十七号〈政府说〉后》一文,则批评当时留学生不知为社会谋公益,只关注求名为仕与眼前快乐,如此没有"德"作为基础的"求智"实乃"反殃社会,害人道"。② 从以上可见当时有从反面提出"一二自由名词"、反清主义革命、贪残官吏以及无德之求智都是阻碍社会人道进化的障碍,应当去除之的主张。

至于正面立论方面,1905 年蒋观云在《佛教之无我轮回论》一文中,提出泰西社会学泰斗亢特氏(即孔德,Auguste Comte,1798—1857)主张的"社会精神永续说",亦即"人"乃是生存在汇聚古来与今日人道相连续而永续存在的"人道"之中。"社会精神"是一个由古至今,由较多的已死之人之力,加上较少的现代生存之人之力构成的连续的"一连锁之长历史",因此"人道之结成体"就是由"已死之人"与"现在之人"共同组成的"人类精神之所以不灭"的"同一之现实"。当"个人"与"人道"合体,"即有所贡献于人类,而能助社会之进步,谋人道之发达者,则其人即永久不死之人也"。由此可见,"人道"概念在与孔德式的精神永续的"社会"概念共振中,成为一种"古今人类精神合成体",而孔德的"连锁之长历史观"则是社会人道论必然进化的保证。③ 再如 1907 年《新世纪》中刊登褚民谊《普及革命》一文,指出普及革命与发达科学是社会急务,故"有志于社会之改良,人道之进化者"必须时时念及此二者。④ 以上是从正面角度指出社会精神、普及革命、发达科学都是社会人道秩序必然永续进化发展的保证。

其后在君主封建政体瓦解转入共和政体后,聚焦在政治、经济公领域的社会人道论于辛亥革命后一度暂息,人们都在观望社会人道是否会因政治革命的成功而进化,然民初乱象却证明不仅未进化反而退步,在此觉悟下,民初新一代知识人意识到必须从私领域的社会人道秩序改良入手才能进

① 死灰:《国民势力与国家之关系》,《云南》第 3 期,1907 年 1 月 12 日。

② 民(褚民谊):《无政府说——书〈民报〉第十七号〈政府说〉后》,《新世纪》第 31—36、38、40、41、43、46、47、60 期,1908 年 1 月 25 日—8 月 15 日,收入张枬、王忍之编:《辛亥革命前十年间时论选集》第 3 卷(北京:生活·读书·新知三联书店,1978),页 177。

③ 观云:《佛教之无我轮回论(五)(续第七十号)》,《新民丛报》第 3 年第 23 号,1905 年 12 月 26 日。

④ 民:《普及革命》,《新世纪》第 15、17、18、20、23 期,1907 年 9 月—11 月,收入张枬、王忍之编:《辛亥革命前十年间时论选集》第 2 卷(北京:生活·读书·新知三联书店,1978),页 1021—1041。

化，因此兴起围绕着个人私领域问题展开的社会人道论述，或用以讨论西人一夫一妻主义有益人道与人格平等社会的发展，①或用以批判妇人守节殉夫而主张应该改嫁方能推进人道社会发展，②或用以打破"恶习惯、恶风俗、虚礼谎言、无聊举动手续、欺诈运动交际"等黑暗势力压迫，而呼吁改造出光明纯洁人道自然的社会风俗，③或用以批评中国多子主义酿成的多要子孙、多妻轻女的问题实大伤人道社会。这些论述都通过近代贯通公私的社会人道论，使得"人道"成为大至国家社会、小至家庭与个人都共同肯定的"道"的秩序。④

　　如果说"社会"与"人道"的结合主要关注并讨论国内社会之情形，那么"世界"与"人道"的共振组合则更多地将关注点投向域外，结合世界语境发挥"人道"的论说与谴责作用。据目前所见材料，"世界"与"人道"组合最早出现于 1900 年《人道乎抑人道之贼乎》一文，开头即提出一个设问："列国之遣派大兵于中国也，曰为救同胞，以破文明之公敌，曰为人道以讨世界之暴族，其辞似不为不正，其义似不为不美矣。"从此开始批判看似人道文明之列国之师，其实是"列强破沽津而陷北京也，日美而外，莫不杀戮人民，奸淫妇女，掠劫财货，虐暴之道，靡所不至，而俄人之蹂躏满洲各地，其奇酷尤过之"，甚至"近日各外报以读之，其惨殆不下十日记屠城记焉"。文中就此提出一个疑惑："野蛮不可名状之列强，而以文明自居，人道为言，其谁欺耶？"最后提出了造成此一文明人道之师却行不文明人道行为矛盾现象的关键："德意志学者言惟强者斯能握权利，然则权利为强者之所私有矣！自今观之，惟强者斯能受文明之名，而文明亦为强者所私有矣！"作者基于这样的语境下呼吁："少年其努力哉，其努力于今日哉！"⑤由此可见该文承认了西方的"力的文明人道观"。诚如前面"文明人道论"所示，从 1896 年开始中国人就认识到一种与传统"和的文明"不同的，由列强主张的"力的文明"，"世界"随之就在"和的文明"与"力的文明"分别下划分成"力的世界"与"和的世界"。在西方列强"力的世界观"下，义和团就是"文明之公敌"与"世界之暴族"，只能通过更强大的武力来以牙还牙地镇压，唯有开化国的文明镇压了半开化或未开化国的野蛮，才能使世界回到"力的平衡世界"中。在"力的世界观"中，对西

---

① CZY 生（杨昌济）：《改良家族制度札记》，《甲寅》第 1 卷第 6 号，1915 年 6 月 10 日。

② 胡适：《贞操问题》，《新青年》第 5 卷第 1 期，1918 年 7 月 15 日。

③ 宗之櫆：《中国青年的奋斗生活与创造生活》，《少年中国》第 1 卷第 5 期，1919 年 11 月。

④ 朱希祖：《中国古代文学上的社会心理》，《新青年》第 9 卷第 5 期，1921 年 9 月 1 日。

⑤ 《瀛海纵谈》，《清议报》第 66 册，1900 年 12 月 12 日。

人视角下不文明的义和团进行武力镇压乃是一种彰显"世界人道"的行为，这种"力的人道观"，就是在"力的世界观"中孕育而生并获得其存在合理性。至于为何开化国能不管人道问题对中国进行瓜分，即是因为西方"人道"概念是基于西方国际法思想中的文明阶梯论世界观而生，因此能够作为开化国忽略与漠视"半开化国"或"未开化国"之人道问题的理据，树立一种与中国传统不同的西方"力的世界人道论"。

在面对与传统基于世界一体化的"和的世界人道论"不同的，基于世界文明阶梯论的"力的世界人道论"时，东亚知识人有何反应呢？两种世界观的冲突产生了"反抗"与"肯定"两类应激论述。在"反抗力的世界人道论"方面，如1900年日人火岭生所写《西洋人与人道》一文指出："西洋人素以文明自许，而视他人为未开野蛮，以重人道自负，而视他人为不知人道……其所以咎责人者，实万一不能反之于己，此问题洵足为全世界人道之关系也。"[①]这里基于"和的世界人道论"谴责西人的文明阶梯论思想并不人道文明。而在"肯定力的世界人道论"方面，如1901年《排外平议》虽不主张"腕力排外"，但仍呼吁"心力排外"，这即是肯定"力的世界人道论"的表现，如文中指出"我中国以排外闻于天下也久矣，杀洋人，毁教堂，攻使馆，戕公使，天下之人，莫不诋为人道之贼害，世界之公敌，为万国公法所不容"，就此，作者认为为了使中国能进入世界舞台，必须遵守万国公法，从基于"腕力"的"野蛮人之排外"转为基于"心力"的"文明人之排外"，这样才不会"背公理而触万国之怒也"。如果仍然继续野蛮排外，西人就得以基于"公法"中"对待野蛮"者条例，将中国"贱为野蛮，愤为公敌，合诸国之力以为报复，且借公义以纵其私谋，悍然无复顾忌，极其践踏缚压"，作者呼吁中国人应"弃野蛮之覆辙，循文明之正轨"，转为将排外意图藏于诉求爱国、自主、竞争权利、独立不羁的表面之下的巧妙、文明的排外手段。作者此处极力呼吁转向符合万国公法的"文明排外"，是为让中国得以进入西方文明阶梯论的世界框架中，因为唯有进入由西方所定义的"世界"，才能被世界认为是"界内一员"而受公法的保护。[②]就上可见，"人道"概念在与当时的"世界"概念共振下，从一体无别转变分列成文明与野蛮阶层的人道思想。

由于当时"和的世界人道论"与"力的世界人道论"争议不下，故东亚知识人开始对两种世界人道论之"所以然"进行讨论，借以完成高下分判，或从儒学

---

① 日本火岭生：《西洋人与人道》，《清议报》第67册，1900年12月22日。
② 伤心人稿：《排外平议》，《清议报》第68册，1901年1月1日。

与佛学出发,或从西方的乐利主义与进化论谈起,展现了对"世界人道论"是否进化、为何进化、如何进化的探索历程。乐利主义方面,如 1902 年梁启超《乐利主义泰斗边沁之学说》一文指出,若有人提出"人道以苦为目的,世界以害为究竟"这样的主张是不可能被广泛接受的,因为人人一出生就具有对"乐利"的追求,所以像是中国宋代以后学者讳言乐利,甚至主张应不断尽力克制人们的求"乐"与求"利"之心,这是不实际的,不如以阐发乐利"真相"的方式加以"利导",让人们不因追求小乐而陷于大苦,不因追求小利而造成大害,这样利导后的乐利思想将能大大推进世运的进化,因此近世欧美开始关注乐利主义(Utilitarianism),[①]此处首次展示了西方以"乐利主义"作为世界人道秩序的"所以然"的主张。儒学方面,如 1902 年康有为《孟子微》一文指出,孟子认为"天则"落于人性中,形成了人人皆有的仁义礼智等懿德之"天性",正是世界人道能同好文明而厌恶野蛮的根本,若是"无好懿德之性,则世界只有退化,人道将为禽兽,相吞食而立尽,岂复有今之文明乎"。此处强调中国以"懿德"为世界人道秩序的"所以然"的主张。[②] 佛学方面,如 1903 年译自日本报的《东亚冷观》一文,指出面对当时"东西种人竞争之界"问题,日人认为没有比以乔达摩的无歧视、普度众生之佛法,作为"世界归墟,人道究竟"更好的方法,展示出东亚知识人欲以东亚佛学中的"无歧视"作为世界人道秩序的"所以然"的主张。[③] 进化论方面,如 1903 年译自日本《太阳报》的《内治外交二大争斗时代》一文指出,"世界之文明,苟不能贡献于世界之人道,则其国民直无生存之价值,其为贡献文明,于世界人道之国民所侵削者,亦生存竞争之公理也。然此世界之文明,所以贡献于世界之人道者,其机非仅由国民之虚荣心而起,实系于生存之要,而得此自然之结果耳",认为"世界文明"即"专索不足贡献人道于世界之国土,泄其尾闾,是则国力扩张之谓也",展示出一种基于"生存竞争之公理"为世界人道秩序的"所以然"的主张。[④] 由上可见,"和的世界人道论"以儒家懿德、佛家无歧视为人道秩序,而"力的世界人道论"以西方的乐利主义与进化论为人道秩序。就此可见,两种"世界人道论"的高下分别,最后就归结于东方的"和"的关系—秩序思想与西方的"力"的关系—秩序思想到底孰优的问题。

---

① 中国之新民:《乐利主义泰斗边沁之学说(未完)》,《新民丛报》第 15 号,1902 年 9 月 2 日。

② 明夷:《孟子微(续第十七号)》,《新民丛报》第 19 号,1902 年 10 月 31 日。

③ 日本报:《东亚冷观》,《游学译编》第 4 册,1903 年 2 月 12 日。

④ 译太阳报:《内治外交二大争斗时代》,《汉声》第 6 期,1903 年 7 月 24 日。

　　虽然仍有人捍卫"和的世界人道论"，但在晚清之际，基本上知识人都在接受天演论的情况下，程度不一地接受了"力的世界人道论"，并逐渐从日本东学处学习与讨论该如何在"力的世界人道论"中生存的方法。如1903年《游学译编》刊登幕末桑名藩士、明治时代官员、东邦协会评议员小山正武(1849—1924)的《东邦之前途及立国之生命》一文，从富力、道义、地理、军备四个要素出发，讨论各国的生命力的强弱。其中谈到道义部分指出美国最强，是人道的捍卫者。通篇可见日本赞美与崇拜美国的心情，以及自诩为东洋第一的情感。小山分析完中、德、英、法、俄等列国的生命力四要素强弱问题后，最后夸奖美国乃是20世纪"奉戴天心，护持正义"，抑制其他雄邦跋扈，兼具实力与雄志而能无所顾忌地维护正义的国家，是"真正护持人道，保护世界之平和，优乎为之而有余"的国家，之所以能如此是因为其具有"美国魂"。① 由此可见，美国因为具有实力与雄志，故能"力压群雄"，维持力的均势平衡，大有成为"力的人道世界"中的领头人之势。在此可见，通过日人，中国知识人对"力的世界人道论"产生了更深层的理解，并逐步学习如何运用基于"抑制"而成的"均势"，在均势之力的世界人道秩序中生存与发展的方法。② 由此，中国知识人开启了以世界人道论作为外交辞令影响国际舆论的行动，如用以揭露日本的虚伪假象、③用以批判俄国之顽固专制、④用以呼吁列国保全中国不被分割。⑤ 凡此种种，显示出中国在进入世界语境的"人道"运用中已经开始化被动为主动。

　　不过需要注意的是，此时的"人道"在汉语和印欧语系的表述中意思并不完全相同，导致这种超越翻译的一般使用表意十分复杂。辛亥革命以后，这一现象尤为突出：或用于以世界和平乃人道之福的说法，呼吁中日同盟以获得黄白均势的和平人道世界；⑥或用以赞誉美国总统威尔逊发动美墨战争帮助墨西哥脱离胡尔泰的虐政一事，突出美国乃世界人道代表的形象；⑦或用以支持"一战"中代表世界人道的法军打败德军；⑧或用以呼吁青年兴起为民族国家、世界人道而战

---

　　① 小山正武：《东邦之前途及立国之生命》，《游学译编》第9册，1903年8月7日。

　　② 关于均势问题，可见杨天宏：《晚清"均势"外交与"门户开放"》，《社会科学研究》2008年第6期，页146—153。

　　③ 《论欧洲外交之机巧》，《外交报》第4卷第8期，1904年5月19日。

　　④ 饮冰：《俄国虚无党之大活动》，《新民丛报》第3年第3号，1904年8月25日。

　　⑤ 逸仙：《支那保全分割合论》，《江苏》第6期，1903年9月21日。

　　⑥ 李大钧：《敬告国民注重中日外交意见书》，《庸言》第1卷第8号，1913年3月16日。

　　⑦ 秉心：《美与墨》，《甲寅》第1卷第2号，1914年6月10日。

　　⑧ 张溥：《欧战之影响(致甲寅杂志记者)》，《甲寅》第1卷第5号，1915年5月10日。

的自觉心；①或用于讨论武器科学与世界人道相互冲突的现象；②或用以批评巴黎和会中对于世界人道的失信行为；③或通过批判世界人道等抽象名词来呼吁知识人应多谈些问题而少谈些主义；④或用以肯定苏维埃政府成立保存艺术与历史的古迹部实为世界人道谋求幸福；⑤或用以批判湖南煤矿中水工所受待遇不合世界人道；⑥或以德国转向为例讨论国家主义与国际主义世界人道观的不相容现象；⑦或用以呼吁世界各国主持人道正义者应共同批评英日在上海的惨杀行动。⑧ 综上可见，世界人道论在辛亥革命后，或用以处理黄白种界均势问题，或用以标榜美国；在"一战"之后，则转为一种舆论语言试图影响国际局势，或讨论国家主义与国际主义优劣的问题，或反思科学对世界人道的破坏，或用以表达对巴黎和会失信的失望心情；在新文化运动开始后，则转为呼吁青年应立即自觉世界人道之抽象而应当多做少说；在俄国革命后，则转为推出俄式的世界人道论，以及通过马列主义视野，批判英日帝国主义的屠杀与侵略。短短数年间，"人道"似乎成为世界上最时髦的"武器"和"保护伞"，放之四海而皆准，使用者却各自有自己的主张和理解。

　　这一阶段，人道秩序的所以然有从传统天道观转为吸收融入西方话语后的文明与自由观的近代转向，处理范畴在国内有从"群"到"社会"的近代转向，在国际外交处理场域则有从天下观中的华夷四方到世界观中的中国与列强的近代转向。1907 年《就社会主义以正革命之义论》一文指出："民族革命不脱复仇主义，政治革命亦不脱专制，不过易姓改朝之瓜代，而不谓之真革命。使果中国今日犹为此革命也，吾决其无济于社会，无益于人道也，徒生扰乱，世界之平和，人道之大同，世界之极乐，终不得也。"⑨由上可见，经过融合和扩充后的"人道"概念，至少在字面意义上已经成为联结中国社会乃至全世界关系互动新秩序的重要共识

---

①　高一涵：《共和国家与青年之自觉》，《新青年》第 1 卷第 1 期，1915 年 9 月 15 日。

②　法孝：《科学之威力与实业之将来（译实业之日本）》，《大中华》第 2 卷第 8 期，1916 年 8 月 20 日。

③　常：《不要再说吉祥话》，《每周评论》第 28 期，1919 年 6 月 29 日。

④　胡适：《三论问题与主义》，《每周评论》第 36 期，1919 年 8 月 24 日。

⑤　A. Lunachoarsky 著，震瀛译：《苏维埃政府底保存艺术》，《新青年》第 8 卷第 5 期，1921 年 1 月 1 日。

⑥　吴桢：《湖南煤矿水工惨状》，《新青年》第 9 卷第 3 期，1921 年 7 月 1 日。

⑦　吴俊升：《国家主义的教育之进展及其评论》，《少年中国》第 4 卷第 10 期，1924 年 2 月。

⑧　西滢：《闲话》，《现代评论》第 2 卷第 27 期，1925 年 6 月 13 日。

⑨　千夜（褚民谊）：《就社会主义以正革命之义论》，《新世纪》杂刊之一，1907 年，收入张枏、王忍之编：《辛亥革命前十年间时论选集》第 2 卷（北京：生活·读书·新知三联书店，1978），页 1015。

与基本概念。

三、晚期论述："主义""正义""我们""惨无"

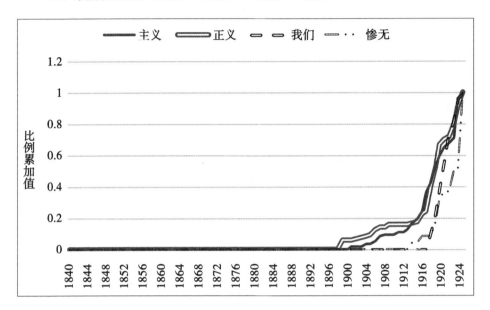

图 5-6　数据库(1840—1925)中与"人道"概念晚期共现的
高频概念词历年共现比例累加值图

在 1911 年辛亥革命后，由"人道"概念的主要共现词可看出三种现象：其一，人道所关注的价值从"文明""自由"转向"正义"；其二，"人道"概念中的"人"观从一体无别的"人"转为具有一贯性、排他性、指向性的"我们"，"道"观根源则从包容性(inclusive)的"天道"转向排他性(exclusive)的"主义"；其三，"人道"与"惨无"组合成的短语"惨无人道"，成为帝国主义与军阀的固定形容。以上这些皆可视为"人道"概念经历西化融合之后趋于稳定和明确的指征。以下分从具体文献史料展开讨论。

（一）主义人道论

带着传统内涵的"人道"与极具时代特征的"主义"初次结合时，当时感到陌生的读者可能不会想到，它将比近代以来所曾提出的大部分"主义"都要长寿。

据目前所见材料，"人道"与"主义"概念组合，最早出现于 1901 年 12 月《清议报》刊登的《帝国主义》一文，译自日本《国民新闻》，基于德国哲学家蜚地（即费希特，Fichte，1762—1814）的理论，论述帝国主义征服的"正当性"，文中指出"人道"所保护的对象是所谓"文明人",全世界都必须走向所谓"文明世界"。这里的"人道"纯然是对译的结果,其意涵也完全是西方语境的。① 其后还有结合"乐利主义"谈"人道"的,②或主张"帝国主义"与"人道"相对者,③或就"和平主义"进行讨论,④乃至与"社会主义"结合论述,如 1906 年廖仲恺发表的《社会主义史大纲》一文,有"社会主义者,为人道而运动,决非对于富贵者,而为贫乏阶级抱不平也"的用法,其原文转引自美国基督教社会主义者布利斯(William D. P. Bliss,1856—1926)的 *A Hand Book of Socialism* 一书中介绍的英国社会学家颉德(Benjamin Kidd,1858—1916)的"社会进化论"主张,展现出"人道"与"社会主义"的早期概念共振。⑤从以上可见,"人道"概念在与各种"主义"的共振中,逐渐从过去作为包容性的概念位移至排他性的概念,而最终则以"人道主义"一词的出现,标志着"道"概念的排他性的形成与确立。

　　"人道主义"这一复合词的出现,可以视为"人道"与"主义"二者关系稳定的重要标志。据目前材料可见,较早出现在 1904 年 8 月《外交报》上刊载的译自日本 6 月 14 日《国民新闻》的《论日俄战争之真相》一文,主要援引桂相(桂太郎,1848—1913)"我国民之举动,悉守公法,于人道主义,未尝稍悖"⑥之日本"文明进步"说,驳斥俄国将日俄战争描述成异教与人种之战的说法。日俄战争后,在当时思想界逐渐发展出的"主义化"思想倾向下,"人道"概念从过去传统的包容性的"道"的概念,转向具备我群化与排他性的"主义式"概念。与王汎森"道"的"主义化"论述稍有不同之处在于,"人道主义"之所以能够获得如此久长的生命

---

　　① 译国民新闻:《帝国主义》,《清议报》第 100 册,1901 年 12 月 21 日。

　　② 如 1902 年《乐利主义泰斗边沁之学说》一文,梁启超认为过去旧道德中由道学家与宗教家所主张的去乐就苦的"窒欲说"乃是拂逆人性,是"人道之蟊贼",并认为人道的内涵乃是以乐利主义为主。见中国之新民:《乐利主义泰斗边沁之学说(未完)》,《新民丛报》第 15 号,1902 年 9 月 2 日。

　　③ 如 1903 年《续满洲问题》一文指出对俄战争乃"为人道战,为帝国主义之国家脱拉斯脱战",《续满洲问题(续十一册)》,《游学译编》第 12 册,1903 年 11 月 3 日。

　　④ 如 1906 年 11 月,《云南》刊登的《国家间之道德》一文认为,就历史事实来看,即使有万国公法,或是首倡俄国的万国平和会,因为没有配有法律实力的组织,因此即使有"公法",在暴国强兵之前也只是"一片之反舌",而所谓"人道"与"平和主义",也只是"漫谈之于口而已"。见反魂:《国家间之道德》,《云南》第 2 期,1906 年 11 月 30 日。

　　⑤ 渊实(廖仲恺):《社会主义史大纲》,《民报》第 7 号,1906 年 9 月 5 日。

　　⑥ 译日本明治三十七年六月十四日国民新闻:《论日俄战争之真相》,《外交报》第 4 卷第 18 期,1904 年 8 月 25 日。

力，恰在于其“道”之包容性，使得它以“主义”之名进入时代话语的同时，仍能通过“道”的盈虚消长特质游走于各种“主义”之间，成为各方皆引以为正当的核心价值。①

因此在 1904 年“人道”概念朝向“主义”化发展后，“人道主义”即开始广泛应用于革命派、立宪派等相对抗的政治表述中。如 1906 年 6 月，《民报》刊登署名恨海的来函，建议《民报》不要再跟梁启超辩论，认为梁启超就是利用革命党人的谩骂来哄抬他自己的地位，谋得官职利益，并以《民报》之发达为“奴隶主义之消灭而人格主义之发达也，强制主义之消灭而人道主义之发达也”。② 在这里，革命派的民族革命论述重组了“人格主义”与“人道主义”，而与“奴隶主义”和“强制主义”对立，展现出一种具有排他性、一贯性、意志论式的“民族革命论述中的人道主义”。而面对着革命派的“人道主义”，立宪派必须打破其概念里的一贯性与排他性，因此展现出一种选择性强调“人道主义”中的“人道”概念的论述策略，如1906 年蒋观云写了《精神修养论》一文，指出人生的目的就是“情”，因为“有情”，所以父子、夫妇、兄弟、朋友相亲相爱，国家社会能相互维持救助，进而能推广到“全世界之人类，而有人道主义”，推广到全世界的物类而有“爱物主义”，凸显的是“人道主义”中一体无别的“人道”概念，与革命派凸显“人道主义”中一贯排他性的“主义”概念产生了差异。③ 由此可见人道主义在革命与立宪之争中的多重诠释。

在上述语境下，无政府主义者的人道主义论述亦有其特点，他们不赞成以共和革命或君主立宪来实现人道主义，他们仔细思辨了“人道主义”的适用范畴，并作了深入讨论。引起他们思考的是两个问题：在形下世界，“排满”革命是否就是人道主义？在形上世界，人类中心主义的人道主义是否合法？ 前一

---

① 王汎森指出在用“主义”翻译“-ism”之前，人们常使用“道”之类的字眼去翻译，如把 social-ism（社会主义）翻译成“公用之道”。而从“道”发展到“主义”，则有一从传统包容性概念转化成一贯性、排他性、意志论概念的现象。大约是从 19 世纪 90 年代开始，“主义”一词在中国逐渐流行，并且为士人、官僚等跨界使用。关于中国近代主义概念的发展与主义化倾向，可详见 Ivo Spira, *Chinese-Isms and Ismatisation: A Case Study in the Modernisation of Ideological Discourse* (Norway: University of Oslo Press, 2010)；王汎森：《“主义时代”的来临——中国近代思想史的一个关键发展》，《东亚观念史集刊》第 4 期（2013 年 6 月），页 3—90；彭卿、金观涛、刘青峰、邱伟云、谢旭、钮亮、刘昭麟：《初探“主义”观念在中国的形成和演变——兼论数位方法与人文的互动》，第十一届数位典藏与数位人文国际研讨会论文，“中研院”数位文化中心、台湾数位人文学会主办，2020 年 12 月 1 日—4 日。

② 恨海：《其二（来函）》，《民报》第 5 号，1906 年 6 月 26 日。

③ 蒋智由：《精神修养论》，《新民丛报》第 4 年第 16 号，1906 年 10 月 2 日。

方面的讨论如 1907 年《与友人书论新世纪》一文，提出一种所谓的"反对人道之敌为主义"，在此主义下，不管是毫无人道的清朝统治者还是不以理而以武力对付中国的日、俄、德、法、美诸国，都是人道之敌而须打倒。① 因此若是基于"反对人道之敌为主义"，那么"排满"行动也成为须打倒的人道之敌，此处展现出无政府主义者追求终极无差别平等的人道主义。后一方面的讨论如 1908 年《无政府说》一文，提及对于有人提出"人道主义亦为狭小，人类可平等，而禽兽不可平等，人力车之不合人道，非之者大有其人，而牛车马车等非之者便少，何厚人类而薄牛马耶"的批评只能默然良久，因为"苟无知识以感苦乐，则人怜之者亦甚无为"，这里看似批评人道主义中的人类中心论，但实质上是意图点出"人道主义"的意义在于知识启蒙，只有让全世界都意识到"人人平等"，那么"人道主义"才有意义，不然对于所保护者可能就是一种不人道的行为，例如奴隶自愿为奴是为了想逃避赋役，如果基于人道主义去拯救，反倒使奴隶觉得受不到主人保护而必须承担劳役之苦，反而觉得人道主义是不人道的，这里的差别在于奴隶思想中的"人道"是能让自己的生活安定，而知识人脑中的"人道"是人人平等，从中可见在"人道"概念包容性下所形成的多重诠释，以及产生冲突现象的关键所在。②

　　时至辛亥革命后，民国初年的知识界对人道主义进行了更为细致的思考，其中较为特别的有二：一是对为何美国有时表现人道主义有时则否的问题的理解，二是用人道主义赋予殖民国家殖民行动的合法性。前者如 1914 年《记墨西哥革党惨杀英侨奔董始末》一文，提出在美菲问题上有主张美国为人道主义表率者，但同时在美墨问题上却又认为美国不具有人道主义，究其原因是菲律宾太远，因此美国不易与之连结故才放弃，而墨西哥较近，得以连结，故不愿放弃，这是美国是否展现人道主义的关键所在。③ 从此可见时人通过现实经验，更深刻地认识到美国式"人道主义"的特征，就是对于利害关系较小或是较为陌生、较远的人会施以"人道主义"，但若是较近、较为熟悉、利害关系密切者反而就不会生出"人道主义"，因此美式"人道主义"与"利害关系"看来是呈现反比情况，"利害关系越

---

　　① 《与友人书论新世纪》，《新世纪》第 3 期，1907 年 7 月 6 日，收入张枬、王忍之编：《辛亥革命前十年间时论选集》第 2 卷（北京：生活·读书·新知三联书店，1978），页 985。

　　② 民（李石曾）：《无政府说——书〈民报〉第十七号〈政府说〉后》，《新世纪》第 31—36、38、40、41、43、46、47、60 期，1908 年 1 月 25 日—8 月 15 日，收入张枬、王忍之编：《辛亥革命前十年间时论选集》第 3 卷（北京：生活·读书·新知三联书店，1978），页 165。

　　③ 王侃叔：《记墨西哥革党惨杀英侨奔董始末》，《庸言》第 2 卷第 4 号，1914 年 4 月 5 日。

大"则越不易产生"人道主义"，"利害关系越小"越容易产生"人道主义"。后者如 1914 年《非律宾自治案》一文，详细说明了在自治案通过后八年的自治准备期间的详细内容、步骤与过程，以及菲律宾自治案获得美国民主党与共和党全数赞成的原因。[①] 作者翻译此文主要是想指出美国与其他列强殖民母国不同，在"殖民史上，已放人道主义之异彩"，这里就是以"人道主义"赋予殖民行动合法性，证明美国不同于其他殖民母国把殖民地当作财富与奴隶的来源，而是尽心地经营建设殖民地，让其民具有自治的能力，这就是一种"美式人道殖民主义"的展现。由上可见，民初之际随着对更为复杂的国际外交事务的认识加深，在"人道主义"问题上也产生了更为复杂的辩证讨论。

　　而 1915 年新文化运动开始后，则开启了新一轮的人道主义论，从个人乃至与家庭及社会关系进行讨论，用以推翻儒学或捍卫儒学。在推翻儒学方面，如 1915 年杨昌济(1871—1920)发表《改良家族制度札记》一文，基于人格平等，反对社会中仍存纳妾之制，[②]文中特别强调"人道主义"概念，甚至作为全文诉求的所以然，如文中首先提到英国的寡妇有独立财产，得以自由嫁人，不管父亲还是亡夫的族人都没有干涉的权力，这就是"个人自由"与"人道主义"的展现。这里可见杨氏肯定英国的古典自由主义的消极自由精神，因为寡妇改嫁并未侵犯他人自由，故他人也不能干预其自由嫁人行动，赋予寡妇消极自由权利，杨氏认为这便是人道主义的展现。又如 1917 年吴曾兰发表《女权平议》一文，反驳中国传统认为内外可相对抗，男女可称平等的传统"人道"之意，文中在解构了中国传统"人道"概念后，重新定义近代"人道"概念，指出"吾国专重家族制度，重名分而轻人道，蔑视国家之体制"与"天尊地卑，扶阳抑阴，贵贱上下之阶级，三从七出之谬谈，其于人道主义，皆为大不敬，当一扫而空之，正不必曲为之说"。[③] 由此可见，吴曾兰将"人道"概念从与传统儒家德性伦理学中尊卑名分道德相合的话语中抽离出来，并重组于基于近代西方正当行为伦理学的法律与现代国家体制之中，因此"人道"就与"道德"无涉，也并非以"道德"为其根源，而是由"法律"加以保护与维持，展现了近代"人道"概念有从"合道性'人道'概念"转向"合法性'人道'概念"的变化轨迹。再如 1919 年吴康(1895—1976)发表《论吾国今日道德之根本问题》一文，对于道德革命发表意见，主张孝道作为一报恩义务，不能成为 20 世

---

　　①　渐生：《非律宾自治案》，《甲寅》第 1 卷第 3 号，1914 年 7 月 10 日。

　　②　CZY 生(杨昌济)：《改良家族制度札记》，《甲寅》第 1 卷第 6 号，1915 年 6 月 10 日。

　　③　吴曾兰：《女权平议》，《新青年》第 3 卷第 4 期，1917 年 6 月 1 日。

纪世界日趋大同的道德本源,基于此,吴康主张应追求新道德,至于新道德标准,亦即发达个人利己心与极端自由思想的人道主义、平等、博爱等诸话语。[①] 由上可见,民初新一代知识人正是用基于古典自由主义、近代法律、个人利己心与极端自由思想的人道主义论去推翻儒学传统。而在捍卫儒学方面,如 1916 年《中国文化与世界之关系》一文,指出西方基督教人道主义是"怜贫",而东方孔子人道主义是"尊贫",前者是一种不平等的施救心态,即仍预设强弱,而后者是一种平等的尊重,预设为平等无差别,可见东方人道主义不会有人我强弱之见,也不会有一旦翻身变成富人后便遭人仇视的现象产生,较西方人道主义好。[②] 又如 1923 年余家菊(1898—1976)发表的《教会教育问题》一文,把基督教视为"神道主义",而视孔子为"人道主义"代表,认为人道优于神道,天下自有公论,因为"基督教之教人相爱是因为上帝的原故,孔子之教人爱人是教人发展其天性"[③]。由上可见,晚期阶段另一批知识人是用基于平等无差别与爱人之天性的强调包容性的孔子式人道主义论去捍卫儒学传统。在上述讨论中可见,同以"人之相爱"作为"人道"的内涵,却可见两种渊源:一是基督宗教式以外在超越的上帝作为"相爱的人道"的秩序维持力量,一是孔子式以内在超越的天性作为"爱人的人道"的秩序维持力量,由此可进一步推出中西两种人道主义类型:中国是一种"内在超越的包容式人道主义",西方是一种"外在超越的排他式人道主义"。就此或可解释,当西方 20 世纪后"外在超越"被科学所除魅而失去维持"人道"秩序的力量后,西方人也就不再有动力去实践"相爱的人道",因为外在超越已经消失,也就无需再维护人道秩序了;反观中国人道秩序始终是自体生发,所以只要中国人愿意,每个人都能基于内在超越的天性体现"爱人的人道"秩序,这正是中西两种人道主义的差异所在。

晚期阶段所以出现上述两种不同的中西人道主义类型的认识与争辩,关键在于有别于晚清士绅的民初新一代知识人,想要用排他性的西方人道主义去取代包容性的中国传统人道思想,以此完成在辛亥革命后进一步必须通过排除传统儒学以完成的思想革命。内涵丰富的西方人道主义思想,正在此时通过当时新一代知识分子的大量文学作品译介被引入。如 1917 年刘半农(1891—1934)翻译了英国幽默与人道主义诗人托马斯·胡德(Thomas Hood,1799—1845)的

---

①　吴康:《论吾国今日道德之根本问题》,《新潮》第 1 卷第 2 号,1919 年 2 月 1 日。

②　金楚青来稿:《附录 中国文化与世界之关系(续)》,《大中华》第 2 卷第 2 期,1916 年 2 月 20 日。

③　余家菊:《教会教育问题》,《少年中国》第 4 卷第 7 期,1923 年 9 月。

缝衣曲"Song of the Shirt"（后来译为《衬衫之歌》），被称为"鼓吹人道主义最力之作"①；又如1918年在《人的文学》一文中，周作人（1885—1967）指出人道主义不是"世间所谓'悲天悯人'或'博施济众'的慈善主义"，而是"个人主义的人间本位主义"，而符合人道主义的文学方为"人的文学"；②再如1919年周作人翻译了俄国著名短篇小说家契诃夫（Anton Chekhov，1860—1904）的《可爱的人》一文后加以评论指出，契诃夫的原意与他一样，虽不去批评看起来很真诚、可爱与可怜的Olenka，但却诅咒造成她这种性格的社会，并希望将来女子成为有自我人格的人，与男人一样做人类事业，为自己与社会增加幸福，只有如此才是真正贯彻人道主义；③其他还有同年周作人翻译的俄国文学家安德列耶夫（Leonid Andrejev，1871—1919）的作品《齿痛》，译文后引用安德列耶夫的话提到"我们的不幸，便是大家对于别人的心灵，生命，苦痛，习惯，意向，愿望，都很少理解，而且几于全无。我是治文学的，我之所以觉得文学可尊者，便因其最高上的功业，是在拭去一切的界限与距离"，周作人认为安德列耶夫这样的主张可以作为"俄国人道主义的文学者"的宣言。④ 乃至1921年11月田汉的《恶魔诗人波陀雷尔的百年祭》一文，翻译波特莱尔（Charles Pierre Baudelaire，1821—1867）的诗文，关注其中的颓废观念与恶魔主义，将过去"人道"与"恶魔"相对立的思维习惯扭转为"人道＝恶魔"。为何出现这种"人道"概念转型现象？这是来自对"人道"概念的价值颠倒，在田汉的大乘哲学之下，"人道"即成了"既是善恶又非善恶之道"，当能出入于是非对错之间又不为是非对错所拘时，才是真正的"人道"。⑤ 从以上举例可见当时知识分子是如何从文学中发现与深刻讨论西方形上的人道主义精神，而从这些展现西方人道主义思想的作品中可见，新一代知识人追求的不再是一体式、包容式的人道，而是个体式、情感式的人道。⑥

①　刘半侬（刘半农）：《灵霞馆笔记·缝衣曲》，《新青年》第3卷第4期，1917年6月1日。

②　周作人：《人的文学》，《新青年》第5卷第6期，1918年12月15日。

③　Anton Tshckhov（契诃夫）著，周作人译：《可爱的人》，《新青年》第6卷第2期，1919年2月15日。

④　L. Andrejev（安德列耶夫）著，周作人译：《齿痛》，《新青年》第7卷第1期，1919年12月1日。

⑤　田汉：《恶魔诗人波陀雷尔的百年祭》，《少年中国》第3卷第4期，1921年11月。

⑥　关于人道主义在文学讨论中的表现，可详参章可：《中国"人文主义"的概念史（1901—1932）》（上海：复旦大学出版社，2015）第七章《利己与利他：周作人与人道主义》。而当时除了讨论人道主义的形上精神之外，这个词还用于讨论有关全球卫生医疗的问题，属于这时期的一个特点。如1915年10月，《大中华》上发表翻译自美国《科学日报》的《美国政府之公众卫生局》一文，目的是将当时美国在公众卫生问题上的最新机构、制度等介绍到中国，希望提升中国对于公众卫生的重视。文中讨论自14世纪末开始的防疫概念，乃至提到外国船只检疫制度时指出，过去 （转下页注）

　　同时期随着 1917 年俄国十月革命的成功，"人道主义"与之共振还展现出一重 "俄国式人道主义"的变化。1917 年《俄罗斯革命与我国民之觉醒》一文，洞烛机先地从俄国革命事件中，看出了俄国之"道"将取代德国之"道"的机会，并敏锐地判断出俄国革命于世界大势中的意义，文中从俄国革命出发指出应有的觉悟之一，就是若德国取得胜利则君主主义、侵略主义将长久凌驾于民主主义与人道主义之上，而俄国革命乃是"革世界君主主义、侵略主义之命"，非仅"革俄国皇室之命"，①该文首次在中国人眼前展现出"俄国式人道主义"。又如 1918 年李大钊在《BOLSHEVISM 的胜利》一文中，主张德国的失败乃是德国皇家的失败，不是德意志民族的失败，而打败德国军国主义后取得的胜利，亦非参战者的胜利，而是人道主义、民主主义、世界劳工阶级的胜利。最后文中指出今日已经是赤旗飘扬，劳工会纷纷成立的世界，俄国式革命已成为 20 世纪式的革命潮流。② 由上可见陈独秀与李大钊等人重组了人道主义与民主主义、社会主义，用以对抗君主主义、侵略主义，目的就是取代过去以法国大革命为代表的、资产阶级的法国式人道主义革命，提出俄国革命是结合人道主义与民主主义、社会主义的更为符合中国需求的革命形式。而 1919 年 12 月李大钊发表的《物质变动与道德变动》一文，则明确指出"英国式世界自由人道主义"已经是过去式。③ 由此可归纳出，俄国革命事件推动了"人道主义"的论述范围与对象的变化，从"法国式的博爱人道主义"与"英国式的世界自由人道主义"转向了未来的"俄国式的民主人道主义"。

　　在晚期论述伴随与围绕"一战"的讨论中，人道主义则或用以赞美威尔逊的外交政策，如对华政策、巴拿马运河税则修正案、哥罗比亚新条约等，④或用以肯

（接上页注）所以检疫外国船只是为了保护"商务"，但如今在公共卫生概念发达后，已经是为了保护国内人民，以及避免传染病扩散影响世界更多人，已经转为为"人道主义"而检疫，而非商务问题，这是古今防疫差异所在。再如 1916 年 10 月，《大中华》刊登《世界病院发达史》一文，指出"病院"的出现，正是文明、天理、人道战胜野蛮、私欲、不仁的表征，特别是"公共事业病院"的出现，都显示一种哀贫恤病战胜自私自利的"人道主义"，文明各国公设病院正是"人道主义"的表征。这也显示出当时"人道主义"与"公共事业"的医疗有关，亦即"人道"概念的重要性就伴随公共事业与世界医疗体系的建立而发展。以上参见翁长钟：《美国政府之公众卫生局（译美国科学日报）》，《大中华》第 1 卷第 10 期，1915 年 10 月 20 日；青霞：《世界病院发达史》，《大中华》第 2 卷第 10 期，1916 年 10 月 20 日。

　① 陈独秀：《俄罗斯革命与我国民之觉悟》，《新青年》第 3 卷第 2 期，1917 年 4 月 1 日。

　② 李大钊：《BOLSHEVISM 的胜利》，《新青年》第 5 卷第 5 期，1918 年 11 月 15 日。

　③ 李大钊：《物质变动与道德变动》，《新潮》第 2 卷第 2 号，1919 年 12 月 1 日。

　④ 蔡元培：《蔡孑民先生之欧战观：政学会欢迎会之演说》，《新青年》第 2 卷第 5 期，1917 年 1 月 1 日。

定法国必在"一战"中战胜军国主义/帝国主义/侵略主义的代表德国，并同时批评协约国与同盟国都自诩人道主义国家却行非人道主义之实，[①]这些使用皆未超出此前的论述范围，唯有一个具有时代特点的人道主义讨论，即晚期阶段出现的一种"能越快结束战争就越是人道"的主张，认为但凡能快速结束战争的强势武器或是进攻策略都是符合"战时人道主义"的。如 1915 年陈霆锐（1891—1976）发表的《军队卫生之研究》一文，主要翻译自《美国战报》，文中指出文明与文化进步带来武器研发，使子弹相较于过去为小，发射速率更快，因此研究者认为这样的武器发展是基于"人道主义"的结果。[②] 又如 1916 年《英报评瑞典人所述德国内情》一文，作者主张德国必须认真执行封锁策略，否则止战之日遥遥无期，就"人道主义"来说，解开封锁乃是"延长战争之病苦"与"遗后世以世界自由之祸根"，这是"大愚"。[③] 又如同期《大中华》刊载《子米弹（译美国马克鲁杂志）》一文，主要描述子米弹这一新武器的制造原理、使用方法，并指出"无论何种军器，苟非经军学家认其残忍性为无用者，则皆为公法所许"，正如公法禁止炸弹由空中掷下，是因为"其效绝小"，而非"人物损失"是否重大。文中还指出"一战"前数十年没有战争也不是和平会议的功劳，而是"德意志榴弹炮之力"，因此"子米毒弹"也可能是和平的前导。译者对于"公法"在战争武器上的规定是基于是否"有用"而不在于是否过于"残忍"感到非常讶异，指出："此等理由，真为吾辈局外人所未之先闻者。噫！公法乃如是耶，是真铁血为足恃耳。"[④]由此可见当时确实有战争就是以战止战的认识主张，凡是能快速止战的方法，都展现出缩短战期与减少痛苦的"人道主义"，这里可见一种不同于"和平止战人道论"的"残杀止战人道论"，亦即对于"全人类"而言，只要是能最快止战、避免波及更多人的方法，就是相对更为"人道主义"的。这种另类的"人道主义"主张，只有在世界大战这样的全球视野下才能成立，以牺牲一部分人而减少全人类的痛苦为"人道"，是晚期阶段特有的"人道主义"，其合理性正是建立在西方正当行为伦理学而非东方儒家道德伦理学之上。

　　"一战"之后，新一代知识分子对于人道主义比较有特色的讨论，有围绕"一战"以反省"物质文明"的，有用以评议劳工问题的，或是进行理论调和的，等等。在对欧战反省方面，如 1919 年罗家伦的《近代西洋思想自由的进化》一文，指出

①　记者：《续记欧洲战局之波澜》，《新青年》第 2 卷第 6 期，1917 年 2 月 1 日。

②　陈霆锐：《军队卫生之研究（译美国战报）》，《大中华》第 1 卷第 6 期，1915 年 6 月 20 日。

③　叶达前：《英报评瑞典人所述德国内情》，《大中华》第 2 卷第 6 期，1916 年 6 月 20 日。

④　幼新：《子米弹（译美国马克鲁杂志）》，《大中华》第 2 卷第 6 期，1916 年 6 月 20 日。

"一战"对于当今人类人生观的一大改变,就是对"极端物质文明"的反省,了解到人受物质文明过度支配会变成机械一般,因而反省人是否只是受物质支配而成为物质的牺牲,这是一种新的人生的觉悟,正因此,20 世纪高唱人道主义。这里罗氏所谓的"人道主义"是指"物质宰制人类后的一种反支配与人生觉悟"后重新对"人"的重视,因此称为"新生时代"。在此,"人道主义"又与"人的异化与物化"有关,不是过去那种政治、阶级压迫下呼吁应该重视人格与人权的人道主义,而是被物质宰制之下呼吁应该重视人的精神自由的人道主义,亦即"人道主义"的拯救对象改变了,从"被政治文化阶级压迫者"变为"被物质压迫者"。① 在评议劳工问题方面,如 1920 年《天津造币总厂底工人状况》一文,为杨赓陶根据天津造币总厂的情况所作的调查报告,文中以"人道主义"作为改善造币厂工人的工资、工时与进修环境的依据,如"因加工使工作时间延至十三四小时的,那就未免太不讲人道主义了",就此来诉求改善工人环境。② 又如 1925 年《中国与国际劳工会议》一文,提到国际劳工会议与国际劳工局乃是与巴黎和会同时设立,组织大纲也在瓦耳赛(即凡尔赛)条约中有明文规定,其组织就是基于"人道主义"而设立的,如规约指出:"各联盟国须在本国及与本国有工商业关系的国家,使男女幼工的工作状况合于人道主义,并以公平待遇方法对待一切工人。为达到此项目的起见,各联盟国须设立一种需要的国际组织。"由此可见,"人道主义"与"劳工"问题密切相关,主要是避免政府、资本家代表对工人的可能的不平等压迫或剥削,劳工问题转向世界化与国际化,全球劳工就是基于普遍性的人道主义加以连结而形成"大群",与作为人道之敌的"政府与资本家大群"斗争。③ 在进行理论调和方面,如 1921 年周作人在《达尔文主义》一文中,想对人道主义与达尔文主义原先的对立关系进行解纽,然后将"人道主义"与带有积极竞争发展意义的属于达尔文的"达尔文主义"进行重组,以避免人道主义落于保守与落后状态,其终极目的就是避免古老民族因过去"去奋进的人道主义"不善应变而难逃灭亡公例的危机。④ 此文把"人道主义"与"达尔文主义"进行调和,解决了传统人道主义不谈奋进的落后性问题。此后的人道主义论述就大略在以上论述范畴中,而

---

① 罗家伦:《近代西洋思想自由的进化》,《新潮》第 2 卷第 2 号,1919 年 12 月 1 日。

② 杨赓陶:《天津造币总厂底工人状况》,《新青年》第 7 卷第 6 期,1920 年 5 月 1 日。其他还有谈劳工问题的如陈独秀:《上海厚生纱厂湖南女工问题》,《新青年》第 7 卷第 6 期,1920 年 5 月 1 日;李次山编辑:《上海劳动状况》,《新青年》第 7 卷第 6 期,1920 年 5 月 1 日。

③ 愻慈:《中国与国际劳工会议》,《现代评论》第 2 卷第 35 期,1925 年 8 月 8 日。

④ 周作人:《达尔文主义》,《新青年》第 8 卷第 5 期,1921 年 1 月 1 日。

由"主义"与"人道"共现论的发展中可以看见我群性与排他性的出现，正是"人道"概念在晚期阶段最关键的转型特征。

（二）正义人道论

据目前所见材料，"正义人道论"在 1917 年才有一个量的转折飞跃，在此之前的用法符合"人道"概念转型期的特征，如以"虽其志似不酬，正义之所发动，人道之所奋扬也"肯定康、梁等人的变法；①或因美国欺骗菲律宾革命政府致使菲律宾亡国事件，评价美国"固立正义人道之鹄"的虚伪；②或用"准正义人道而行，未尝为野蛮无礼之举动"论证以抵制美货来应对美国禁华工的行动正当性；③或用"合于正义人道"来标榜建设型革命的价值。④ 这些用法十分多样，而共通点即是都仍肯定正义人道论，并未怀疑其价值。

辛亥革命以后，则出现了对正义人道论的怀疑论述，怀疑其作为处理国际外交事务时的正当性与普遍性，如批判日本"人道正义云者，外交家之谰言，岂足挂诸齿牙"⑤，主要用以质疑列强外交行动之合法性，尚未深入讨论正义人道论的意涵，这情况要直到"一战"后，面对国内外各种失信事件下，才促成对正义人道论的深刻讨论。1918 年伴随"一战"发展，基于当时不论中西学人都出现反对"一战"的现象，形成了一种对西洋文明怀疑的思潮语境，产生一些学者对于正义人道论的深刻思辨。1918 年 9 月，《新青年》刊登《质问东方杂志记者：东方杂志与复辟问题》一文，为陈独秀针对《东方杂志》于 1918 年所刊出的杜亚泉（1873—1933）《迷乱之现代人心》、钱智修（1883—1947）《功利主义与学术》、平佚编译自日本杂志《东亚之光》的介绍三位西方学者对辜鸿铭著作看法的《中西文明之评判》三篇文章进行反驳的言论。钱氏《功利主义与学术》一文中提出："二十年来，有民权自由之说，有立宪共和之说；民权之与自由，立宪之与共和，在欧美人为之，或用以去其封建神权之旧制，或借以实现人道正义之理想，宜若非功利主义所能赅括矣。"钱智修借此批评中国人以功利主义概括欧美盛世，并因此提出若要与欧美一样强盛则必须步趋其轨，遵循功利主义的主张。他反对时人基于功利主义提倡普及教育，蔑视高深之学的做法，认为中国人不明白西人提倡立宪共和的目的不仅是功利主义，还有在思想层面上去除封建与实现人道正义的深刻

---

① 译大坂朝日报：《东报译编·论中国政变前后状态》，《清议报》第 6 册，1899 年 2 月 20 日。
② 《菲立宾亡国惨状纪略（续第五期）》，《汉声》第 7、8 期，1903 年 9 月 21 日。
③ 汉民：《清政府与华工禁约问题》，《民报》第 1 号，1905 年 11 月 26 日。
④ 精卫：《驳革命可以生内乱说》，《民报》第 9 号，1906 年 11 月 15 日。
⑤ 张君劢：《评五国不分和公约（续前）》，《大中华》第 2 卷第 2 期，1916 年 2 月 20 日。

意涵。陈独秀则批评钱智修在此文谈功利主义部分时，只匆匆谈及边沁（Jeremy Bentham，1748—1832）与穆勒（John Stuart Mill，1806—1873），却未详述西方功利主义之由来，以及在西方功利主义的世俗之外，还有宗教生活此一大面相，因此批评钱氏的主张是一种偏见导致的学术结论。① 从以上争辩中可见，时人相较之前，已更为深刻地从西方思想的内蕴出发，去论辩思考何谓功利主义以及基于功利主义的正义人道论的合理性问题。

　　除了从功利主义的思想层面问题深刻思考正义人道论外，还有从"一战"事件的现世层面对正义人道论进行的深刻反思与讨论，试图从中去拨开"正义人道论"的自明性并进一步思考其"所以然"。1918 年 11 月，由陈达材所译，美国约翰斯·霍普金斯大学政治学系创始人、1917 年接任古德诺（Frank Johnson Goodnow，1859—1939）任中国政府法律顾问的韦罗贝博士（Westel W. Willoughby，1867—1945）在国际研究社之演说稿《协约国与普鲁士政治理想之对抗》一文中，建立了德国国际专制主义与协约国国际平等主义的对立话语框架。韦罗贝认为所谓"人道"就是表现在协约国对于他国，都是基于法律道德上之人格框架，给予平等的尊重主权的态度，没有强弱之别，且"对于他国内政，若非有大违正义人道之事，则彼此各行其是，不相强也"。不过，虽然不相强迫，但也不希望各国彼此分离无关，而是主张各国应组织"真正国际团体"彼此互助互利，正是基于此而有"国际法"的出现。韦氏认为此点与德国不同，从德国视国际条约如废纸，便可知德国违背不顾各国常存的"正义人道"。德国这样的主张行动，乃是基于德国国际法学者所主张不具"正义人道"的"国际专制主义"学说。此一学说不论"正义人道"，是因为德国政治学者主张超然神意论，他们视国家为"神奥之物"，是"超然之物"，因此自有权力、目的、达成目的的手段。基于此，所谓"国家权力"就是一种"命令权"，不仅是一般在法律上所谓具有绝对权与最高权的主权而已，"国家权力"是基于德国的自然神意论的结果。因此在德国，如果国家命令颁布，则不仅是内部的本国人民，连外在的他国，都不能以"道德"原则来加以议论，因为"自然神意"超越"人为道德"。所以，在德国眼里，国家性质根本就是一种"单纯之武力"。此种德国思想来源有二：其一，尼采（Friedrich Wilhelm Nietzsche，1844—1900）基于个人主义所主张的"自强"（Wileto Power）一说，被挪用到国家政治理论中；其二，多赉乞克（Heinrich von Treitschke，1834—1896）

---

① 以上参见钱智修：《功利主义与学术》，《东方杂志》第 15 卷第 6 期，1918 年 6 月；陈独秀：《质问东方杂志记者：东方杂志与复辟问题》，《新青年》第 5 卷第 3 期，1918 年 9 月 15 日。

主张自奋者无敌,懦弱之罪恶危险且可鄙,为政治上不可饶恕之罪,是"获罪于神明"的。从上述两种德国国家与国际思想根底中可见,弱小国家的权利如果想要从强大者的怜悯上得来是不可能的,因为懦弱可鄙,而经各国同意且履行百年并有"正义人道"为其价值后盾的国际法,也都可以捐弃,因为即使国家曾经有盟誓,也能因事机而不理会,就此可知,德国人认为,如果是出于德国国家之意,即使穷凶极暴也不能说是错的,因此国家之事没有是非,只有"命令"足矣。① 由此可见,通过"一战"中德国表现出的不正义人道的各种行动,时人认识到正义人道论并非全球普遍认同的价值,就此形成了"正义人道论"与"单纯武力论"二元对立的国际外交思想框架。

上述逐渐形成的具有排他性的正义人道论与前期不具明显排他性的正义人道论有所不同:前期主要用以自我标榜以取得行动合法性,因此不需排他;后期则主要用以形成舆论以攻击不具正义人道思想者,故具有排他性,1919 年后大量使用的正义人道论正是此种类型,或是对内用以谴责国内军阀以及批判国内政府法律不公,或是对外用以谴责日本与德国。在谴责国内军阀方面,如 1919 年《和平会议的根本错误》一文指出,南北的几次战争乃是"平民政治与官僚政治战争,法治思想与人治思想战争,正义人道与强权武力战争",因此与"官僚"之间根本没有调和余地,这是以正义人道论排除官僚。② 在批判国内政府法律不公方面,如 1919 年转录自北京《晨报》的《学生事件和国家法律的问题》一文,提到梁漱溟(1893—1988)就《国民公报》发表"论学生事件"一文主张学生应"到检察厅自首,判什么罪情愿领受",并各校学生都如此进行一事提出不同看法,指出有人主张若是国家与法律只讲强权不讲公理,只保护现状而不求进步,则"这种反乎人道正义的国家和法律,我们实在没有受他们裁判的义务",这是以正义人道论排除强权政府。③ 在谴责日本与德国方面,如 1919 年《中国国防军与日本的关系》一文指出,不明白日本政府在"一战"后仍持续借钱给段祺瑞组织并亲自指导"国防军"的目的为何,但不管是何目的,既然日本政府"高唱正义人道表白公明态度",并声明"不把助长内乱的借款和财政上的援助供给中国政府",就不该"一面卖那美名,一面又有这种阴险的计划",因此希望日本当局改变政策,避免中国对日加深疑惧,并呼吁日本政府如果要对中国政府展现诚意,就从停办国防

---

① 美国韦罗贝博士(Westel W. Willoughby)在国际研究社之演说,陈达材译:《协约国与普鲁士政治理想之对抗》,《新青年》第 5 卷第 5 期,1918 年 11 月 15 日。

② 高一涵:《和平会议的根本错误》,《新青年》第 6 卷第 1 期,1919 年 1 月 15 日。

③ 《学生事件和国家法律的问题》,《每周评论》第 22 期,1919 年 5 月 18 日。

兵下手,这是以正义人道论谴责日本方面主张继续帮助段祺瑞者;①或如 1919年高一涵发表《武人的下场》一文,针对协约国要求荷兰将德国皇帝威廉二世(Wilhelm II von Deutschland,1859—1941)引渡候审一事进行评论,指出国内政治犯可以逃到外国和租界,但像德皇此种"正义人道的仇敌"是插翅难飞,无路可走的,并盼望"世界上不讲正义人道的武人看一看维廉的下场",希望协约国能把世界所有武人抓去一起审问,这是以正义人道论谴责德国与世界上所有武人。②

随着排他性正义人道论的发展,知识人也在不断的排他过程中更为凝聚正义人道论的我群认同意识,形成一种呼吁世界正义人道论者一同合作,打倒非正义人道者的论述,有助于凝聚"我群性"意识。1919 年 5 月,《国民外交协会宣言》一文中指出"今何时耶? 非唱正义人道,将维持世界之公理耶"与"仍以野蛮之举动而偏悬文明之招牌,竟容受此横暴侵凌之所为,则殊有损文明国家之声价,正义和会之威严。使人觉所谓正义云者,人道云者,其实际不过尔尔。则人类对于大同之理想,将绝望于今后之世界",最后指出"敬告诸友邦,当此提倡弭兵之日,曷亦顾名思义,勿种此恶因,以为将来世界之祸源也",这里即试图以正义人道论去号召列强中的"我群",共同捍卫世界之正义人道。③ 而知识人在凝聚我群与排除他群的正义人道论述中,还更进一步认识到"我群"也能存在于"他群"中,通过号召他群中也肯定正义人道论的人加入,以壮大我群,如 1919 年 8月,高一涵发表《日本人应该觉悟的》一文,呼吁中国与日本方面的平民应该要同心协力地合作,并指出"究竟日本人要明白我们所排斥的日本人,是那种抱侵略主义的,不是这些讲正义人道的",中国所排斥的是抱持侵略主义的日人与压迫民众勾结卖国贼的日本军阀,而要与讲正义人道以及鼓吹黎明运动与社会运动的日本平民合作,共同在东亚创造新文明。④ 高一涵紧接着在下一期又发表《中日怎样才能够亲善》一文,呼吁中日两国提倡新文化者联手"把东方旧空气,用抽气机抽尽,好留点新空气的地步。等到人道正义的新空气满布全国,那些强权武力的旧空气自然是云散烟消了"⑤。 由此可见,高一涵已经意识到不能将日本视为连贯性的,要打倒日本帝国主义,可以联合日本内部讲正义人道的平民。在此可见,正义人道论所要排除的敌人已从"日本人"精准到"日本政府",这揭示出知

---

① 《中国国防军与日本的关系》,《每周评论》第 11 期,1919 年 3 月 2 日。

② 涵庐:《武人的下场》,《每周评论》第 32 期,1919 年 7 月 27 日。

③ 《国民外交协会宣言》,《每周评论》第 21 期,1919 年 5 月 11 日。

④ 涵庐:《日本人应该觉悟的》,《每周评论》第 34 期,1919 年 8 月 10 日。

⑤ 涵庐:《中日怎样才能够亲善》,《每周评论》第 37 期,1919 年 8 月 31 日。

识人对"正义人道论"中的"人"的组成与属性有了更深层次的思考。

　　当然，在肯定正义人道论的论述之外，也会有对于正义人道论价值逆反的主张出现，呈现出一种解构正义人道论价值的论述倾向，如 1919 年 5 月李大钊（1889—1927）在《秘密外交与强盗世界》一文中指出"人道""平和"这些名词都是强盗政府的假招牌，说："巴黎会议所议决的事，那一件有一丝·毫人道，正义，平和，光明的影子！那一件不是拿着弱小民族的自由，权利，作几大强盗国家的牺牲！"①再如 1919 年 12 月，《新青年》刊登《杜威博士讲演录：社会哲学与政治哲学》一文，提及"极端的唯物派"主张类似德国资本家军阀派提出的"文化""法律""服从"，或是协约国提出的"自由""正义""人道"，看似不同，但其实都是用以号召与欺骗人民作为牺牲，以兹保全自身物质利益的话术，实际上德国资本家军阀派与协约国并未有理想冲突。②又如 1919 年 12 月，《新青年》刊登时年 32 岁的陶孟和所写《游欧之感想》一文，提出在巴黎和会后，"欧美有名的政治当局的口声声的讲什么人道，正义，自决，和平，那些好名辞"的美梦破灭，终于意识到国际上只讲势力而不讲正义人道，③直到 1921 年 1 月，朱镜宙（1889—1985）在《少年中国》发表《南洋问题与吾华民族》一文，仍在批判正义人道论，文中谈及山东问题时，以譬喻方法去谈人道、公理、正义就像糖面的"金鸡纳"，表面甜，内容苦。④要注意的是，此种价值逆反论述，所逆反者为早期由列强所代表的那种一体式的、口惠式的正义人道，而对于具有排他性的正义人道则是仍表示肯定的，由于正义人道在当时具有这样的双层意义结构，故呈现出一面主张正义人道、一面又反对"正义人道"的矛盾论述景象。综上可见，晚期阶段知识人对于正义人道论的认识相较早期更为深化，因此出现排他性、我群性以及价值逆反三种思想倾向。

　　1921 年中国共产党建立后，代表平民大众的共产主义话语兴起，正义人道论主要围绕排他性方面继续被阐述，将正义人道的敌人从"军阀与列强"转为"资本主义与帝国主义"，继续揭露西方非正义人道国的真面目。如 1921 年陈独秀的《太平洋会议与太平洋弱小民族》一文，敏锐地指出"在资本主义帝国主义的大海中，没有一滴水是带着正义人道色彩的呵"⑤；再如 1922 年 11 月《向导》刊登《资本

---

①　常：《秘密外交与强盗世界》，《每周评论》第 22 期，1919 年 5 月 19 日。

②　杜威讲，高一涵记：《杜威博士讲演录：社会哲学与政治哲学》，《新青年》第 7 卷第 1 期，1919 年 12 月 1 日。

③　陶履恭：《游欧之感想》，《新青年》第 7 卷第 1 期，1919 年 12 月 1 日。

④　朱镜宙：《南洋问题与吾华民族》，《少年中国》第 2 卷第 7 期，1921 年 1 月。

⑤　陈独秀：《太平洋会议与太平洋弱小民族》，《新青年》第 9 卷第 5 期，1921 年 9 月 1 日。

主义世界的休战纪念》一文,揭露过去英国政客们以"为人道正义自由"而战,哄骗全世界人民上屠杀场,最后却也没有终止战争的谎言。[①] 以上可见共产主义叙事中将正义人道的敌人从"军阀与列强"转为"资本主义与帝国主义"。而 1923 年 7 月《向导》刊发《美国侨商团体之对华主张》一文,作者基于上海晚报刊载代表旅华美商全体之意见的上海美国公会及商会致美国政府电文,对"美国一向主张和平、正义、人道的原故。但是这些人道和平正义的假面具,现在已轻轻的为美国两团体的电报戳穿了"的事情提出看法,指出美国过去与中国友好是因为帝国主义势力尚未长成,尚未投资中国,然而如今美帝国主义势力扩张,投资日多,就显露帝国主义凶恶面目;[②]又如 1923 年 8 月《向导》刊登《摄政内阁卖国卖民之点将录》一文,批评颜惠庆、顾维钧、王正廷、王克敏、冯玉祥、张国淦、傅增湘等人,过去都是被国人信仰的名流,如今却成曹锟走狗并与"人道正义"的美国交好而串卖中国。这里用讽喻法批评与揭露美国的伪正义人道形象。[③] 以上可见正义人道论在共产主义叙事下,继续揭露西方非正义人道国的真面目,以及将正义人道的敌人从"军阀与列强"转为"资本主义与帝国主义"等现象。

　　正是在将正义人道论从原先依附的西方先进国身上卸下后,中国无产阶级成为正义人道的代言人,如 1925 年 5 月《向导》刊登《五四纪念与民族革命运动》一文,在五四运动六周年纪念日时,回顾并重新定调五四运动的性质,在"学生运动"与"新文化运动"之上再添加"民族运动"性质,并指出作为政治运动的五四运动乃是一个分水岭,即从"求帝国主义之援助"转向"打破义和团失败后天经地义的尊洋主义",这也是"五四"在中国民族运动史上最值得纪念之处。五四运动前的一段时期,中国社会还被美国威尔逊欺骗,对帝国主义能帮中国争取"正义人道"抱有幻想,因此当时运动主要偏于排日,但在五四运动后,通过几年以来英、美、法、日各帝国主义对中国的压迫事实,一般平民也意识到必须要扩大民族革命战线,从对付"某一帝国主义的强国"转向"对付一切帝国主义的列强",以及从"苟且偷安栖息于军阀统治之下而图目前的'和平秩序'"转向"反对现在这种帝国主义和军阀统治中国的'秩序'",力主积极革命,这正是五四运动分水岭的意义。正是在上述转向叙事下,"正义人道论"确立了列强正义人道论与无产阶级正义人道论的双层结构:一方面是帝国主义列强的假面具,是"虚假的正义人

① 田诚:《资本主义世界的休战纪念》,《向导》第 9 期,1922 年 11 月 8 日。
② 仁静:《美国侨商团体之对华主张》,《向导》第 33 期,1923 年 7 月 18 日。
③ 巨缘:《摄政内阁卖国卖民之点将录》,《向导》第 34 期,1923 年 8 月 1 日。

道"；另一方面是中国无产阶级代表的"真正的正义人道"，而真必然能胜过假。在此翻转下，中国人具有信心基于真正的正义人道，掌握道德至高位置，胜过那些过去的虚伪的正义人道者，重新站上世界舞台。①

（三）我们人道论

据目前所见材料，"我们"与"人道"概念组合共振，最早出现于 1918 年 7 月，时年 33 岁的邓萃英（1885—1972）写信给时年 31 岁的钱玄同（1887—1939），《新青年》刊登了两人来往书信《文学革新与青年救济：邓萃英——致玄同，附钱玄同复邓萃英函》一文，主要讨论文学革新与青年救济的事情。邓萃英对于《新青年》与守旧派的辩论提出两点主张：其一，应聚焦强调老先生之罪乃是在戕贼青年，犯下的是精神杀人罪，而不是只关注他们的"不通"与"自诩"问题；其二，标定新青年们的诉求目的是"救济青年"与"表扬文学"，而不仅是只想攻击老先生之"不通"而已。对于邓氏的书信，钱玄同回应指出，不仅老先生这些"遗老"反对文学革新，还有一批二三十岁的少年人也学老先生做考证、札记等工作，并追念清廷而诅咒民国，自诩为"遗少"的学生也都一同批评新青年们，这类学生根本无法教育，除此之外，整个社会环境也很不好，如有做投机事业的新书店印行诗话与文集，或是剪了辫子的"半边和尚"混到中小学教语文，使得有堂堂中华民国的中学校学生听见人家称伦理学为 Ethics 会愤而怒骂其不爱国。就此钱玄同指出实际情况并非邓萃英所谓"全国中小学生现仍在倒悬之状态中"，因为中小学生与暮气甚深、呻吟垂毙的青年们根本就是老先生的同路人。钱玄同认为如此语境下根本没法去救济青年，只能建议中华民国的一切政治、教育、文艺、科学都学习人家的好样子，并扑灭行了数千年的"老样子"，钱氏期望让学习教育专业的邓萃英想想办法。文中，邓萃英指出："他们若肯老老实实吃一碗闲饭，我们自必谅其苦情（此因并不是他们做的，他们特收其恶果耳），不必与他为难；无奈他们执迷不悟，不但以此自诩，并欲以此陶铸青年；所以我们为'人道'计不得不与之宣战；宣战之目的实在于是。"②由此可见，遗老乃至一切拥护固守数千年"老样子"的人，都是"我们"为"人道"而宣战的敌人。晚期阶段的"人道"概念通过与"我们"概念的共振，更加强化并凸显出论战语境下的我群性特征。

这种具备一贯性、排他性、意志论特性的"我们人道论"中的"他者"，还包含

① 双林：《五四纪念与民族革命运动》，《向导》第 113 期，1925 年 5 月 3 日。
② 邓萃英、钱玄同：《文学革新与青年救济：邓萃英——致玄同，附钱玄同复邓萃英函》，《新青年》第 5 卷第 1 期，1918 年 7 月 15 日。

使中国长期男女不平等的儒家道德伦理秩序与社会环境。如 1919 年王会吾（1898—1993）的《中国妇女问题——圈套——解放》一文，将"少年中国"里的成员，视为"人道主义"的支持者，希望获得他们的支持，一同进行男女平权的运动，如言"敌军是行近了，轰然大炮的声音，振作了我们好些精神，现在就是快快地警醒大本营的弟兄，即速搭入前线，鼓励着大多数的预备兵，立刻整备赶上战场，还要求那中立国，为着人道主义，加入我们合为联军"，为女子获得经济独立与人格独立而奋战。① 就此可见，晚期阶段"人道"概念在"主义"与"我们"两个概念共振推动下，一面完成一贯性、排他性的概念性质转化，一面制造出敌我双方的二元认同框架，成为既能凝聚我群认同又能对抗他群的核心价值，为传统中国具有包容性的"人道"概念赋予了排他性色彩。

　　基于上述排他性与凝聚我群性的两种功能，"人道"与"我们"共振出现在各种檄文式的修辞中。如用以"讨伐中国传统思想"，1919 年鲁迅（1881—1936）在《新青年》发表的《随感录·六一》中发出"我们中国的人道怎么样"的疑问，并从另一个角度去理解"人道"，主张从传统"别人布施捐助的人道"转向近代的"个人竭力挣来培植保养的人道"概念，展现出以近代基于"个人"的人道对传统基于他人布施之人道的声讨；② 又如 1919 年傅斯年（1896—1950）在《新潮》的《随感录》一文中指出"我们拿人道的偶像，打礼教的偶像，是应该的"。③ 或用以"讨伐娼妓制度"，如 1919 年《废娼问题》一文中，李大钊以"人道"与"人权"为依据，指出"凡是侮辱人权背反人道的制度风俗，我们都认作仇敌，要尽最大的努力去攻讨他，征伐他，非至扑灭他不止"④。还有用以"讨伐无政府主义"，如 1920 年 7 月，时年 25 岁的恽代英《怎样创造少年中国？（上）》一文，指出"我们讲人道，是企求人类平等的幸福。所以我们不愿人家受掠夺，亦不愿自己受掠夺。若我们一天天走受掠夺的路，却谈什么无政府主义，这只是割肉饲虎的左道，从井救人的诬说"⑤。或是讨伐"重利盘剥者"，如 1920 年《组织农民银行驱逐"重利盘剥者"（Usurer）》一文，从解决不人道不自然的卖儿鬻女、逼妻下堂问题出发，思考根本问题所在，乃是因为农民被"重利盘剥者"所欺压，造成必须卖儿鬻女，逼妻下堂来还债，因此"我们要想救济这种不人道不自然的状态，须从驱逐'重利盘剥

①　王会吾女士：《中国妇女问题——圈套——解放》，《少年中国》第 1 卷第 4 期，1919 年 10 月。

②　唐俟（鲁迅）：《随感录：六一，不满》，《新青年》第 6 卷第 6 期，1919 年 11 月 1 日。

③　傅斯年：《随感录》，《新潮》第 1 卷第 5 号，1919 年 5 月 1 日。

④　常：《废娼问题》，《每周评论》第 19 期，1919 年 4 月 27 日。

⑤　恽代英：《怎样创造少年中国？（上）》，《少年中国》第 2 卷第 1 期，1920 年 7 月。

者'入手"①。或用以"讨伐自由主义经济模式"，如 1923 年《社会主义与个人》一文，提出"在原则上自由竞争（libre Concurrence）之有弊害，在现状下经济组织之不人道，我们都是很了然的"，这就可见"自由主义"与"我们人道"的"对立关系"的存在。② 还有用以讨伐"日本资本主义"，如 1924 年《九江码头工人罢工宣言》，对小工刘财明被日清公司中的一个"亡国奴化的日本人走狗中国人袁阿发"推入江里淹死，最后却被日本公司掩灭证据事件而引发的罢工运动进行讨论，此文就是该运动的宣言，其中在给日清公司的信函中指出："执事们！此次不幸贵公司职员袁阿发将我们的工友推到江里淹死了，所以我们为人道计为人权计，不得不起来以求自卫。"这里用的是"自卫"，而不仅是帮刘氏伸张正义，可见已经通过"我们"与"人道"共振，将原本属于欺压工人性质的个案上升为资产阶级和无产阶级，以及中日民族对立的事件。此处可见"人道"与"人权"在此成为"小群"向"大群"、弱势向霸权对抗时的重要武器。③

　　由上可见各种讨伐式檄文中"我们人道论"的排他性，具备使"人道"概念具有对外调动舆论去影响事件发展的能力，而以下的"我群性"论述，则是使"人道"概念具有对内凝聚认同，强化自身阵营的功能，展现出的是认同式修辞。如用以"凝聚亚细亚青年认同"，在 1920 年《亚细亚青年的光明运动》一文中，李大钊呼吁组成一种"新群"，一种以"青年"为中心，以"亚细亚"为范围的"新群"，这一"新群"的敌人就是占据主流的以"中老年"为中心的"旧群"。李氏提出"新群"的目的，是为去除国家主义的界限，将原先基于国家主义而感觉互有冲突的中华青年的反抗强权运动、日本青年的普选运动与劳工运动，以及朝鲜青年的自治运动，重新以"青年"与"反抗强权"为共同点加以凝聚，故其言"我们不觉得国家有什么可爱的道理，我们觉得为爱国去杀人生命，掠人土地，是强盗的行为，是背人道反理性的行为，我们只承认中华的学生运动，是反抗强权的运动"，李大钊希望团结基于所有亚细亚青年组成的"我们"的反抗强权的力量。④ 或用以"凝聚社会主义认同"，如 1921 年正在法国留学的李璜在《少年中国》发表《社会主义与宗教》一文称"我们的光阴有限，我们对于社会进力的日子不多，我们要求补过，赎罪，填恨，得福，我们该当立刻向有益人道的实际去着手。这些便是社会主义里根本

---

① 李四杰：《组织农民银行驱逐"重利盘剥者"（Usurer）》，《新青年》第 7 卷第 3 期，1920 年 2 月 1 日。

② 李璜：《社会主义与个人》，《少年中国》第 4 卷第 1 期，1923 年 3 月。

③ 《九江码头工人罢工宣言》，《向导》第 68 期，1924 年 6 月 4 日。

④ 李大钊：《亚细亚青年的光明运动》，《少年中国》第 2 卷第 2 期，1920 年 8 月。

的人道观念,这些便是社会主义积极的精神生活"。① 或用以"凝聚渐进认同",
如1921年李璜翻译的《知识界的责任》一文,直译自法国青年知识界明星亨利·
罢尔俾斯(Henri Barbusse,1873—1935)的原著,用以帮助当时中国知识界,此
文指出无论我们理想如何高尚,但仍不可忽略现世事实,因为"根据历史的事迹,
我们相信人道是日向进化的途程,但是这个进化是有次序的,促进进化,要不可
以太躐等,太躐等便往往生出反感,转把进化耽误了"②。由上可见,"我们人道
论"除了具有排他性外,其实还兼有超越国界、种界、代际的包容性,这是"人道"
概念近代转型后才具备的双重特性。

　　而在上述排他性的檄文式与我群性的认同式论述外,还有调和式论述,或
用以调和当时知识界对于"资本主义"的全面讨伐,或用以反思"我们人道论"
中排他性的非理性与不全面问题。前者如1921年王光祈(1892—1936)从德
国写信到《少年中国》,讨论分工与互助的问题。文中指出分工虽是伴随资本
主义发展出来的制度,也具有让人因终日从事局部劳动而如同牛马,又因无法
掌握全部制造技能而不能独立营生,故仍须投降于资本权力之下的问题,但仍
不能因此而漠视分工确实能造就物质文明世界此一优点,王氏主张不应像无
政府主义者一样因反对资本主义而连带反对分工制度,因为"伴资本主义而发
生的一切制度,则不必尽是违背人道,摧残人类。只要我们用之得当,更将造
福人类。何必一概排斥",主张不该全部排斥而使人类退化回到原始世界中。③
后者如1921年,时年26岁的谢循初(1895—1984)甫自美国芝加哥大学毕业,
获心理学硕士学位,便翻译出《原人心理》一文刊登在《少年中国》,此文指出人
类有抬高过去习惯行为的倾向,例如尊重与照顾老人行为在历经一段时间后
会成为习惯,再历经一段时间后则成伦理,成为伦理后若不遵行就被人视为无
耻与"不合人道",但文中以"爱斯开满人"(Eskimo,今译爱斯基摩人)为例,指
出当地人认为作为子女必须杀掉年老不能自立以及不能为家庭、社会谋幸福
的老人,否则社会就认为子女"不孝",就此对比下"照我们看来,这是不合人
道,而据爱斯开满人观之,却是伦理的道理"④。由上可见,我们视为"不合人
道"的行为就爱斯开满人看来却是"合乎伦理",谢氏翻译此文的目的,就是想

---

① 李璜:《社会主义与宗教》,《少年中国》第3卷第1期,1921年8月。
② 李璜:《知识界的责任》,《少年中国》第3卷第3期,1921年10月。
③ 王光祈:《分工与互助》,《少年中国》第2卷第7期,1921年1月。
④ 循初译:《原人心理(一)》,《少年中国》第3卷第4期,1921年11月。

呼吁少年必须抛开自我文明中心主义，能平等地看待一切文明。由此可见，爱斯开满人认为杀老人对老人来说是一种"人道的解脱"，若是不杀而让他们饿死才是"不人道"，而这就与我们主张"人道的赡养"不同，不同在于爱斯开满人的"人道"是保护年轻人不被老人拖垮生活，以及让老人可以有尊严地死去，我们的"人道"是保护老人的生命，然而这样的人道是基于有能力抚养老人的情况下而形成，一旦环境与经济条件状况如同爱斯开满人，也就可能使抛弃老人在长久经验累积下成为一种习惯伦理。就此可见，晚期阶段知识人对于"人道"概念有了更为深刻的理解，已经认识到"人道"标准的复杂"语境"，而通过这样的讨论，当时知识人对于什么才是"人道"以及"我们人道"的内涵为何就有了更深一层的认识与体悟。

（四）惨无人道论

"人道"与"惨无"结合成的"惨无人道"一词，是"人道"概念在主义化后才形成，作为意识形态宣传的衍生词，普遍使用在促成敌我对立的论述中，目的是激发读者的愤怒情感而促成其参与政治思想或制度等的革命行动。根据目前所见史料，"惨无人道"一词最早出现是 1914 年的《白狼之真相》一文，文中杜撰了以农民起义领袖白朗（1873—1914）为首的"白狼军"攻陷光山潢川各县后进行"惨无人道的烧杀奸掳之事"，以此污名化白狼军。[①] 1915 年至 1919 年的新文化运动期间，"惨无人道"一词呈现出集群性的使用，多用以描绘在社会制度与家庭伦理层面的各种问题讨论中。如 1916 年陈独秀在《孔子之道与现代生活》一文中指出："古之宫庭秽乱，史不绝书。防范之策，至用腐刑，此等惨无人道之事，今日尚有之乎。"[②]该文通过"惨无人道"制造传统制度与现代性的对立。或是 1919 年 2 月由袁振英（1894—1979）翻译的美国无政府主义者高曼女士（Emma Gold-man，1869—1940）的《近代戏剧论》一文，谈到托尔斯泰（Leo Tolstoy，1828—1910）是耶教徒，早年信仰东正教，但 16 岁后他感到疑惑，虽然不否认上帝与基督教义，但却无法感觉与描述出来那是什么样的上帝以及教义为何。在此疑惑下托尔斯泰从卢梭（Jean-Jacques Rousseau，1712—1778）的自然宗教（Natural Religion）主张中发现了答案，认为神的旨意并非俗世宗教可以传达，只有通过直观内在的情感才能认识神，而良知（Conscience）就是人与上帝的桥梁，在内省自觉中人能听到自身内在的声音而远离肉体诱惑与情欲困扰，在自足状态下获

---

①　《白狼之真相（一）》，《庸言》第 2 卷第 4 号，1914 年 4 月。
②　陈独秀：《孔子之道与现代生活》，《新青年》第 2 卷第 4 期，1916 年 12 月 1 日。

得自我完善的幸福,正如托尔斯泰在《忏悔录》里所谈到的。因此,托尔斯泰虽为耶教徒,但他的作品却成为近代基督宗教最大的敌人之一,因为他描写了"惨无人道"的黑暗威力与宗教迷信,指出了无知人民如何被基督宗教引诱而犯下种种的罪。托氏作品唤醒了人类的良知与不平之气,此文通过"惨无人道"批评宗教迷信之愚民行为,同时刊登此文也暗贬了当时支持孔教会者,制造出孔教与现代性的对立框架。高曼还在文中介绍美国剧作家华尔特(Eugene Walter,1874—1941)的《捷径》(*The Easiet Way*)此一作品,提及此剧描写纽约取巧贪利、醉生梦死,女子日日都在追求丈夫的满意,以为一生之目的,文中批评了这种让女子必须寄生于男子的"惨无人道"的社会制度,引用此作品也同时暗讽了传统中国以女子为男子附属的社会风俗。① 再如1919年10月,黄蔼在《模范家庭为社会进步的中心》一文中,建立了中国恶社会中恶家庭麻木不仁、惨无人道,恶社会是由恶家庭而生的批判论述,通过"惨无人道"制造传统家庭与社会以及现代家庭与社会的对立。② 同年12月,王光祈在《少年中国》的《通信》中回复A. Y. G. 女士关于妇女问题的疑问,认为唤醒那些"可怜误以生育为义务的女子",避免他们"堕入惨无人道的十八层地狱"的方法,就是打破以生育为女子义务的观念,这里亦通过"惨无人道"制造传统男尊女卑与现代男女平等思想的对立。③ 胡适也在《新思潮的意义》一文中指出:"尼采说现今时代是一个'重新估定一切价值'(Trans-Valuation of all Values)的时代。'重新估定一切价值'八个字便是评判的态度的最好解释。从前的人说妇女的脚越小越美。现在我们不但不认小脚是'美',简直说这是'惨无人道'了。十年前,人家和店家都用鸦片烟敬客。现在鸦片烟变成犯禁品了。二十年前,康有为是洪水猛兽一般的维新党。现在康有为变成老古董了。康有为并不曾变换,估价的人变了,故他的价值也跟着变了。这叫做'重新估定一切价值'。"④这里胡适也是通过"惨无人道"制造传统与现代的对立。

　　五四运动以后,伴随着思想文化革命再次转回政治革命,"惨无人道"的语境也从家庭或社会制度面转向到了阶级问题之上。如1920年5月发表在《新青年》上长达五万多字的《上海劳动状况》一文,通过工人自述,向国人展示了

---

　　① 高曼女士(E. Goldman)著,震瀛译:《近代戏剧论》,《新青年》第6卷第2期,1919年2月15日。

　　② 黄蔼女士:《模范家庭为社会进步的中心》,《少年中国》第1卷第4期,1919年10月。

　　③ 王光祈:《通信·答A. Y. G. 女士》,《少年中国》第1卷第6期,1919年12月。

　　④ 胡适:《新思潮的意义》,《新青年》第7卷第1期,1919年12月1日。

有别于报人所仿拟的工人想象，揭示了工人对于口惠劳动神圣的怀疑与不满，并且指出他们实际的要求是想通过教育平等来达到人格平等，其中在"上海江南造船所"调查部分，提到"工头一流人物，亦属无学之徒；其对于工会组合等，既茫无所知，而对于工人尤惨无人道，终日惟知自利，任意横蛮"，因此主张打破工头制度，才能使工人不具奴隶性与服从性，自创良善组织。这里通过"惨无人道"一词说明工人所受来自工头的欺压，通过工人口述亲历使知识人更为了解工人群体及他们所需的帮助。1920 年 9 月《南洋华侨底近状：梁绍文——致独秀》一文中指出："至于实业家，更是惨无人道。我听人说过一件采矿的情形：（一）矿山的工人是资本家用钱买来的猪仔；（二）他们做工得了些钱，资本家怕他赚了钱就不做工，所以用各种方法引诱他们；（三）烟馆，赌局，娼寮，食物馆都是资本家设的陷阱，务使他们穷而不得归，终身为他作矿工。你看资本家的钱，原来是这样得来的！"这里是以"惨无人道"形容资本家对矿工的多重层层剥削、宰制与压迫。① 1920 年 11 月，郑贤宗与陈独秀二人在来往书信中，讨论了无政府主义反对国家、政治、法律的问题。郑贤宗指出陈独秀以为无政府主义所反对的只是过去与现在的掠夺国家、官僚政治、保护资本家私有财的法律，并不是反对将来的国家、政府、法律，因为无政府主义者无法指出可使国家、政府、法律根本动摇的理由。但郑贤宗认为无政府党早已指出反对国家的两大理由：其一，国家是进化途中的一种形式而非天经地义不可磨灭的东西，不能说从无国家到有国家是进化，而从有国家再到无国家就不是进化；其二，无政府党认为国家出现后，把地球人类划分成中国人、日本人、美国人，使得博爱不能超出国界，对国外的人视如敌人，像这样的惨无人道的世界有什么快乐可说，故无政府党反对国家。这里通过"惨无人道"描述国家之间的彼此对立关系，从此可见这里的"人道"是世界主义式的。②

　　此后"惨无人道"一词的运用，分别常见于反资本主义、反帝国主义，以证明革命正当性的语境中，前者如批评日本资本家对待"支那劳动者"的惨无人道，③

---

① 梁绍文：《南洋华侨底近状：梁绍文——致独秀》，《新青年》第 8 卷第 1 期，1920 年 9 月 1 日。

② 郑贤宗、陈独秀：《国家、政治、法律：郑贤宗——致独秀，附独秀复信》，《新青年》第 8 卷第 3 期，1920 年 11 月 1 日。

③ 皮皓白：《上海日本纱厂的工潮》，《现代评论》第 1 卷第 11 期，1925 年 2 月 21 日；双林：《上海小沙渡日本纱厂之大罢工》，《向导》第 102 期，1925 年 2 月 14 日；双林：《帝国主义的佣仆与中国平民》，《向导》第 104 期，1925 年 2 月 28 日。

或是批判日商裕大纱厂与奉系军阀李景林对工会及学生会的领袖惨无人道的严刑拷打,①或是批评日本帝国主义的鹰犬张宗昌对罢工工人的屠杀;②后者如基于乐志华案批评英帝国主义的惨无人道,③或是批评法帝国主义对叙利亚和摩洛哥的惨无人道的战争,④或是批判法帝国主义使参与反帝国主义运动的旅法华人在狱中过上惨无人道的痛苦生活。⑤ 由上可见,作为"人道"概念的衍生词"惨无人道",在晚期阶段有从批判家庭、社会制度,转向批判阶级压迫,最后转向批判资本主义与帝国主义的发展过程,而这样的发展,正是伴随无产阶级革命逐步发展的轨迹而来。"惨无人道"一词成为各界或各阶层中最势弱无助的一群"人"的呐喊。

第四节 小结:"人"的觉醒与群化

综合前文可见,在早期阶段,"人道"概念作为传统秩序的一环,与"天道"相呼应;而至中期阶段"人道"概念开始以新的面貌与"自由""世界""社会"等词共振,可以发现"自由人道论"在民初是被怀疑的,但"世界人道论"与"社会人道论"却都持续作为众所肯定的价值,不论使用者立场为全盘西化派,或为东方保守主义派,或用以改造社会,或用以影响国际关系,都共同地以世界人道与社会人道的发展作为最终目的,作为进行负面批评或正面肯定的根本理据,这显示出"人道"世界与"人道"社会的进化发展是中国近代知识分子的共同期许,它也因此成为极具包容性和复杂性的"共识";至于晚期阶段,"人道"概念通过与"主义""正义""我们""惨无"等一组概念的共振,使基于全球普遍认同之价值的"人道"概念在论辩中具备了排他性的作用,人们从历史事实中发现帝国主义只是口惠人道,并非真正的人道护持者,因此基于"人道""我们""主义"等我群性概念共振所形成的叙事,一方面解构了西方帝国主义的虚伪人道,另一方面将"人道"纳入无产阶级革命叙事,重整了"人道"概念的实践范畴。

---

① 《全国被压迫阶级在中国共产党旗帜底下联合起来呵!》,《向导》第 126 期,1925 年 8 月 23 日。

② 《为南京青岛的屠杀告工人学生和兵士》,《向导》第 124 期,1925 年 8 月 15 日。

③ 和森:《全国人民应起来反抗英国帝国主义鱼肉租界同胞的惨刑案》,《向导》第 24 期,1923 年 5 月 9 日;和森:《被外国帝国主义宰制八十年的上海》,《向导》第 46 期,1923 年 11 月 16 日;和森:《又是一个乐志华案》,《向导》第 50 期,1923 年 12 月 29 日。

④ 林乔年:《法国帝国主义的前途》,《现代评论》第 3 卷第 53 期,1925 年 12 月 12 日。

⑤ 任卓宣:《巴黎狱中写来的一封信》,《向导》第 130 期,1925 年 9 月 18 日。

过去研究者难以较为系统与全面地发现"人道"概念受到哪些其他概念的共振、互动、重组的影响而完成近代转型，客观与精确地找到促使"人道"概念转型的主要概念条件。通过数字人文计算的帮助，我们终得以系统整体地观察了这一转型，获得以下三点发现。

其一，正是通过"文明""进化"等一组概念，晚清"人道"概念能从过去基于"天道"与"内在良知超越"，转进为基于西方自然法与物竞法则的、具有文野进化意涵的、作为世界文明判准的"人道"概念，扩充了"人道"概念作为人类普遍认同之价值的内涵，扩大了"人道"概念的价值影响力。

其二，通过"社会""世界""自由"等一组概念，人们普遍认同的"人道"概念，能从传统仅处理"内政事务"，转进到近代得以处理"社会、国家、国际事务"，且是基于西方近代在人格权基础上不干涉小我的自由概念，而非过去传统"人道"概念中干预式的济弱扶倾原则，扩大了"人道"概念的处理范畴，改变了人道秩序的维护原则。

其三，正是通过"主义""正义""我们"等一组概念，原为包容性概念的"全球普遍认同的'人道'概念"，转成"人道主义""正义的人道""我们的人道"等排他性、我群化概念表述，以此对抗帝国主义局限的、歪曲的、虚伪的人道，挣脱表面人道主义论的迷惑、障弊乃至收编网罗，终而以无产阶级最广大、正义、真实的人道抵抗之。

综上分析可见，"人道"概念在近代有四层转向：其一，从"合道性"到"合法性"；其二，从"包容性"到"排他性"；其三，从"社会"到"国家"到"世界"；其四，从"社会、国家、国际的政治公领域"到"个人与家庭的私领域"再到"阶级的、经济的公私领域"。上述四层转向现象的背后思想驱力被学者描述为从"人的发现"到"人的崛起"，而产生这样的转变，则是由于"人"观在近代的三点变化：其一，从物人到小我个人；其二，从去人欲到讲人权；其三，从小我个人到我群之人。近代"人道"概念的转型正是伴随着"人"观觉醒与群化的变化而完成。当我们历时性地观察中国近代"人道"概念发展史，就可发现那是一条从相信、怀疑、解构再到重建"人道"想象的历史，在解构之后，发现在帝国主义与资本主义的利益纠结之下，并没有一个所谓的"人道国家"，进而以被解构的对象为对立面，通过无产阶级革命倡导"我们""主义""正义"之人道，成为自主的普遍的人道实践者。这是中国知识分子在近百年的"人道"概念发展历程中所获得的最重要的觉悟。

第六章 概念网络视野下的"道"

第一节 概念网络的内涵

诚如前述,数字人文学与数据科学之间最大的不同点,即在于数字人文研究不仅止于就数据谈数据,人文学者会基于宏观的数据线索,回到历史史料中进行微观精读与分析讨论,借以辩证数据背后的人文意义。前面三章中通过人机共读总结出"天道""公道"与"人道"三大"道"的核心概念在中国近代历时性发展中的意义与价值,本章将另从共时性角度出发,通过概念网络计算与定性分析,综合与系统地连结"天道""公道""人道"三概念,进一步揭示中国近代"道"的概念建构与再现轨迹,并对词汇—概念计算方法进行人文性的反思与总结。

为达上述目的,本章将借用超越人力所及,可同时分析数以百计的概念关系的概念网络分析方法,同时比较"天道""公道""人道"三大核心概念的重要共现词群,观察它们间的联集现象,借此发现"天道""公道""人道"三概念间的关联性概念并分析其历史及理论意义。运用数字人文技术可视觉化地驾驭与呈现复杂的共现词群联集网络,借由多元链接图的可视化网络结构,可直觉与视觉地进行复杂的、系统的、全面的概念整体比较研究工作。以下再次列出"天道""公道""人道"三个概念词在数据库中的使用现象,如表6-1。

表6-1 数据库(1840—1925)中"天道""公道""人道"词频比较表

	天 道	公 道	人 道
出现次数	815	945	2248

从表6-1可见,"人道"一词使用次数最多,代表着"人道"概念为中国近代政治精英普遍接受并频繁使用的"道"的核心概念。然而若想探索"人道"概念与"天道""公道"概念间的共振互动关系,是无法从上述简单词频数据中得出

的。为解决以上问题，回答"天道""公道""人道"三个"道"的概念在近代如何共振的问题，本章进一步引入数字人文技术中的网络分析方法，借以观察"人道"概念与"天道""公道"概念在共现关键词间的联集现象，进而探究"人道""天道""公道"三个概念在同体共振的"道的近代转型"结构与过程中，分别是以哪些中国传统概念元素以及由西方传入的外来概念元素作为主要中介，并借此描绘出"道"的概念在中国近代跨语际实践中的变化历程。综上，本章进行以下研究计算步骤：1. 为求更为复杂地、系统地、全面地掌握"道"的概念互动共振结构，本章基于前三章的计算范围，扩大了共现考察视野，从与"天道""公道""人道"三个概念词各自共现的前 10 高频共现词放大到前 150 个共现词，包含了高频到低频的，扩大考察范围之后，可看见更多概念间的复杂关联信息；2. 运用 Gephi 软件描绘出以"天道""公道""人道"三个关键词为中心，各自的 150 个共现词丛网络图，如图 6‑1；①3. 为确定"道"的概念网络中，连接"天道""公道""人道"三概念最为重要的关联性概念，接着可基于图 6‑1，进一步标出同时至少为"天道""公道""人道"三概念中任两个概念的前 10 高频共现词的网络连线位置，如图 6‑2。

　　结合图 6‑1 和 6‑2 网络可视化数据线索，可初步揭示信息如下。其一，在观察共现词联集网络所呈现出的概念关系时可以发现，以"天道""公道""人道"三个核心概念为中心的共现词联集网络间，有两种连接现象，即独有共现词和共有共现词。前者代表该核心概念独有的共现词汇意涵，是该核心概念有别于其他两概念的语境与内涵所在，如"天道"的独有共现词为"循环"与"好还"，揭示中国传统"天道"概念独有的"道的循环论"，而"公道"与"人道"概念则没有循环论元素；后者是"天道""公道""人道"三概念两两之间或共同互通共现的"共有共现词"，代表概念间的联集中介，通过联集共现词才得以连通核心概念，是使"道"的概念得以顺利完成盈虚消长之近代转型的概念桥梁所在。② 其二，基于节点越大表示连出度越高可见，"天道""公道""人道"三个节点比较大，代表高连出度，这是因为本章主要是考察"天道""公道""人道"三个概念的共现词

---

① 　本图布局算法采用胡一凡提出的 YiFan Hu 力引导布局，此算法将一个节点与它远处的一簇之间的斥力当作此节点之间的斥力来计算。关于社会网络与节点乃至算法布局之意义等相关概念，可参考罗家德：《社会网分析讲义》（北京：社会科学文献出版社，2010）。

② 　此处所谓共有共现关键词，是指某共现关键词同时名列"天道""公道""人道"等概念中至少两个概念的前 10 高频共现词中，亦即对"天道""公道""人道"概念来说很重要，且具有作为桥梁中介，用以连结与促使核心概念完成递进变化的作用。

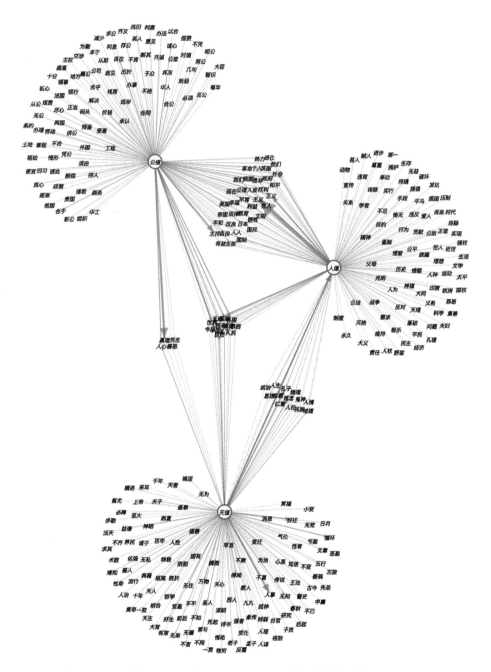

图 6-1 数据库(1840—1925)中"天道""公道"
"人道"三概念的共现词网络图

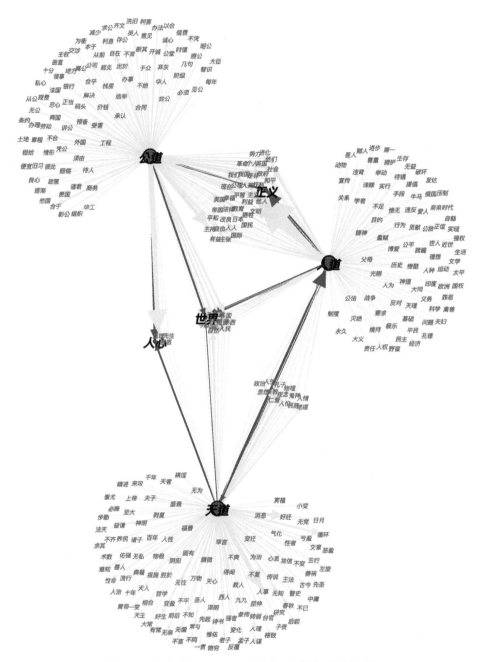

图 6-2　数据库(1840—1925)中"天道""公道""人道"
三概念的前 10 高频共现联集词网络图

联集现象,因此以三概念为联集计算中心。其三,箭头方向是指出连出方向,而箭头大小与边线宽窄代表的是连线两端概念之间的共现比例,[1]由箭头与边线信息可见,由"人道"与"主义"共振成的"人道主义"一词是所有共振现象中比例最高者,代表"人道"与"主义"的结合,是"道"的近代转型中最重要的一种共振现象。其四,同时作为"天道"与"公道"概念的前 10 高频共现词"人心",与"公道"概念的共现比例高于与"天道"概念的共现比例,可见"人心"更为倾向于"公道",而"公道"与"人道"概念的前 10 高频共现词"正义"和"世界",则与"人道"概念共现比例更高,显示更为亲近"人道"概念。至于"世界"作为"天道""公道""人道"三个概念共通的共振概念,显见地与"人道"共现比例最高,其次是"公道",再次是"天道"。其中要特别说明的是"世界"一词虽同时为"公道"与"人道"的前 10 高频共现词,但并非"天道"概念的前 10 高频共现词,因其名列"天道"概念之共现词的前 150 名又同时为"公道"与"人道"的前 10 高频共现词,因而画出其与"天道"概念的联集。当研究视角从数据线索转回到"天道"语料中可见,虽然"世界"与"天道"在数据库一亿余万字史料中仅共现 4 次,但细察原始文献后可发现,在共现时序上有一由"天道"向"公道"再向"人道"共现演变的轨迹,由"世界"这一串联"道"的桥梁隐约可见出"道"的话语与思想之转变。至于"世界"一词与"天道"之间少量共现的隐微关系之所以能被捕捉到,正是基于数字人文方法可快速地放大与缩小观察视角颗粒度的优势,当缩小观察视角仅看前 10 高频共现词时,虽能比较清楚明了地立即掌握宏观结构信息,但却会忽略与遮蔽掉"世界"与"天道"概念间的隐微联系,使研究者只见"世界"与"公道""人道"共现,却因信息缺失而看不见"世界"与"天道"概念的关系,乃至"世界"同时与"天道""公道""人道"三概念都有所联系的信息,也就无法系统与全面地掌握"道"概念的近代转型的历史意义。因此利用可伸缩观察视角颗粒度的数字人文方法,就可通过放大观察视角,看见在大规模文本中的少量、隐微的线索,给出更为细致与全面的观察结论,这正是数字人文方法基于人文关怀,不仅只观察大数据,亦兼顾小数据,而与数据科学方法倾向于注意宏大数据结构的不同特征与关切所在。

从图 6-2 数据线索中,可揭示出中国近代"道"的概念转型系统结构,主要

---

[1] 由于"天道""公道""人道"三词的总词频数据量大小不一,故不能以共现词的共现词频作为边的数据,因为这样会受到"天道""公道""人道"三词的总词频数据大小影响,因此本处将各共现词的共现词频都各自除以其共现本体的总词频,进行归一化处理,使边的数据是基于各自的共现比例,就此使网络中的各边具备可比性而能互相比较。

正是通过"人心""正义""世界"三个概念作为联集中介而得以完成"道"概念的近代转型。以下分从"人心""正义""世界"三个概念桥梁出发，深入实际史料，进一步深描中国近代"天道""公道""人道"三个"道"的核心概念为何以及如何共振，进而完成"道"的近代思想转型的历程。

第二节　"道"的所以然："人心"概念

从图 6-1 与 6-2 中可见，"天道"与"公道"概念间的概念桥梁有 4 个，但同时为两概念前 10 高频共现词的只有一个，那就是"人心"。那么"人心"概念为何能成为"天道"与"公道"最重要的概念桥梁呢？它又具有什么意义呢？以下即讨论此一问题。

一、"人心"概念的传统内涵与近代转型

"人心"一词中国自古有之，《尚书·大禹谟》中提到"人心惟危，道心惟微，惟精惟一，允执厥中"。其中对于"人心"一词的意义，孔颖达（574—648）指出"人心惟万虑之主，道心为众道之本，立君所以安人"①，就此可见，古代中国"人心"概念主要倾向并用于政治性范畴讨论中，意指一旦帝王能掌握明确道路方向，就能基于道心以安人心，能明道而使物从民安，因此"人心"概念在中国古代具有作为一被动的等待帝王安抚之心的内涵，并非主动的自觉灵明之心，而是帝王统治下"以道是从"的"物人之心"。

那么，中国是以什么概念指称主动的自觉灵明之心呢？《孟子·告子上》曰："其所以放其良心者，亦犹斧斤之于木也。"②其中"放其良心"之意，蔡元培（1868—1940）曾在《中国伦理学史》中"求放心"词条下作过解释："人性既善，则常有动而之善之机，惟为欲所引，则往往放其良心而不顾。故曰：人岂无仁义之心哉。其所以放其良心者，亦犹斧斤之于木也，旦旦而伐之。虽然，已放之良心，非不可以复得也，人自不求之耳。故又曰：学问之道无他，求其放心而已矣。"③由此可见，蔡元培理解下的孟子（前 372—前 289）主张良心本善，应往内求，基本

① 阮元校刻：《十三经注疏》（清嘉庆刊本）二《尚书正义·卷第四·大禹谟》（北京：中华书局，2009），页 286。

② 阮元校刻：《十三经注疏》（清嘉庆刊本）十三《孟子注疏·卷第十一下·告子章句上》（北京：中华书局，2009），页 5986。

③ 蔡元培：《中国伦理学史》（北京：东方出版社，1996），页 17。

同于今天对孟子之说的理解。孟子的说法正是中国传统良心概念内求说的源头。综上可见,传统中国主要是以"良心"一词指称人主动的自觉灵明之心,而以"人心"指称人被动的等待被安治己欲的物人之心,这即是"心"的概念在传统中主要的两种意涵。

那么,"人心"概念是否有所转变? 这问题可从"心"概念的近代转型来进行讨论。前人研究指出,在泰西伦理学传入中国后,"心"的概念产生位移,中国思想界开始认识到休谟(David Hume,1711—1776)和亚当·斯密(Adam Smith,1723—1790)的道德情感论,开始把人的天然情感或仁爱情感乃至同情心看作道德的本质,道德情感是脱离人们的社会生活和道德实践的先天存有,最大数的善由最大多数人来享受是最高的道德。[①] 道德情感论的传入使"心"的概念不再只用于集体大我论述中,也能从个人自我感情出发进行论述,这样一来,便提高了原先被上层所宰制的物人之心的主体价值与地位。1902 年王国维(1877—1927)翻译日本元良勇次郎(1858—1912)的《伦理学》一书,更进一步以西方近代心理学的科学理论,解构了中国传统以心、情、性等概念作为道德的基础,使得"心"与儒家德性伦理学解绑。邬国义新发现并整理出王国维早年关于《心理学》《教育学》《教授法》的三种讲义,从中确实可见王氏从西方角度分析心的现象,心身关系、直觉、感觉、知觉、概念、冲动、本能、气质、自我等内涵,基于心理学去除了传统知识人最为重视的"心"的概念中所具备的基于天道、天理的良心内涵。[②]在泰西心理学与生理学知识传入下,传统的"心"被拆解成基于个人主体的"性""情""情绪""气质""知觉"等条件进行分析,这正是伴随"心"概念的近代转型,也连带促成了"人心"概念的一并转型,成为一种汇集传统大我之天理良心与小己物人之心乃至西方心理学下一种可分析之心理状态的集合体,使得中国古代只能依从天道的"人心"概念,在西方近代工具理性、个人主义、功利主义视角诠释下,转为一种基于个人情感而可被分析、计算的心理状态。

二、"人心"作为概念桥梁的意义:善与正当性

作为"天道"与"公道"概念桥梁的"人心"概念,随着"心"的概念一同转化。原先"心"的概念经过近代西方理性主义、生理学、心理学知识的除魅化后,削

---

① 徐曼:《西方伦理学在中国的传播及影响》(天津:南开大学出版社,2008),页35。

② 参见王国维述,邬国义整理:《王国维早期讲义三种:心理学·教育学·教授法》(北京:中华书局,2018)。

减了作为内在超越的神圣特性，同时作为"良心"之"所以然"的"天"的神圣意涵也在前述提及的近代"革天"思想中松动。当"心"的概念成为生理学与心理学上的器官与知觉时，顺着传统"天道—人心"的思维结构，"天"的概念也同步被除魅，而成为自然科学中的大气与自然之意。此时，"天道"概念因其具有人格天/道德天以及自然天的重层结构，能在一面是传统的"道德之善"与一面是近代西方的"自然之大气"中随时转换面相以适应时代需要而得以留存、不被淘汰。随着八国联军侵华后中西公私二元论框架的出现，立宪派在公领域论述中将传统作为公领域指导原则的"道德之善"的"天道"概念解释为"自然之大气"，而以西方近代基于"正当行为伦理学"的"公道"概念作为新的公领域的指导原则。但要注意的是，传统作为道德之善的"天道"概念只是退回并仅存在于私领域的个人修身与家庭关系中，不再如同过去一般是贯通公私领域的普遍指导原理，它并未消失。而在上述中西公私二元论下的"道的近代转型"轨迹中，由于近代转型后的"心"概念兼具"传统向善意志道德的常识常情合理性的认知主体"与"近代基于个人主义与功利主义，强调形式法规、法律与计算合理正当性的认知主体"双重身份，故能同时与"天道"和"公道"概念共振。"心"概念所以能兼具双重身份，是因在中国传统除有物人之心与良心之意外，还具有"天心"与"公心"这两个内涵。"天心"概念最早出自《尚书·商书·咸有一德》："惟尹躬暨汤，咸有一德，克享天心，受天明命，以有九有之师，爰革夏正。"①此文是伊尹把政权归还太甲时的告诫之语，指出只有像伊尹与成汤那样修纯一之德，才能上合天心，接受上天教化而拥有九州民众，革除夏王的暴政，这里"天心"是指"向善意志"。至于"公心"概念最早出自《荀子·正名》："辞让之节得矣，长少之理顺矣，忌讳不称，祆辞不出。以仁心说，以学心听，以公心辨。"②此中"公心"之意，基于"公生明，偏生暗"，是指个人具有的能去私存公的辨明是非的"公正之心"。正因"心"在传统中具有能辨善恶的天心与能辨是非的公心的双层结构，所以方能以"心"作为转轴，隐去谈善恶的"天心"而突出谈是非的"公心"，接轨近代西方以"正当性"为合理性理据的"公道"概念。然而"天心"即使隐退，它也并未消失，近代转型后的"心"概念同时以"善"与"正当性"作为判断价值的混生现象，可从1916年赫美玲编的《官话》中发现踪迹，如

---

　　① 阮元校刻：《十三经注疏》（清嘉庆刊本）二《尚书正义·卷第八·咸有一德》（北京：中华书局，2009），页350。

　　② 方勇、李波译注：《荀子·正名》（北京：中华书局，2015），页366。

Conscience 词条下 Public Conscience 一词除了以"公心"对译，另外还解释为"亿兆的良心"，可见"公心"是集合所有人的"良心"而成，只是此处"良心"概念已经转型，兼有以正当性而非仅以道德作为良心判断是非善恶标准的一面，具有从传统宋学中个人的、不变的、天赋的、内求的，转化成带有泰西伦理学、心理学、变动的、有待教育涵养的、外烁的"良心"概念的现象。正是在上述脉络中，基于"人心"作为概念桥梁，在甲午战争后中国知识人对"天道"概念在国际外交公领域失能而产生价值逆反，连带也使"人心"中的"天心"一面松动后，中国人可快速地强化传统中作为"人心"概念中副旋律的"公心"一面去接应"公道"概念，使过去作为主旋律，被认定为一切宇宙秩序与价值根源的"一元天道"转向"多数公道"，使合理性理据能顺利地从"道德之善"转为"无关乎道德的正当性"而不产生冲突，使"道"的概念能顺利启动盈虚消长机制，完成第一次近代转型。

正是在中国"道"的概念与西方理性主义、心理学、生理学等现代知识共振下，产生了"道的有机盈虚消长机制"，类似 1862 年蒋琦龄在《应诏上中兴十二策疏》中指出朝廷应与天下臣民信息相通，以诚相见，一改过去行为，除兵机所关不宜预泄外，所有朝廷批答章奏都应发钞，这样能让怀忠抱义之士随时以言论对政策补缺拾遗，唯有"罪己以收人心，改过以应天道"，方能"杜权奸壅蔽之私，激四海忠义之气"。① 这种传统中国的公私道德一元论式的天道人心论逐渐虚消，其后是基于"多数正当性"的"以众为公"的公道人心论逐渐盈长，如1879 年传教士林乐知（Young John Allen，1836—1907）的《论中国不必与外国立相助之约》一文，起于他听到中俄可能订立相助之约，使俄国可趁机占领中国利权而胜过英国，因而产生危机感，故写此文呼吁中国不用也不能与俄国订约，唯一能订约的只有日本，并在文末指出中俄两国在伊犁问题上可能成为仇国，这时就可"央邻国中之大者从中剖断孰非孰是。公道自在人心，谁容恃强干事者。此事英、美两国已行之于前矣。英、美争界未能决事，夫阿拉巴麻轮船两事皆凭友国公是公非之，断于英无大损，于美无异言"②。他在此使用的"公道人心论"，即是以世界各国通过理性计算后生出的都想维持和平均势局面与安稳公利的总意公心作为合理性理据，与中国传统儒家基于道德的"天心"的天道人

① 蒋琦龄：《应诏上中兴十二策疏》（同治元年），见武进盛康旭人辑：《皇朝经世文编续编》卷13（台北：文海出版社，1972），页1418。

② 本馆主（林乐知）：《论中国不必与外国立相助之约》，收入李天纲编校：《万国公报文选》（香港：三联书店，1998），页223。

心论作为合理性理据不同。不同关键即在于，西人林乐知的"公道人心论"中的"人心"，是指基于《万国公法》中"友国公是公非"的总意正当性所生的"公心"。又如1889年蒋同寅在回答若有一国议欲禁止有约之国人民来往，是否与公法相违背之问题时，引用美国限制华工一例，指出不用谈信义，因为条约中清楚载明美国只能限定华工到美的人数与年限，不能禁止华工前往，只能限制华工续住，而且已经在美国者则不在此限，因此可见美国在已经违反条约下，仍出现焚杀华民之案以及禁止华工之议，是违反条约、不符契约精神的不正当行为。然而美国总统却在明知华工无损美国之下，仍为了保全位置而顺从民情并违背条约与公法。就此现象，蒋氏主张美国既然弃条约不管，则中国可以按照公法指示，依据美国对待住美华人的方法对待美人在中国居住者，且必须告诉列邦，基于"公道自在人心，当有出而为鲁仲连者"，这里的"公道人心论"的依据就不是信义道德，主要是条约的法律契约正当性。[1] 就上可见，近代转型后的公道人心论与中国传统基于道德的天道人心论有所不同，是一种超越国界，以法律契约正当性为合理性论证根据的公是公非之道。综上可知，正是基于"人心"概念具有传统集体主义下被动具备的能识善恶之天心与个人主观去私存公下能辨是非之公心的双重结构，因此当与近代西方"个人主义"与"功利主义"思潮共振时，才能顺利地通过传统中作为"人心"概念副旋律的"公心"内涵，接轨近代"人"的发现与崛起的思潮，促成"积私以为公"的"众"的"多数正当性"成为新的道的秩序，而近代转型后的"人心"与"公道"也在近代"道"的有机盈虚消长机制下成为主旋律，引领一个时期的思想与行动。

总结"天道""公道"与"人心"的共现论述，可归纳一近代思想转型结构。首先，中国传统"公道"秩序价值根源来自"人心"，而此"人心"价值虽是聚众而成，但由于当时个体人心之价值判断标准仍是植根并来自"道德"的"天心"，因此所谓的"公心"虽然在形式内涵上近似"众人总意"，但归根究底仍是遵循天命道德之"天道"的"众人总意"，正如沟口雄三指出中国传统主要是以"天"训"公"，因此基于"天人合一"的传统思维惯性，"众人"皆需上契"天道"，因而在"以天为公"的思想框架下，"人心"与"公心"皆同为"天心"。其次，近代晚清士绅在甲午战争后对儒学产生价值逆反，故引入泰西伦理学、心理学、生理学等西方学科理论，这使"心"的概念从传统中逃逸，不再必以"天"为依归；同时，西方近代"公"的概念传

---

[1] 蒋同寅：《问各国立约通商本为彼此人民来往》，收入上海市图书馆编：《格致书院课艺》2（上海：上海科学技术文献出版社，2016），页21。

入中国,"以多数人为公"的思想开始传布并正当化,接引中国传统中作为副旋律的"公"的概念成为主旋律。① 再次,近代晚清"人"的概念伴随从臣民转向国民的政治需求,与西方传入的个人主义、功利主义共振,从传统中被动的"物人"成为主动的"个人"。在上述三重思想转变中,"公"的概念中的"众人总意"也随之改变,不再是由"大我天心"为基本单元的抽象的众人总意,而是基于"小己人心"为基本单元的具体的众人总意。所谓抽象与具体的众人总意,是指虽然荀子就已经提及与小己私利对立的大我的"公心"概念,但"公心"中的大我,却是实际上不包含个人诉求的"抽象的众人",但当西方个人主义传入中国后,"众人"就成为"具体的众人",这是传统与近代"公"的概念中"众人"内涵的共性与抽象—具体有别的殊性所在。最后,在"人""心"与"公""天"四个概念完成近代转型后,"人心"所认知的合理性论证根据就从"向善意志的道德"转向"个人权利的正当性",这样"众人总意"的"公心"就从传统的集体道德变成近代的集体正当性。正是在上述一连串概念共振与思想惯性的结构性转型下,基于"人与心"皆逃逸于传统天道的道德框架而自由,中国人敢于引发推翻君主封建政体的政治革命,最终在现实世界中的国体、政体与理想世界中的思想层面双重结构中,全面松动了笼罩中国数千年的"君"与"天"的概念,使"天道—人心—公道"传统思维惯性松动,"道的有机盈虚消长机制"也随之启动,一面使"天道"概念退为副旋律而博物馆化,一面使"公道"跃升为主旋律概念,以使中国能在大变局中继续稳步前行。

---

① 在"公"的近代转型方面,中国近代具有"以多数为公"的思想,如 1903 年《公私论》中提到"夫私之云者,公之母也,私之至焉,公之至也",正是此一思考促成近代"公道"概念中可以有"普遍个人"的存在,不似传统"公道"概念是以舍生取义为依归。在传统"公道"概念中,"人"只是"物人"般的存在,正如严复与梁启超都发现没有"私"的话,他们所提倡的"公"的价值就无法实现,因此在倡导个人自主、社会自立,同时发展个人与社会以救国的思潮下,就产生了"积私以为公"的思潮,主张以国民之私累积成群体之公,这时的"公"代表的是符合多数人利益的超越理想,亦即正道与正义。"积私以为公"的思想框架帮助了"公道"概念的近代转型,也使得"人心"除了"天"之外获得了新的所以然,而共守公利的群约为公概念,促成近代"公道"概念以契约与公利为依据,而与传统"何必曰利"与"舍己为人"的"天道"概念有所不同。以上详参沟口雄三著,贺跃夫译:《中国与日本"公私"观念之比较》,《二十一世纪双月刊》总第 21 期(1994 年 2 月),页 85—97;黄克武:《从追求正道到认同国族——明末至清末中国公私观念的重整》,收入黄克武、张哲嘉主编:《公与私:近代中国个体与群体之重建》(台北:"中研院"近代史研究所,2000),页 59—112;刘畅:《中国公私观念研究综述》,收入刘泽华、张荣明编:《公私观念与中国社会》(北京:中国人民大学出版社,2003),页 366—413;陈弱水:《中国历史上"公"的观念及其现代变形》,《公共意识与中国文化》(台北:联经出版公司,2005),页 81—137。

　　由上可见，在"道"的概念有机体与各种西方新思想的共振下，"心"与"天"的概念完成近代转化，使近代谈"契约"与"公利"的"公"的概念能顺利地从传统谈"礼法"与"道德"处完成近代转型。上述所谈"道"的近代转型，必须建立于混合西方近代人权、人格、个人主义与中国传统人本思想与肯定人欲思想下的个人观，以及混合西方自主之权、自由、权利和严复以"开明自营"概念改变过去中国传统"讳言利"的态度下的权利观，乃至伦理学、心理学、生理学等思想观念与学科理论的基础上，才能使个人的追求不会与"道义"和"公利"发生冲突，才能使"人的觉醒"具有合理性与正当性，让"公道"概念从"抽象的众人总意"合理地转向"具体的众人总意"，而"人心"概念正是连结与调适"天道"与"公道"概念间复杂、错位、动态的此起彼落的盈虚消长过程的重要概念桥梁。若是没有近代转型后的具有重层结构的"人心"概念作为转折枢纽，人们就无法轻易接受西方不谈道德善恶只论正当与否的正当行为伦理学，也就无法较快地接受基于正当性的西方公法与公道思想，并以之自我保护甚至进行外交斡旋，由此可见"人心"概念桥梁的重要性所在。

第三节　"道"的近义词："正义"概念

　　从图 6 - 2 中可见，"正义"是"公道"与"人道"概念之间 38 个共现词中最重要的概念桥梁。"正义"作为价值性概念，为何在"道的近代转型"中与"公道"和"人道"概念同时共振？这在"道的有机盈虚消长机制"中的意义为何？又是如何帮助"道的秩序"回应时代命题的？以下就针对这些问题进行讨论。

一、"正义"概念的传统内涵与近代转型

　　"正义"一词在中国最早出自《荀子》一书，前人曾归纳传统的"正义"概念包含"行为正义"与"制度正义"两部分：前者如"正利而为谓之事，正义而为谓之行"[①]，后一句意指依于正当的原则之下所做的行为就是德行，此处正义属行为正义；后者如"有俗人者，有俗儒者，有雅儒者，有大儒者。不学问，无正义，以富利为隆，是俗人者也。……法先王，统礼义，一制度；以浅持博，以古持今，以一持万；……张法而度之，则暗然若合符节，是大儒者也"[②]，此中"不学问，无正义"是

---

① 方勇、李波译注：《荀子·正名》(北京：中华书局，2015)，页 357—358。
② 方勇、李波译注：《荀子·儒效》(北京：中华书局，2015)，页 107。

指俗人不学习,因此不知道正当的礼义法度,这里谈的是"张法而度之""一制度"的制度正义问题。① 由上可见中国传统"正义"概念主要用以讨论行为与法度是否符合礼法正当性的问题。

而到了近代,从"英华双语字典资料库"中可见直到 1908 年颜惠庆编的《英华大字典》中,才在"Justifiable"词条下出现"正义"一词,除了 1911 年卫礼贤编的《德英华文科学字典》也有此对译外,其他双语字典皆不采此对译。而前述第五章中已提到过,1822 年马礼逊编的《英华字典》中是以"Justice"对译"公道"一词,此后各双语字典皆如此对译,由此可见,中国近代主要是以"公道"一词对译"Justice"概念,虽也有以"正义"对译的例子,但是非常少,由于并非近代主流认识,因此当有人想以"正义"对译"Justice"时,就会面临疑难。如 1914 年 5 月,时年 34 岁、任《甲寅》月刊创刊编辑的章士钊,以"秋桐"之名在《甲寅》发表《札斯惕斯》一文,指出札斯惕斯(Justice)可以差合中国的"公道"概念。基于此,章氏商榷了梁启超在《庸言》发刊时以无奇、不易、适应为"庸"字特性的说法,认为梁启超以具有"不易"特性的"庸"去训诂札斯惕斯(Justice)的说法是不对的。章氏引柏拉图在《共和》一书中对札斯惕斯的定义指出,札斯惕斯的定义界说,是从各色人所给出的札斯惕斯的定义中归纳出的同称之义,故不可能"不易",是会依照实际语境而"更换"的。接着他又商榷张东荪以"正谊"训札斯惕斯之意,认为"谊"是"道"之意,使人趋之以修身而非应物,但札斯惕斯应该训为"公",是存在于人我相与互动中,因此其性变动不居,因时为宜,因此与不变的"谊"不同,札斯惕斯是由变以求其不变,札斯惕斯是"术",是"假途",是"达道者",而非"德",非"终境",非"道"的本身。章氏最后引柏拉图以"与人以相当者"为"札斯惕斯"的说法,提出"养成对抗力"的主张,言:"养成对抗必如斯宾塞言'圆满一己之义务,而不侵害他人'。惟其圆满己之义务,故'不肯曲服于强者之指命'。惟其不侵及他人,故得保持平等之权利。斯何物也? 号曰札斯惕斯。"②从上述章氏与梁启超、张东荪的讨论中可见,章士钊认为中国传统"正义"概念如同不变的"道"一般是用在私领域自我修身的,而 Justice 如同因时宜而变的"术"一般是用在公领域与人互动应物的,且从以"惟其不侵及他人,故得保持平等之权利"去定义 Justice,可见章氏认定的"公道/Justice"背后是以不侵犯他人自由为底线的西方正当行

① 黄玉顺:《论"行为正义"与"制度正义"——儒家"正义"概念辨析》,《东岳论丛》2021 年第 4 期,页 168—175。

② 秋桐:《札斯惕斯》,《甲寅》第 1 卷第 1 号,1914 年 5 月 10 日。

为伦理学中的"正当性"为合理性论证理据，而不是中国传统的"道德"。综合上述，可以掌握传统"正义"概念在对译 Justice 时，也同时与 Justice 的主要对译词"公道"共振，因而开始了近代转型，可描述为从"不变"到"可变"、从"修身"转向"应物"，以及从"传统德性伦理学之秩序"转向"近代正当行为伦理学之秩序"的发展过程。

二、"正义"作为概念桥梁的意义：道德的行为制度与正当性平等权利

"正义"概念通过对译 Justice 而连通"公道"概念，因而具备了上述三种近代转型特征，因此得以促成"道的近代转型"。作为概念通道桥梁，"正义"概念与中国传统符合道德法度的"公道"概念近，又对译西方近代符合法律契约正当性的 Justice 概念，因此产生具有重层结构的近代"正义"概念，正是凭借其重层结构作为枢纽，能顺利地使中国人在保持传统基于道德的礼治与礼法秩序下，还能接受近代基于契约正当性的法治与法律秩序。

"正义"一词是中国已有的，后来又成为 Justice 的译词，因此在与近义的"公道"以及与"人道"的共振中，使得中国人对近代"人道"概念的认识也掺入旧有的公道/正义的道德法度层面意涵。但实际上，传统上"人道"一词主要都是依附于"天道"而使用，单独使用很少，至于"公道"则使用较多。因此当近代知识人想将"人道"一词转译为西方 Humanity 概念时，就出现了巨大的落差，因为传统"人道"概念的合理性理据是"天道"，但近代的"人道/Humanity"概念自身就是合理性理据，它是基于行为正义精神，而非传统中国道德精神。为了消弭这样的落差，知识人利用巧妙的方法，通过"正义"一词为桥梁，引介 Justice 概念，并以之与近代"人道"一词共振，企图普及和推动作为 Humanity 概念译词的"人道"概念为中国人所接受。就此概念共振而言，它一方面是成功的，因为与旧有概念相连接，使中国人可以接受从内涵上来说与中国固有概念相近的概念；一方面又是不成功的，因为遮蔽了原先西方近代 Humanity 概念具有的契约正义的法治内核，这就是为何直到现在中西之间谈论"人道"问题时仍会有概念不一致的情况，一者更倾向于道德，一者更倾向于行为正当与否的原因所在。归结来说，"人道"本是基于道德原则的中国传统概念，但近代知识人想将此概念变成基于正当性原则的西方概念，故在转化过程中发现巨大的意义落差时，便需要通过"正义"这样兼有传统道德正义与近代契约正义精神的概念作为枢纽，填补近代更倾向于正当性原则的"人道"概念中的道德空缺。事实上随着"人道"概念转变，其他近

义词也发生变化。"道的有机盈虚消长机制"正是利用"正义"概念帮助"人道"概念顺利地加快转化词义的进程。

正如前述指出,近代"正义"概念在与 Justice 对译,并与"公道"一词近义的情况下,兼有处理公、私领域与修身、应物的双层意涵,是一个具有"合法性"与"合道性"双重特性的概念,因此可在晚清时期与"公道"概念共振下,强化在处理公领域中的国际事务时的应物合法性,又能帮助近代"人道"概念对国内军阀与国际帝国主义进行兼具正当性与道德性的双重批判,产生比近代基于法律契约精神正当性的"公道"概念更能激起国际舆论的情感性力量。虽然正义公道论与正义人道论同样都用在国际外交场域上,但前者运用的是"正义"概念中"应物"面相的制度正义,后者运用的是"修身"面相的行为正义。正义人道论批判军阀与帝国主义同时犯下的"恶"与"不正当"的双重不正义行为,使两者成为最野蛮者,赋予代表进步文明者得以讨伐野蛮者的合法性与合道性双重理据。"正义"概念虽在传统中国与"公道"概念近义而具备包容性,但在近代与西方 Justice 概念以及文明阶梯论的思想共振后,就同时具备了排他性。如上可见,依于与"正义"概念的共振,一方面近代新式"人道/Humanity"概念获得了如同传统"公道"概念一样的传统行为制度正义的道德属性,具备作为人们普遍认同之法的地位,成为列国与他国应物互动时的合道性根据;另一方面"人道"概念也因与"正义"共振,获得了西方 Justice 的概念内涵,成为无产阶级与弱小民族国家对抗资产阶级与帝国主义时的合法性根据。激起"道的有机盈虚消长机制"进而产生"公道消"而"人道长"发展形态的关键,主要就是民初阶段各种国际条约公法的失信事件,造成对"至公至一"与主要基于"正当性"的近代"公道"概念产生价值逆反,使兼具合法性与合道性的"人道"概念增长。其后,由于带有包容性因而强调"至公至一"的"公道"概念无法处理民初之后新与旧、资产阶级与无产阶级二元对立问题,因此"道"的概念中强调"多"的"人道"概念就应需增长,"正义"概念则在其中帮助近代"人道"概念强化正邪二元的道德排他性,并赋予我群行为与制度正当性,帮助完成"道的有机盈虚消长机制"。

因此,"正义公道论"虽在中期阶段乃是处理一体至公世界中的"道的主旋律",但在进入晚期阶段后,由于进入了资产阶级与无产阶级、弱小民族国家与帝国主义的二元善恶是非价值判断时代,就因只具有指引正义行为与制度走向而不具备甄别善恶的能力,必须让位于近代具备了道德批判与甄别正当与否能力的"人道"概念,因而如第三章曾提及的 1901 年《侵略支那之无谋》中"美国文明之国也，美人开化之民也，此予所深信，而诸君所熟识者也。诸君以正义公道为行为之标准，无强弱、无贫富，其待遇实相同也，此等之贵女绅士既自己不欲枉正义以害公道，则其不欲其政府之有暴戾之行也自明，发扬维持一国之德义及名誉者，实在此等贵女绅士也。今吾人将共见万国仲裁裁判所之成，此实由此等贵女绅士之义侠且宽大慈仁之尽力所致"①，这类以引导并期待世界各国都走向同一个文明开化与正义世界的正义公道论就退为副旋律，而带有道德批判与甄别是非能力的"正义人道论"就成为思想舞台上的主旋律，如 1924 年 6 月《向导》刊登《关税会议绝望了！》一文，针对华盛顿会议中原先答应召开的关税会议，甚至是中国退而求其次，希望先召开预备会议，都被各国一致拒绝的事件产生价值逆反，因此文中从道德与正当性双重角度出发批评列强帝国主义，指出"这些强盗们仗着他们本国海上陆上空中的武力，满口说的正义人道的谎言"，然而在关税会议这点上，却连谎言也不管，也不自圆其说地维持假面具，而是"帝国主义所持的论证，竟走到绝地了，他们到了今天，只有蛮干，竟无丝毫道理可说了"。② 这类已经不期望引导列强帝国主义也能行正义公道行为，而是基于正义人道论去对列强帝国主义进行道德失信与武力蛮干而不讲理的不正当行为进行双重批判的论述成了主旋律，响彻近现代。

综上可见，"正义公道/正义人道"论能作用于国际外交事务中，在中期阶段是基于近代以群约与公利为内涵的"正义"概念为所以然，而在晚期阶段则除了延续中期阶段的群约与公利等正当性共识思想外，还增加了传统道德共识作为所以然，这样的变化正是起于晚期阶段回到了公私一元论，故仅作为公领域的"公道"不足以解决时代命题，必须以近代知识人新造的、兼具法律与道德双重性质、串联公私领域的"人道"概念，才足以解决时代命题，成为新时代的"道的秩序"。"公道""人道"概念与"正义"概念的共振，体现出的正是近代中国知识人从相信"至公至一"到悬置或怀疑，以及从中西公私二元论重新回到一元论的发展轨迹。诚如金观涛与刘青峰先生指出，1915 年之际是清廷废除科举并引入西方现代教育的十年之后，有一批新知识分子成长并成为文化主体，因为传统士绅特权与他们无关，因此他们不会支持儒家伦理与社会公共之理必须二分的主张，如陈独秀、吴虞都重新将个人道德、家庭、社会领域和宇宙论整合起来，重新回到忠是孝的延长的思想。随着民初中西公私二元论转回一元论，公理、权利等观念的

---

① 《侵略支那之无谋(接前册)》，《清议报》第 70 册，1901 年 2 月 19 日。

② 章龙：《关税会议绝望了！》，《向导》第 70 期，1924 年 6 月 18 日。

道德内容不断强化,"公理"概念在新文化运动中迅速成为道德代名词。① 不仅"公理""权利"概念不断强化道德内容,对译 Humanity 与 Justice 的近代"人道"与"正义"概念所以共振,也是想用"正义"去提升 Humanity 概念中的传统道德批判性。虽然"道的有机盈虚消长机制"中展现出"天道""公道""人道"的盈虚消长现象,但却可见其共性,就是形上学层面的合理性终极标准"道"是不变的,这代表着即使引入了西方近代基于契约法律正当性精神的 Justice 与 Humanity 概念,仍无法全面取代中国以"道德"作为合理性论证根据的思想,只要作为道德基础的"道"字存在,任何以"道"字为词缀组成的价值属性的词汇—概念始终都会与终极关怀的"道德"紧密相关。

第四节　"道"的应用范围:"世界"概念

从图 6-2 中可见与三个核心概念皆有联系的共现词共有 12 个,分别是"泰西""各国""中国""国家""天地""天下""世界""人民""道德""自然""今日""将来",其中只有"世界"一词同时为两个核心概念的前 10 高频共现词,与"公道"和"人道"高频共现,并与"天道"概念也有所连结,故可视为中国近代"道"的概念网络中最重要的桥梁概念。其与"公道""人道"的共振较"天道"明显许多,显示出"道"的概念开始与"世界"概念共振后,"天道"的力量由于只能处理华夷天下而不能处理世界问题,故逐渐让位于"公道",之后由于世界问题越发复杂,时人发现已无法以"国"为单位解决,故而转向以"人"为单位去解决,而从"以国为主"的国家主义向"以人为主"的世界主义的思潮发展,"人道"概念即在此兴起,特别是"人道主义"的固定使用,此后世界秩序主要仰赖于"人道"概念主持,最后正是在"世界""天道""公道""人道"等概念的多向共振下,完成了世界语境中"道"概念的盈虚消长。那么,"世界"概念是如何推动这一"有机盈虚消长机制"的呢? 以下就对此问题进行讨论。

一、"世界"概念的传统内涵与近代转型

"世界"一词最早见于汉末支娄迦谶所译的《般舟三昧经》《佛说无量清净平等觉经》,其中有"流沙之世界,复倍不可计""如一佛国尘世界,皆破坏碎以

---

① 金观涛、刘青峰:《"天理"、"公理"和"真理"——中国文化合理性论证以及正当性标准的思想史研究》,收入《观念史研究:中国现代重要政治术语的形成》(北京:法律出版社,2010),页 58。

为尘""设令满世界火""众世界诸菩萨"等语，该词是用以翻译梵文中的"loka-dhatu"，将先秦以"世"代表时间、以"界"代表空间的世界观带入佛教的"loka-dhatu"概念里，因此从先秦的"世"与"界"去理解"loka-dhatu"概念时，就限缩、简化了梵文中"可毁坏的类（层）"的原义。"世界"一词自支娄迦谶使用后，主要用于佛教典籍，后来道教经典中也可见，一直到唐代之后才开始有世俗化的意涵，如贾岛的《孟融逸人》"树林幽鸟恋，世界此心疏"，方逐渐逸出佛教指称的彼岸世界的"世界"概念，这种世俗化的"世界"概念在元明时期广泛应用于传奇戏曲中，代表此岸世界的"世道"之意。而后"世界"一词成为如今指称"全球"的用法，则可见于英国传教士马礼逊编于 1815 年、成书于 1823 年的《华英辞典》中以"天下""世界"等汉词对译 world 一词，使"世界"一词具备了今日"world"的意涵，如在"世"和"世界"一栏，解释为"The world of human beings and the present state of existence"，即人类世界、现实世界。综上可见，"世界"概念的近代转向最初是于来华传教士在传教过程中进行的"世界"与"world"概念对译工作中产生，在此之后，中国传统的"世界"概念即与西方近代的"world"概念进行跨语际实践，最后形成目前所理解的"世界"概念，展现出了从传统宗教向度的"虚世界"朝向近代"实世界"的近代"世界"概念转型历程。①

　　而在"世界"概念朝向实世界发展后，伴随近代思想的变化，则展现出新的分化：一方面是受近代转型后的"文明"概念的影响，助成中国传统"世界"概念的"政治化"与"外倾化"，形成晚清国家主义下的"半开化与野蛮世界—欧西文明世界"，以及 1920 年后通过列宁思想的传入使"文明世界"概念分化为"资产阶级文明世界—无产阶级文明世界"；另一方面是受"革命"概念的影响，助成传统"世界"概念的"二元化"与"意识形态化"，"世界"概念被"革命"概念分裂成物质与精神、资产阶级与无产阶级、传统与现代、男性与女性等二元世界。由上可归纳出"世界"概念有从传统宗教中的"虚世界"朝向世俗层面的"实世界"，再进而被"文

① 以上详见张君玫：《"世界"的翻译兴建构——中国西化论述中的几种"世界主义"》，《东吴社会学报》（台北）2006 年第 20 期，页 59—108；鲍永玲：《"世界"概念在近代东亚语境里的断变》，《史林》2012 年第 2 期，页 92—106；鲍永玲：《天下—世界——从概念变迁看近代东亚世界图象之变更》，《哲学分析》2012 年第 4 期，页 76—88；余露：《虚实互用：洋务运动时期的"天下""地球"与"世界"》，《中山大学学报》（社会科学版）2017 年第 4 期，页 72—80；余露：《"世界"一词古代运用的演化轨迹及与近代转变之关系》，《人文杂志》2018 年第 8 期，页 100—109；邱伟云、郑文惠：《走向新世界：数字人文视野下中国近代"世界"概念的形成与演变》，《南京大学学报》（哲学·人文科学·社会科学）2020 年第 5 期，页 88—106。

明"与"革命"概念影响而二分为晚清"文明与野蛮世界"乃至民初"无产阶级与资产阶级世界"的变化轨迹。综上可掌握"世界"概念的近代转型,在主旋律上有从"多元抽象的宗教虚世界"到"一体具象的世俗实世界"再到"二元抽象的意识形态虚世界"的发展过程。虽然中国近代"世界"概念有从抽象虚世界到具象一体实世界再转向抽象的二元对立世界,呈现出从抽象到具象再返回抽象的过程,然而要注意的是,后来的抽象虚世界是传统与现代、资产阶级与无产阶级或文明与野蛮等意识形态的区分,与佛教中所谈的三千世界等抽象世界不同。

二、"世界"作为概念桥梁的意义:具象与抽象

"世界"概念正因具备"具象"与"抽象"的双层结构,因此一方面符合早期"天道""公道"概念主要处理具象世界中从"天下"到"国际"外交事务的需求,另一方面也符合后期思想层面认识加深之后"人道"概念同时处理具象世界中国际外交事务与抽象世界中意识形态问题的需求。诚如前述,由于"公道"概念的功能是引导朝向行为制度正义的秩序,因此预设走向"至公一元世界",但"人道"概念的功能则是对善恶是非正当与否进行法律与道德的双重批判,故预设"是非善恶二元世界"的存在,在此基础上,世界概念就从"天下"的近义词转向"至公至善"之具体世界,继而转为"是非善恶有别"的意识形态世界。比较三个核心概念的世界论后可见,天道之"世界"尚处在较为笼统模糊的阶段,而"公道""人道"的世界论较为具体,共通点是都具体地讨论过黄种人、白种人的人种问题,不同点在于公道世界论聚焦关注如利益瓜分、贸易、国际纷争等法律契约性质问题,而人道世界论则更关注帝国主义屠杀华人与无产阶级工人受压迫等道德性质问题。这样的转折,正是近代知识人意识到在晚清形成的中西公私二元论之下,外部公领域问题迟迟无法解决正是由于私领域问题未得到处理,因而从中西公私二元论转回公私一元论的思想大潮所致,"人道"概念回到一元论中成为公与私、应物与修身、法律与道德、理想与现实等双层结构中的合理性论证根据,当然,也是受到当时时代命题有从中期阶段以"国家利益"为主转向晚期阶段以"人的利益"为主的变化,这是受到"人的崛起"的力量影响所致,使得原先指导世界的"公道秩序"失能,而"人道秩序"兴起,体现出"世界命题"从"国的世界"到"人的世界"的转移。

"世界"概念在"人事无尽涯,天道有推移,努力造世界,此责舍我谁"①的早

---

①　任公:《留别梁任南汉挪路卢》,《清议报》第 54 册,1900 年 8 月 15 日。

期共现中，仍然带有与"天道"相对应的传统包容性与一体式世界观色彩，而近代"世界"概念基于其传统抽象化特性，以及结合前述提到的近代"文明"与"革命"，乃至作为道德与正当行为双重判断标准的"道"的概念后，逐渐获得意识形态上二元对立的道德批判意味。若是没有"抽象世界"的想法，在"和的世界观"下成长的中国人是无法想象为何同处于一个世界中的人类必须二元对抗。唯有以抽象性世界概念作为背景，中国人才能凭借抽象世界观想象出对立的两个世界，进而强化我群性与排他性，推动革命论述；否则处于传统一体具象世界观中，就很容易受到传统"民胞物与"的精神影响，难以产生二元对抗的革命意志。就此可见近代文明与野蛮、资产阶级与无产阶级二分的"抽象性世界"概念的意义与价值。可以说，抽象性的"世界"概念与"公道"和"人道"的概念相互共振下，协助完成了"道的盈虚消长"。

就历史发展来说，早期"世界"概念与"天道"相结合，实为以传统眼光开眼看世界的视角，如"以故《春秋》一书实古今革命之专门科也，其言寄于《公羊》，其旨尽于三世，天道变化，不主故常。世界由野而文，人物自粗而精，蔓衍悠久，层迁递变；周流穿贯，道通为一，革命精理载于是矣"①。这里是以《春秋》所系之天道观察近代世界"由野而文"的线性进化，这类托古改革话语正是早期植根于传统土壤宣传革新的常见论述，但近代知识人很快意识到传统"天道"概念已无法担任由万国组成的新世界中的指导秩序，故两概念仅在早期少量出现，其后则消失无踪。在中期阶段由于中国人仍相信国际条约，因此仍坚信有至公至一的实世界，故公道世界论是当时"道的主旋律"。但在各种国际失信事件导致价值逆反，转入资产阶级与无产阶级、弱小民族国家与帝国主义的二元价值善恶是非对立的晚期阶段后，人们在怀疑至公至一的"公道"概念同时，也顺带怀疑了传统必然由野而文的一体实性世界观，因此如1901年大隈重信（1838—1922）写的《论支那局事》中提及自己曾在1896年11月于东邦会馆论中国局势时指出：国家之亡不是由于敌国外患，都是由于内部原因而不能自存；中国虽然历代盛衰相继，但人民却不因王家兴替而亡；中国今日之衰，正可能是他日兴起之前兆，日本应当出力扶持，捍卫中国维持自主，以求东亚永乐太平之治，列国均享通商之利。而后1898年他又在东邦会馆演说，再次表达应对中国扶持捍卫之意。这是因为维护中国乃是大隈重信所笃守不渝的主张，即使到了1901年，在谈论中国局势时，他仍反复叮咛陈言自己主张的维护

---

① 《哲学丛谈》，《游学译编》第9册，1903年8月7日。

中国宗旨,目的是为政治与富国,两者皆是基于"世界列国公道为鹄的,不专为日本一国私利立论"①。这类基于一体式实性世界观的至公至一的公道世界论逐渐退为副旋律,而带有二元性与对抗性的人道世界论则成为主旋律登上思想史的舞台,如1919年7月,《每周评论》刊登《俄罗斯》一文,指出革命成功后的俄国苏维埃政府空前强固,彼得格勒、莫斯科街道比美国纽约与芝加哥更为安全,人民也能联合抵御外侮,在此内部团结下,西欧某些强国还想用断粮方式让苏维埃政府下的俄国人都饿死,因此文中发问:"人道之谓何? 正义之谓何? 世界大劳之谓何?"②这里可见西欧强国与苏维埃政府实存在于一个你死我活的二元世界观中。

综上可见,"公道"及"人道"概念与"世界"概念的共振发展,是由"万国公断之志愿"的"公道"作为至公至一的"道"的秩序,对应处理具象化的实世界;而后在面对各种国际失信事件中对"公道"概念产生价值逆反下,近代"人道"概念就作为对应是非善恶二元意识形态世界的新秩序而涌现为主旋律,对应着意识形态分化的抽象化世界,这种抽象世界似乎与传统中国宗教向度中的抽象虚世界相互呼应,但不同的是,传统的虚世界是无善恶分别的三千大千世界,而近代的虚世界则是善恶有别的二元意识形态世界。"世界"概念正是基于与"文明""革命""主义"等概念共振,从传统"具象的包容性世界"成为"抽象的排他性世界"。"道"的概念就在与近代"世界"概念共振下,最后盈虚消长出中国知识人新造的以"人"为主、带有是非善恶二元论的排他性的"人道"概念。"人道"概念正是在与近代"世界"概念的共振中,获得了传统中国"人道"一词中并未具备的文明与野蛮、资产阶级与无产阶级意识形态的二元性、激进化、刚性对抗等内涵,成为近代革命叙事中的原理性概念。

第五节 小结:概念桥梁的内涵

从本章研究中可见,中国近代"道"的秩序是在"天道""公道""人道"三者间盈虚消长,主要是通过"人心""正义"与"世界"三个重要的概念桥梁共振而成。通过本章讨论,可发现三个概念桥梁都具备传统与近代两面性,故能作为"道的有机盈虚消长机制"中的重要枢轴概念。诸如本章通过网络分析技术所发现的概念桥梁,正可视为概念史研究理论中所谓的概念转折点,使用数字人文技术可以客观

---

① 大隈重信:《论支那局事》,《清议报》第81册,1901年6月7日。

② 赤:《俄罗斯》,《每周评论》第31期,1919年7月20日。

地找到这样的转折点。过去讨论概念转折问题时，大都是以重大事件为观察焦点，然而概念间彼此的共振，也应视为造成概念转折以及得以转折的重要因素。过去由于受到人工阅读视野与单凭一己之力无法处理复杂概念问题等诸多限制，因此难以发现概念转折现象背后的概念共振轨迹并进行分析，如今通过人机共读，便得以发现促使概念转折的共振概念，甚至是概念之间的概念间性的存在。

所谓"概念间性"是借用"主体间性"（Intersubjectively）概念演化而来。"主体间性"是指有别于"主体性"视野只从"自我"出发，"主体间性"超越"主体性"，不仅关注"自我"，还同时关注"自我"之外的"他者"，同等看待自为存在的主体与另一作为自为存在的主体之间的相互联系与其间的关系，世界就是由众多"自我"与"他者"在"相互主体"下联系而成。"主体间性"视野可以让研究者从"自我/主体→他者/客体"的唯我论式的"单向思考"跳出来，转向"自我/主体↔他者/主体"的"双向思考"，更为全面整体地掌握由复杂互动关系组成的世界。在德国概念史理论发展中，可以看见赖夏特（Rolf Reichart）曾提出不能仅考察单一概念，需同时考察对等、对立、补充概念，从线性的"单独词语分析"拓展为"词语群""概念架构""概念网络"的立体分析的主张，但这一主张强调的是同时研究更多的"概念个体"，并非强调关注概念个体与个体间的关系。就现象学来说，个体与个体的组合并非全部，必须加上关系。因此本书提出"概念间性"，是希望能凸显概念之间交互影响的重要性，亦即不仅观察单一概念的发展，也不仅同时观察多个概念的各自发展，而是能进一步聚焦探讨当两个概念乃至多个概念共振组合之际，会游离/溢出哪些原先两个或多个概念中各自具备的意涵，以及异变出哪些新的概念意涵。正是为了使上述考察视角具象显豁并具可操作性，因此本书在赖夏特提出的"概念网络"理论基础上再提出"概念间性"，借以深化探讨概念与概念间双向乃至多向影响中的理论意义。①

本章通过概念间性角度，发现基于西方现代理性的近代"公道/Justice"概念以"人心"概念作为桥梁，分润共享了"天道"概念中原有的道德之善属性，而"人道"概念则是以"正义"与"世界"两个概念作为桥梁，分润共享了传统"人道"一词中并未具备的二元性、激进化、刚性对抗等内涵。在"道的有机盈虚消长机制"中，当近代"天道"概念因中西公私二元论形成而隐身退后到私领域后，公领域出

---

① 以上理论相关内容，参见保罗·利科（Paul Ricoeur）著，夏小燕译：《黑格尔与胡塞尔论主体间性》，《从文本到行动》（上海：华东师范大学出版社，2014），页309—333；方维规：《概念史研究方法要旨——兼谈中国相关研究中存在的问题》，收入黄兴涛主编：《新史学》第三卷《文化史研究的再出发》（北京：中华书局，2009），页10—11。

现"道的空缺",此时"道"的有机体开始变化,使"公道"概念从传统公领域中的副旋律成为主旋律,其后国际失信事件促使"公道"概念失能而隐身退后,而"道"的有机体又使由知识人新造的近代"人道"概念从传统天道人道论主旋律中的配角跃升成为主角,与"天道"概念一样成为贯通公私领域的合理性论证根据。从以上几个概念桥梁分析中可见,基于桥梁的通道性,桥梁连接的是概念端点间的共性,这共性就是兼具传统道德与近代正当性双面结构的近代中国式合理性论证结构,不论"道"的秩序如何变化,都保持不变;而在概念各端中则可看出其殊性,如"天道""公道""人道"各自的特征;甚至可以看见不同概念桥梁间的关系,如"人心""正义"与"世界"三个概念桥梁,分别对应的是"道"的所以然、近义词、应用范围等,从中可掌握近代"道"的三个主要转型架构。从本章提出的"道"的概念网络系统与概念桥梁视角出发,可进一步回答过去学者曾注意到的中国式合理性根据与论证的演变问题。

　　金观涛与刘青峰先生曾研究指出,中国具有一种不同于西方基于计算与科学的理性主义的合理性形态与合理性论证过程,[①]并敏锐地意识到应当注意在

---

　　① 西方理性与合理性概念早自罗马共和国晚期西塞罗(Marcus Tullius Cicero,前106—前43)的著述与古罗马法典中就已出现,"法律"被看作"与个人无关的理性"(impersinal reason)。后来基督宗教继承此种思想,纳入自然法传统中。到了近代,才以理性作为政治权力与一切社会行动正当性与合理性的根据,这一过程被称为"理性化"(rationalization),亦即经济学家帕累托(Vilfredo Pareto,1848—1923)指出的,理性化就是"人对自己行为正当性进行论证",而合理性论证中必存在合理性根据(正当性论证的前提)和推导规则两个不可化约要素。因此理性化就是用某种合理性标准和普遍规则对社会制度、行为规范的正当性论证,并对宇宙秩序进行解释。后来马克斯·韦伯(Max Weber,1864—1920)从社会学角度讨论了"理性化",直接等同于近代"理性主义的形成",区分出三种理性主义:一是通过计算支配事物的能力,是经验与技能的结果,广义科学—技术的理性主义;二是思想层次上意义关联的系统化,是形而上学—伦理主义的理性主义;三是有系统的生活态度、意义关联与利害关系制度化的结果,是实际的理性主义。而金观涛先生认为韦伯是用西方Ratio的原有意义去概括近代以来基于计算与科学反思社会行动标准的现象,提出第一重理性主义是指社会行动中合理性标准的确立,而第二与第三种理性主义是第一种合理性标准在思想与社会层面的运用,人们运用某种推理规则去串联不同思想领域,借以论证生活方式与制度的正当性,故韦伯认为"理性化"几乎等同于"现代化"。德国社会学家哈贝马斯(Jürgen Habermas)则将"理性化"视为文化层面与社会制度层面不尽相同合理性标准的互动与整理,亦即将合理性标准推到文化、经济、政治制度与所有社会行动过程中。以上详见金观涛、刘青峰:《"天理"、"公理"和"真理"——中国文化合理性论证以及正当性标准的思想史研究》,收入《观念史研究:中国现代重要政治术语的形成》(北京:法律出版社,2010),页29—30;Harold I. Brown, *Rationality* (London and New York: Routledge, 1988), p.38;许希特(Wolfang Schluchter)著,顾忠华译:《理性化与官僚——对韦伯之研究与诠释》(台北:联经出版公司,1986),页3;普塞(Michael Pusey)著,廖仁义译:《哈柏玛斯》(台北:桂冠图书股份有限公司,1989),页39—82。

讨论“理性化”过程时，不能立即陷入基于西方 Ratio 有关的合理性标准并以之进行扩张，因为不同文化会有不同的合理性标准。19 世纪中期后，西方意义下的“理性化”渗入中国文化原有的合理性论证结构中，其互动过程是中国人会用传统形成的常识常情合理的中国式理性思维去论证西方政治经济公领域的正当性，如《佐治刍言》中多用“人之常情”去论证西方现代经济政治制度的合理性，像是“使之世守余业，弗坠家声，世世相传，自然之理也”，这里即是用人之自然常情证明遗产合理。基于常情合理，就能一面支持西方私有制与市场经济，一方面又不与儒家伦常等级矛盾，这是因为常识与常情合理主要就用以论证三纲五常的道德秩序合理性，故在上述诠释下任何经济分配与制度安排就会与伦常等级一致，使得新经济制度成为传统仁政的一部分。[①] 本书通过研究发现，知识人正是利用兼有中国常识常情合理性与西方近代经济政治制度合理性的“正义/Justice”概念，使西方政治经济思想与制度能被中国人接受。至于中国式合理性论证方面，不同于西方公私二元论式，有从公私一元论转向中西公私二元论再转回公私一元论的变化过程，从本书研究中揭示出的传统“人心”与“正义”概念同为“道”的有机盈虚消长机制中的枢轴可见，中国式以道德为常识常情合理性的思考一直贯穿于中国式合理性论证过程中，只是“人心”概念更多倾向于传统宋明理学中的“传统常识常情合理”，而“正义”概念更多倾向于近代的“现代常识理性”，然而不论是中国传统还是近代的常识合理性，都是不同于西方理性主义的合理性形态。[②]

　　金观涛与刘青峰先生从中国近代“天理”“公理”到“真理”概念的演变中，考察出在西方理性主义传入后，中国传统常识理性结构与之相互影响的轨迹，借以

---

① 见金观涛、刘青峰：《“天理”、“公理”和“真理”——中国文化合理性论证以及正当性标准的思想史研究》，收入《观念史研究：中国现代重要政治术语的形成》（北京：法律出版社，2010），页 46—47。

② 金观涛与刘青峰先生指出：中国基于常识理性的理性化，展现出不同于西方现代化的理性化案例，如重常识和常情合理与强调形式法规、法律和计算不同；中国的形上学层面的合理性终极标准是以道德为基础，始终与终极关怀的道德紧密相关，与西方理性主义对基督宗教终极关怀而言只有工具性意义不同，西方合理化导致的是工具理性的扩张，因此中国人很难理解为何西方现代化与理性化只是属于“工具理性”；中国文化的理性化与现代化没有直接关联，但西方理性化意味着工具与价值二元论理性主义成为西方近代文化主流并成为现代化的巨大推动力。以上详见金观涛、刘青峰：《“天理”、“公理”和“真理”——中国文化合理性论证以及正当性标准的思想史研究》，收入《观念史研究：中国现代重要政治术语的形成》（北京：法律出版社，2010），页 40—42；金观涛：《中国文化的常识合理精神》，《中国文化研究所学报》新第 6 期（香港：香港中文大学中国文化研究所，1997），页 457—471。

描述中国现代化的独特历程,归结出中国一元论式以道德为核心的合理性论证结构与西方二元论式理性主义完全不同,证明中国现代理性主义不能以西方近代以来的理性主义去理解,而随着"五四"后新意识形态确立,西方现代化理性主义论证也在中国消失了。就此,本书也指出中国近代"道"的概念所以兼有道德与正当性双重价值,正是"道"的近代转型后的结果,继承了传统"道"的终极关怀,也接受了西方相对于基督宗教终极关怀而被视为仅具有工具性意义的理性主义。因此,"人心"与"正义"和"道"的共现成为中国传统常识常情合理性与西方近代合理性都同具于近代中国之"道"概念中的语言学证据。通过概念桥梁串联"天道""公道""人道"三端,可见不论近代"道"的关切对象如何从"天"转至"公"再从"公"转至"人","道"是不变的,而这不变之"道"就是中国传统中以道德为常识常情合理性这一论证基础始终存在,差别只是道德有新旧之别。

另外金观涛与刘青峰先生在研究"天理""公理"与"真理"三个概念的消长时还曾指出,在西方现代性冲击下,中国文化并没有改变自己正当性论证的推理结构,即使正当性论证词汇不断变化,但中国宋明理学的正当性与合理性论证结构具有极大的内稳定性,在洋务运动时期把西方事物纳入自己的论证结构,清末新政与预备立宪时期这一结构看似被巨大外来冲击破坏,必须要用中西公私二分法纳入西方理性主义,然而随着西方冲击力加大,中国知识分子的现代常识形成,传统的常识理性被现代常识理性替代后,现代常识理性又成为中国现代化事业的基础。就此而言,西方现代性冲击并没有改变中国自己的正当性论证的推理结构。[①] 就此,本书通过研究想进一步指出,西方现代性冲击并未改变中国合理性论证推理结构的关键,主要因素之一正是因为"人心"与"正义"这两个概念自古就兼理公私,而在近代转型后又能兼有中西传统与近代意涵,因此能够巧妙地作为"道的有机盈虚消长机制"中的枢纽,通过概念桥梁自身双层结构的变换,使"道"在盈虚消长过程中不出现严重的中西冲突,使得近代思想转型顺利完成。从"天道""公道""人道"概念的共振系统中可看出,"道"朝向个人主义与功利主义这两种"五四"时期核心道德观的转向,一种人的价值、信念与制度规范的正当性皆来自人们依据自由意志与理性自我立法的世俗化(secularization)的发展过程,[②]与过去

---

① 金观涛、刘青峰:《"天理"、"公理"和"真理"——中国文化合理性论证以及正当性标准的思想史研究》,收入《观念史研究:中国现代重要政治术语的形成》(北京:法律出版社,2010),页69—70。

② 关于西方社会的世俗化历程以及现代价值观的形成研究,参见布林顿(Crane Brinton):《西方近代思想史》(上海:华东师范大学出版社,2005)第四章《第十八世纪:新宇宙观》;理查德·塔纳斯(Richard Tamas):《西方思想史》(上海:上海社会科学院出版社,2007)第五篇《现代世界观》。

以内在或外在超越作为指导原则大大不同。"道"的秩序成为以个人幸福与快乐为原则的正义人道,而非超越世界所立的原理天道。

　　通过本章对概念史方法的推演和与以往学者的研究对话可以发现,概念桥梁理论中的通道共性与端点殊性的考察视角,可以深化与推进概念史研究理论。而唯有通过数字人文方法中的网络技术,方能敏锐客观地发现人力难以看见的复杂概念关系中的概念桥梁并作进一步的定性分析。从本章可见,通过数字人文技术确实能对概念史研究理论进行进一步的深化与拓展延伸,而数字时代中的我们也确实得以看见概念史方法理论在数字转向下发展的可能契机与崭新方向。

第七章 结论:"道"的近代转型

　　1905 年刘师培在《国粹学报》发表《理学字义通释》一文,文中谈及"道"字时指出:《说文》中提到"道德之道"引申自"道路之道",因为都是悬一准则让"人所共行",因此过去是"以行训道";其后强者基于个人利害而制定法律与道德之权,此乃基于巩固一己之权的强者君主道德,为人民濡染而本之为是非,最后视为天理当然之道者,其实并无一定。[1] 上述这一论断恰恰说明,"道"在"训义日歧"中展现可变的一面,与时世相消长。在中国古代,这一消长相对守恒地固定在了"天道"这一概念上,并以"公道""人道"作为补充;但在面临 1872 年之际李鸿章已经意识到的"三千余年一大变局"下,[2]引入西方概念而得以丰富的"众人总意"之"公道"和已然转变意涵,带有进化、二元性、激进性、刚性对抗等新内涵的"人道"在知识界逐渐崛起,而守恒之"天道"则渐渐脱离精英话语,向知识界的博物馆化和庶民日常的民间化两个语境分流。正因"道"这一概念具有极强的延展性,使得现代性转型之后的思想界仍能保留"道"这一极具甚至代表中国特色的关键概念;也因为这一概念的留存,今天我们在重审百年思想转向时,仍可通过辨章考镜,寻回中国之"道"的有机盈虚消长过程及其意义。以下第一与第二节内容将围绕中国近代"道"概念的有机盈虚消长现象,乃至中国近代思想转型问题进行总结讨论,而第三节中将从方法论层面进行总结讨论,揭示出会通词汇史、概念史与数字人文学等研究理论的"数字概念史"方法,并从方法比较角度出发,指出数字概念史研究的宏观性和时空张力,可补以往一般概念史之于思想史方法的不足。本书认为通过"数字概念史"的管径能打破思想史研究中常见的线

---

[1]　刘光汉:《理学字义通释(续第九期)》,《国粹学报》第 10 期,1905 年 11 月 16 日。

[2]　李鸿章:《筹议制造轮船未可裁撤折》,《李鸿章全集》第 5 册(合肥:安徽教育出版社,2008),页 107。

性史观和连贯性神话问题，以聚集词汇、概念、话语等语言视角的方式，更加立体、现场以及客观地俯瞰复杂的思想之消长。

第一节　中国近代"道"概念的有机盈虚消长机制

"天道""公道""人道"三个"道"的重要衍生概念，都经历了从封建王朝到现代民族国家、从传统到现代的转型。在近代思想转型时期中，三个概念直面了当时普遍认为中国传统思想已失能以及西方近代思想更为全能的问题。三个概念落入了一面作为中国传统思想代表却在面临近代国际外交秩序与天演进化论时的失能困境、一面又须设法对自身重新赋能以使中国获得足以富强的新的道的秩序的两难中。在此转型时代中，"道"的概念凭借着近代中外思想家的多义性演绎，终于在近代转型中不被淘汰而生存下来，近代知识人为"道"概念自身进行了调适工作，因而变化出兼有传统与现代双层意涵结构的"天道""公道"与"人道"三个概念。通过三个概念各自有双层结构的多重变化的文化混生调和叙事，"道"的概念在近代知识人对传统儒学价值逆反的思潮中被保留下来。本书以"天道""公道""人道"概念为中心，观察晚清士绅与民初新一代知识分子如何运用三个概念去直面清末与民初各自的时代命题，并进一步将这三个概念带到中国近代"道"的概念史中的三个宏大议题上进行讨论，即：三概念在中国近代"道"的概念形成上的意义、三概念在中国近代化进程与两歧性中的意义，以及"道"的概念对"天道""公道""人道"三个概念主体生命—政治自我实践的意义。这就是以下要讨论并总结的问题焦点。

在第一个问题，"天道""公道""人道"三概念在中国近代"道"概念形成上的意义方面，本书指出中国近代"道"概念的盈虚消长机制和过程同近代西方工具理性的传入与发展相伴而生，展现出"道的世俗化"现象，亦即"道"在面对西方个人主义与功利主义成为时代主流价值时，从重天轻人的神圣之道一面转为重人轻天的世俗之道一面，在语言学证据上即呈现为"道"的主要应用词语从"天道"转向"公道"与"人道"的过程。许纪霖指出到了晚清随着内忧外患的不断加深，人们开始不再以陈义高下的道德为标准，而是以是否能够富强救国的功利尺度来考虑问题。这种从理向势、从义向利、从价值理性向工具理性转移的趋势，使儒家的精神开始功利化，[1]求变成为当然之势，起先从器物层面，随之到制度层

---

[1]　参见许纪霖、陈达凯：《总论》，收入许纪霖，陈达凯主编：《中国现代史第一卷 1800—1949》（上海：学林出版社，2006），页 23。

面,最后一步步逼近价值层面——纲常名教,儒学的意识形态发生了动摇,作为中华文化根本的"道"概念也对应着世俗化趋势产生了有机盈虚消长机制。

在"道"以世俗化作为有机盈虚消长方向之下,"道"的有机体通过"隐天显公"的盈虚消长机制,展现出会通中国传统"公道"概念与基于西方《万国公法》之自然法的"公道/Justice"概念之一面,有别于中国传统基于人格天与形上天的价值理性的"天道"秩序。"道"的世俗化启动要素之一,正是面对传统天下观中的"天道"秩序无法处理万国事务,万国事务不能再以基于"天道"的传统常识理性来思考与处理,而是要基于工具理性的万国总意,在救国富强等功利尺度的外部需求以及人们对秩序感的内在需求等双重驱力下,促成了"道"的第一次有机盈虚消长机制的运行。而第二次"道"的有机盈虚消长机制,则是在"公道"概念失能与国家主义被疑惧之下启动,"道"的有机体通过"隐公显人"的盈虚消长机制,展现出会通中国传统"人道"概念与基于"个人功利"的工具理性的西方"人道/Humanity"概念之一面,一方面在有别于中国传统基于"物人"而形成的"天道"秩序之下,与之互动产生出共振的盈虚消长论述,如无政府主义者提出家庭革命、圣贤革命、纲常革命等对抗儒家道德伦理之"天道"秩序的人道进化论,[①]或民初知识人提出以人道主义为女子跳脱儒家天道伦常尊卑框架的基石,呼吁女子应为获得经济独立与人格独立而奋战等;[②]另一方面有别于在维持国际外交的工具理性下所形成的国际"公道"秩序,如译自日本的《论第二次平和会始末情形》一文中,即基于"人道"概念怀疑应当代表"公道"的第二次和平会议是否真能达成和平与人道结果。[③] 就此可见,"道"就像是个有机体,在传统封建时代盈长出"天道"概念,但到近代中西互动时代,则随着时代需要,使"公道"苗壮,而抑制过去"天道"的生长;而后伴随"人"的觉醒,则又发生"人道"概念苗壮,抑制"天道"与"公道"生长的有机盈虚消长现象。

"天道""公道""人道"三个概念看似此消彼长地有机活动,其实都是作为主体的"道"的自我调适机制的表现。"道"的概念会随着时代命题的变化与需要,不断改变其盈虚消长方向。因此"天道""公道""人道"三概念在中国近代"道"的概念史上的意义,就是凭借着三概念彼此交相共振出的盈虚消长机制,使得作为

---

① 真(李石曾):《三纲革命》,《新世纪》第 11 期,1907 年 8 月 31 日,收入张枬、王忍之编:《辛亥革命前十年间时论选集》第 2 卷(北京:生活·读书·新知三联书店,1978),页 1015—1021。

② 王会吾女士:《中国妇女问题—圈套—解放》,《少年中国》第 1 卷第 4 期,1919 年 10 月。

③ 译日本明治四十年六月外交时报:《论第二次平和会始末情形》,《外交报》第 7 卷第 16 期,1907 年 8 月 3 日。

中华文化根本的"道"，能通过各种调适性变化，继续作为指引中国顺利进入近代乃至现代世界的指导原则。中国的"道"并不会消灭，而是随着不同时代语境产生有机消长，这正体现出中国之"道"的生生不息的特点。"道"的概念通过自我盈虚消长的调节，最终消融了与传统中国封建等差秩序相表里的"天道"概念与万国观中至公至一的"公道"概念，追求以"人"为主的"道"的秩序。"人道"概念跳出了传统天道人道论与近代《万国公法》中"公道"概念中的集体主义范畴，如章太炎认为人类与人道乃是自足自立，是自然事实，与社会价值无关，正是因为人迷信超自然而使人道与人伦衰退；①又如吴曾兰将"人道"概念从与传统儒家尊卑名分道德相合的话语中抽离出来，并重组于现代法律与现代国家体制之中，认为"人道"概念与"道德"无涉，并非由"道德"赋予价值基础，而是由"法律"加以保护与维持。② 由上可见，"道"在近代有机盈虚消长的最后形态——"人道"概念确实与传统"人道"概念不同，同时包含着以道德精神为主的合道性与以契约法律精神为主的合法性，成为有别于西方而具有中国特色的合理性论证根据。

若从中国近代"道"的概念发展轨迹来看，可总结出中国近代"道"的盈虚消长主要有一由"天"到"公"再到"人"的解码与编码过程，亦即秩序原由"天"与"君"而定，后转向由众人而定的发展趋势。从"天道"到"人道"看似一种从注重无条件的纯粹信仰的"价值理性"到强调考虑后果以择定最有效方法的"工具理性"（世俗化）、以"数"作为新秩序的发展轨迹，但其实不然，因为中国式合理性与西方理性主义碰撞下所产生的近代"人道"概念，虽然一方面展现出刚性的工具理性，但另一方面其实仍然具有精神超越的价值理性，如从双语字典可见"人道"一词仍有对译西方的 Moral、Deontological 等道德性概念的现象，因此吴曾兰才会努力想将"人道"拉出于"道德"之外，试图通过解构这种中国式合理性论证结构而将"人道"概念全盘西化，借以通过近代"人道"概念之普遍性去进行反儒与反传统的工作，这显见当时"人道"概念确实兼具价值理性与工具理性两面，代表的是"道"概念的现代性转化的完成。③ 基于近代"人道"秩序的中国式合理性思

---

　　① 参见王中江：《章太炎的近代祛魅与价值理性——从"自然"、"人性"到人的道德"自立"》，《中山大学学报》（社会科学版）2013 年第 4 期，页 106。

　　② 吴曾兰：《女权平议》，《新青年》第 3 卷第 4 期，1917 年 6 月 1 日。

　　③ 中国式合理性论证结构的形成机制如金观涛与刘青峰先生指出："西方理性主义合理性标准强调形式法规、法律和计算，而宋明理学则注重常识和人之常情为合理。……其次，西方理性主义对于基督宗教终极关怀而言，只具有工具性意义，合理化导致工具理性的扩张。中国合理性终极标准虽然也属形而上学层面，但它是道德的基础，始终同终极关怀——道德紧密相联。……第三，从合理性论证过程来看，西方的理性化意味着二元论理性主义成为西方近代文化的主 （转下页注）

考,是认为社会价值可以量化,主张以工具理性为前提的价值理性,亦即要先有数量代表性上的工具理性,而后才能真正实现具有一定共识基础的价值理性。如德国社会学家马克斯·韦伯(Max Weber)倾向认为中国传统思想中并无工具理性(Instrumental Reason),在近代才由西方传入。虽然这个全称命题式的主张后来受到很多人的挑战,认为中国传统中也有工具理性思维,因此尚有可以商榷之处,但本书认为韦伯所言大体上仍不失为一种合于中国总体历史发展的观察。在"工具理性"传入并触发"道"的有机盈虚消长过程中,松动了中国传统以"价值理性"之"天道"概念作为根基的纲常秩序以及天生的贵贱与人为的贫富秩序,并汇入"工具理性"思考,形成作为新秩序的近代"公道"与"人道"概念。在中国近代"道"的概念有机盈虚消长机制中,呈现出一种"价值理性"与"工具理性"此消彼长,最后形成兼有"价值理性"与"工具理性"双层建构的中国式合理性论证结构的发展过程。

随着第一个命题的回应,可带出第二个问题,过去研究者都仅关注到"道"的概念如何被知识人运用,自明性地认为中国近代知识人都不怀疑"道"的存在,此一情况造成目前中国近代"道"的概念研究呈现出一种正向积极的"求道"书写样态,但本书却从"天道""公道""人道"概念研究中,观察出三种道的概念都具有共同的"舍道"叙事,中国近代除了"求道"外还有"舍道"现象。"天道""公道""人道"三个概念的"舍道"论述,实乃具有回应时代命题的特殊意义,具有推动"道的近代化"与"解决转型时代中两歧性矛盾"的功能,这即回应了本书第二个命题:"天道""公道""人道"在中国近代化进程与两歧性中的意义。

"天道""公道""人道"概念都曾出现"舍道"叙事,其关键原因正是时人虽都曾相信三种"道"能带来富强新秩序,承认存在"道"的理想秩序世界,但却在现实

(接上页注)流,它是现代化的巨大推动力。虽然在二元论理性主义中的欧陆一系也存在着建构一元论意识形态的可能,但它同道德意识形态并没有直接联系(十九世纪末、二十世纪初西方法西斯主义和马列主义的兴起,只是二元论理性主义面临危机的结果)。而中国文化的理性化则与现代化没有直接关联,但始终是重构道德意识形态的深层动力。……当中西这两种理性主义互相碰撞时,由于受冲击的一方只能从自身的合理性论证结构来理解另一种理性主义,这使得西方现代理性主义传入另一种文明时,它被接受的程度和形态,必然会受到原有文化的合理性论证结构的制约。由于现代化与西方意义下的理性化密切相关,这样,我们可以从西方理性主义与中国传统常识理性结构的相互影响,来考察中国现代化独特的历程,以及中国文化现代转型的意义结构。"见金观涛、刘青峰:《"天理"、"公理"和"真理"——中国文化合理性论证以及正当性标准的思想史研究》,收入《观念史研究:中国现代重要政治术语的形成》(北京:法律出版社,2010),页42。

经验不断挑战"理想的道的秩序"下产生价值逆反。因此当"天道""公道""人道"概念面对当时国内洋务运动、戊戌变法失败，以及国际上的甲午战争、八国联军侵华战争、日俄战争、"一战"后巴黎和会失信等事件时，为能在价值逆反下产生"道的真空"问题之际维持秩序而不致混乱，就必须建立"舍道"叙事，这是一种"断尾求生"的方法，舍弃"天道"而求"公道"，舍弃"公道"而求"人道"，借此使人们心中的秩序感能生生不息，进而避免"道"的真空可能带来更为严峻的混乱。本书认为近代"舍道"叙事除可帮助当时知识人缓解对一切秩序怀疑而可能导致价值全面崩溃之外，也具备缝合理想与现实两歧性矛盾与冲突的作用。如"天道"概念的博物馆化以及"人道"概念的悬置论述，就是通过把"天道"与"人道"概念限制在理想层面中，避免与现实中屡屡发生的国际失信事件互验，造成对"道"的概念产生全面价值逆反。

　　因此"天道""公道""人道"的"舍道"叙事，一面可避免"道的失能"问题，因为总是能有旧"道"承担失能责任；一面能在对旧"道"失信失能的怀疑恐惧中立即转向新"道"，立即找到新的能依凭以处世的秩序与准则。就此便能解释为何现实中会有这么多"道的失能"现象，正是因为旧"道"不灵，作为理想之"道"便能在盈虚消长中不被现实证伪而保留下来。如面对无法凭借"天道"概念处理传统天下观中的中外问题而产生"道"的失能之感时，便以近代"公道"概念进行思考，从"朝贡关系"转向"平等关系"思考后，"公道"概念即能补救"天道"失能可能产生的秩序危机；而在面对如巴黎和会国际失信事件后造成的"公道"概念失能危机下，便以近代"人道"概念进行思考，从"国家权利"转向"国民权利"，"人道"概念就能超越协约国所代表的"公道"而与之抗衡。从上即可见近代"舍道"叙事的作用、意义与价值。而在由"天道""公道""人道"概念所共同展现出的近代"道的概念史"中，除见"舍道"叙事具有缓冲两歧性矛盾与冲突功能之外，还可见三个概念都基于传统本土思想内涵会通了西方概念，促成了中国"道"概念的近代转型，如"天道"概念具备了西方的 Providence、Dispensation、Celestial Principle、Normal Right 等等概念内涵，"公道"概念具备了西方的 Just、Equitable、Fair、Equity、Justice 等概念内涵，"人道"概念具备了西方的 Moral、Deontological 等概念内涵。正是"天道""公道""人道"三个概念与西方近代政治词汇与概念的互动共振，完成了中国"道"概念这一有机体的盈虚消长，使得中华文化根本之"道"能从传统走向近代，能与近代西方乃至全世界沟通对话。

　　从"天道""公道""人道"概念的论述中可见，通过会通中外，三种"道"都具备了回应西方近代命题的能力，通过"舍道"叙事，能让"道"的有机体不至于在近代知识人对"天道""公道""人道"产生价值逆反后因为找不到新秩序,产生强烈的无力感而导致怨恨情绪发生,进而对"道"的概念产生否定主义之下价值颠倒的认识。① 通过"道"的有机体的近代转型,时人可用博物馆化的"天道"概念进行知识启蒙,用工具化的"公道"概念进行救亡外交,用排他性的"人道"概念激起革命行动。以"天道""公道""人道"三概念的变迁作为"道"的近代化的三个主要代表,可以折射出中国近代思想转型进程中的关怀转移,这是本书在讨论中国近代"道"的概念史后想突出的一个重点。承上,从殊性来说,可以看见"道"的有机体化生出的"天道""公道""人道"概念,各自负责了启蒙、救亡、革命任务,而就共性来说,三个概念都呈现出外倾化趋势,即都有从"修身"转向"应物"的转移趋势,正因如此,三种"道"的概念与过去传统的应用有所不同。以上即是"天道""公道""人道"三概念在中国近代、现代化进程与两歧性中的意义。

第三个命题为"道"的概念对"天道""公道""人道"三个概念主体生命—政治自我实践的意义。本书通过"天道""公道""人道"三个道的概念,说明中国近代"道"的概念转型除推进启蒙、救亡、革命三种行动外,也对三个化生概念的主体生长具有意义。在普遍性上,三种化生之"道"的关怀是一致的,都是要以一种秩序形式进行社会控制,但在不同化生之"道"的特殊性上,展现出不同的秩序规律。学者在研究中国近代"道"的概念时更为关注总体关怀,例如罗志田认为中国"道"的概念总体关怀是救亡图存,不论中国、欧美还是俄国之"道";王汎森则认为"道"的总体关怀是包容性的。以上这些都是在普遍主义视野下的宏大的"道"的关怀,然而本书认为在总体关怀之下,不同化生之"道"各自的关怀也需加以分别讨论,以求在总体与个体关怀互映之中更好地掌握中国近代"道"的概念

---

① 所谓"价值颠倒"之内涵可以"酸葡萄心理"为例,狐狸由于跳不高所以吃不到树上的葡萄,因此对于自己"天生脚短"感到"极度无力感",故而产生"价值位移"现象,宣称此树上的葡萄是酸的,所以不用努力去获得。因为狐狸仍与一般正常价值判断一样,认为"甜的好吃,酸的不好吃",因此这样的"酸葡萄心理"代表的是"价值位移",试图以此自我安慰,但这本质上就是一种渴求不得、深感无力的怨恨心态反应;而"价值颠倒"则不同,是指狐狸将"酸甜逆转",认为"甜的不好吃,酸的才好吃",这样的价值逆转即是 Scheler 指出的"价值颠倒"现象。举个中国的例子,如中国妇女对于自己始终无法逃离"男尊女卑"框架而感到"极端无力感",故而对于自己的"无能"产生"价值颠倒",即将"无能"视为"美德",颠倒了一般将"有才"视为美德的价值观,因此而有"女子无才便是德"的箴言产生。有关"怨恨"与"否定主义"的相关讨论,可参见尼采(F. W. Nietzsche)著,周红译:《论道德的谱系》(北京:生活·读书·新知三联书店,1992);马克斯·舍勒(Max Scheler)著,罗悌伦、林克、曹卫东译:《价值的颠覆》(北京:生活·读书·新知三联书店,1997)。

发展轨迹。故本书从"天道""公道""人道"三个概念论述的变化加以观察，揭示其背后各自的"以言行事"及"以言取效"内涵，从化生之"道"的生命—政治脉络出发，观察"天道""公道""人道"三个概念的生存情境，发掘出三个概念与其共振概念如何吸引概念使用者对其进行诠释与运用，凸显三概念的近代转型除受总体关怀影响外，概念主体自身发展规律与个别关怀也对概念转型具有影响。本书认为只有从总体概念史与个别概念史两种角度交叉研究讨论，才能避免个别概念史研究总是在总体概念史论述中被淹没，而忽略了个别概念主体发展规律重要性的问题。

本书认为"天道""公道""人道"概念，分别助成了中国近代家庭、社会、国家乃至国际等层面，在观念、制度、行动三层次的"道的秩序"上的革命。正是在这三个向度上的道的秩序革命成功，促成了"五四"以后"人"能成为价值理性与工具理性的双重"合理性"根源。换言之，中国近代"人的觉醒"，正是在与"道"的近代转型的共振中才得以兴起。从"天道""公道""人道"三概念主体各自的发展轨迹中，可归纳出促使中国近代总体之"道"形成的内外关怀结构：向内需要能引导中国走向世界的原理秩序，向外需要能令中国富强的制度与思想工具。正是上述内外关怀结构促动了中国近代"道"的有机盈虚消长机制；正是在上述内外关怀结构下最终形成了依违"普遍理想与特殊现实""中国秩序与世界秩序""赓续传统与现代转化"三种张力下，集"基于现实的工具理性之上追求理想的价值理性""追求中国式的世界秩序""兼容传统与现代两面性"三个特点于一身的中国近代"道"的总体概念。由上可见从三个化生之"道"的个别概念史与"道"的总体概念史交叉讨论下，可以更周全地得出中国近代"道"概念的形成轨迹、内涵与意义。

本书在完成"天道""公道""人道"三个化生之"道"的个别概念史与中国近代"道"的总体概念史的描写与分析工作后，接着想进一步进行评估性讨论，以下将对三个概念的历史变迁进行价值评估。本书认为就上述三个化生之"道"的概念发展来说，"天道"概念逐渐从人格天转为自然天乃至博物馆化，成为思想学术史中的一个"概念陈列物"，从思想启蒙而言确实帮助时人解除了"天道"概念中的神秘性与自明性，使人们能理性地认识"天道"概念；由于"公道"概念并未在国际外交场域上成功捍卫中国的主权，因此不能说其具备了拯救清朝的功能，但它却改造了中国人原先对于"道"的秩序的理解，使国人能够接受"积私以为公"与"众人总意"等思想，就此来说，"公道"概念确实拯救了中国国民的身心，使国民能逃逸于"天/君"的纲常束缚与自为奴隶的国民性；至于就历史事实来说,"人道"概念确实有效,因为此一概念是中国近代"道"的有机盈虚消长机制的最后形态,也是最为符合现代性的、能作为与西方世界对话基础的"道"的秩序,帮助中国完成了"道"的秩序革命。从上可见,"天道""公道""人道"概念确实都完成了各自概念主体生命—政治自我实践的目的,往更大的历史意义来说,三种化生之"道"确实在近代思想转型期中,在面临传统—现代、理想—现实、中国—世界的矛盾与冲突时,具有某种程度的缓解对"道的失能"的疑惧与社会控制危机的功能,故本书认为"天道""公道""人道"三个概念总体而言是有效并有价值的。

本书通过研究总结提出的中国近代思想的有机盈虚消长转型论,其作用是能有效维护在谈近代思想转型时中国思想与概念的主体地位,能避免陷入基于西方中心主义的"冲击回应说"去谈概念转型时容易产生的偏差问题,以及能使研究者关注到推动概念演变的内在趋势动力此一研究视角。本书认为唯有深入概念演变的内在趋势动力角度去思考,才能理解为何"道"概念的近代转型是以"天道""公道""人道"三者消长的形式出现,以及它们为何只与某些共现概念产生共振而不与其他西方新概念共振。要回答这些问题,就必须关注以"道"的概念作为主体的有机盈虚消长机制中的内在趋势动力,但这一层次的问题却为目前大部分学者所忽略。本书希望通过有机盈虚消长机制理论的提出与自觉,使中国的概念史研究更为深刻与多面相,不再陷入西方中心主义,而以中国概念为本体,勾勒出中国近代各个重要概念的转型轨迹,此即本书提出有机盈虚消长机制理论的关切所在。

第二节　重审中国近代思想转型

从本书研究中,我们得以看见中国近代"道"概念与中国近代思想转型思潮紧密联系在一起,具有同体共振的现象,甚至说"道"为中国近代思想转型的总体转型过程中最为核心根本的基础概念也不为过。若非"道"概念产生有机盈虚消长的近代转型,中国可能会更晚走上现代化道路,无法如目前所知历史般如期地推翻封建、建立民国,乃至开启新民主主义革命。由此可见"道"的总体概念发展与中国近代思想转型间的密切关系。而正是因为两者关系密切,因此若从本书研究所得之中国近代"道"概念的近代转型视野出发,当可看见中国近代思想转型总体过程中的细微肌理,增益对中国近代思想转型的理解。因此下面基于本书研究结果与前人就中国近代思想转型研究的相关问题展开对话,借以重审并深化对中国近代思想转型历程的相关讨论。

其一，有关转型时期的时间和阶段问题。

首先本书对张灏先生的近代思想转型理论表示肯定并略加调整。本书在中国近代“道”的概念史研究中确实看见张灏先生指出的近代思想转型的现象，肯定1895—1925年为中国近代思想转型的重要时段，但从数字人文角度可进一步发现，当转型时段的开始时间从1895年往前调整为1840年时，就能观察到更多的思想转型意涵，能看见“道”的概念在传统至近代之间的“枢纽转折”，以及更多的“天道”及“公道”概念的逐步有机盈虚消长现象。本书在此即通过定量研究证明了金观涛与刘青峰二位先生以1840—1925年为中国近现代思想转型期的理论正当性。

其次是对金观涛、刘青峰先生的中国现代重要政治观念的形成三阶段论的思考。两位先生经过长期研究，发现举凡中国现代重要政治观念的形成都经历了选择性吸收（1840—1894）、学习（1895—1915）与重构（1915—1925）这三个阶段。[①] 本书肯定两位先生以1840—1925年作为中国近现代观念形成考察时段的主张，然而本书通过研究发现，“道”在概念转型中，于1860年前后就已经开始学习西方关于Public的“公”的概念，而在1900年之后就开始对传统“公道”概念进行重构工作。因此本书认为不同的概念会有不同的选择性吸收、学习与重构时期，未来在讨论思想转型分期问题时可以三阶段论为基础，配合所研究概念，重新调整与解释概念的吸收、学习与重构的时间与现象，这样会更符合概念发展的历史。

其二，有关近代思想转型的“连续”与“断裂”问题。

过去研究者从思想史角度出发指出从“天道”向“人道”的发展是不连续的，认为封建时代的“天道”与民主共和时期的“人道”概念是断裂的，但本书认为若从“道的有机体”的总体概念史角度来看，从“天道”到“人道”的发展就是“道”的总体有机盈虚消长过程的外在表现。上述“天道”与“人道”概念断裂的二元式论述，是在西方基督宗教信仰的价值理性与科学的工具理性二元对立基础上，采取线性的新旧新陈代谢式思考所致。然而上述“二元式”视野，会遮蔽掉中国式合理性其实是一种兼容结构的认识，以及忽略个别概念变迁乃是总体概念的有机

---

① 关于三阶段的时间起讫，金、刘二先生有过些许调整，本书依据的是最后调整结果，详见金观涛、刘青峰：《中国近现代观念起源研究和数据库方法》，《史学月刊》2005年5期，页89—101；金观涛、刘青峰：《隐藏在关键词中的历史世界》，《东亚观念史集刊》第1期（2011年12月），页55—84。

盈虚消长的结果。故本书指出在考察"天道""公道""人道"等个别概念乃至"道"的总体概念时,必须有别于过去基于线性思维以连续性与非连续性两种视野进行考察的方式,而应当从有机性出发进行系统结构式的全面考察,否则采取线性的连续与非连续性考察方式,就会忽略如"人道"概念的涌现,其实是与在重人轻天化、博物馆化、民间化、自然化下退为副旋律的"天道"概念同时共振的结果,这一点信息在过去就时常被线性的连续性与非连续性的新陈代谢式思考所忽略。综上,本书在通过"天道""公道""人道"这三个中国近代"道"的核心概念词的发展轨迹,具体而微地归纳出"道"的现代性转型机制下,想修补柯文(Paul A. Cohen)关于中国现代性考察应从传统与近代转向的连续性与非连续性视角出发进行观察的主张。

柯文于《在中国发现历史:中国中心观在美国的兴起》(增订版)一书中指出传统与近代是相互渗透的、是一连续体,并以此修正费正清(John King Fairbank)、列文森(Joseph R. Levenson)等人的传统与近代二元的冲击回应论,主张放弃传统与近代相比的整套近代化理论术语,转向考察连续性与非连续性更为适当。[①] 然而仔细思考,柯文所谓的连续性与非连续性考察视角亦有所缺失,无法趋近历史真实。本书认为趋近真实的历史应是复杂的,如借用德勒兹(Gilles Deleuze,1925—1995)的"皱褶"(The Fold)[②]理论或可描述历史的内涵乃是由古今中外的观念、制度、行动,以一种复杂的方式"皱褶"而成。正如从史料中可见,近代中国知识人所学习的西学不一定是近代才产生的,也包含着直承传统希腊罗马之学问者,所谓西学更可进一步分为德、英、法、美等思想;同样情况也发生在中学里,"中学"此一概念同时包含着先秦以降的历代思想,究竟中学是先秦诸子学,还是汉代谶纬儒学? 或是清代以前都是中学? 那么到底什么是中学呢? 这些不同很容易在线性的连续与非连续性考察视角中被忽略,因此我们必须重审所谓连续性与非连续性考察视角的正当性,在过去基于人力限制无法获取巨量复杂史料,只能选精集粹式地收集与分析史料,自然容易得出历史是连续性与非连续性的观察结果,然而在数字时代的大数据视野中,就可看出连续与非连续性考察视角的不足,因此未来在大规模数据视野下,研究者必须调整研究视角,因为从大规模论述史料中可见古今中外的思想是同时汇聚一处的,不是以连续

---

① Paul A. Cohen, *Discovering History in China : American Historical Writing on the Recent Chinese Past* (New York: Columbia University Press, 1984).

② 关于德勒兹的"皱褶"理论,详见高宣扬:《当代法国哲学导论》(台北:五南图书出版,2018),页 431—433。

性或非连续性,而是以复杂共振的方式存在。如在近代的新文化有机体中,可见其同时吸纳了先秦儒学、汉代儒学、魏晋玄学、唐代佛学、宋代理学、明代心学等思想,而在连续性与非连续性角度考察之下,就容易将谈及这些的内容都视为"中学"而产生连续性的认识,然而实际上理学与心学在学理上是有所冲突的,玄学与佛学也有本质上的差异,但在连续性框架下就容易被同视为"中学",而出现"连贯性神话"①的问题。

基本上,近代的新文化有机体是众多立场不同、观点各异的知识人在各自立场下的选择与融通后完成的,就如同复杂的"皱褶"一般,无所谓连续性与非连续性。古今中外所有知识都是时空错位地在近代被知识人"皱褶"在一起,原先根本不会相遇的思想都在"皱褶"中复杂地交错,而研究者由于无法凭人力取得乃至驾驭巨量复杂的"皱褶"历史,因此只能使用降维化约的视角从线性的连续性与非连续性角度去揭示与掌握不整体的历史。不过,如今凭借数字技术,我们已能在大规模数据中通过远读看见那复杂的"皱褶"历史,如本书通过人机共读所看见的"道"概念,其中交杂了先秦原始儒家之道、汉代天人合一之道、宋明理学与心学之道,以及西方达尔文天演论、斯宾塞社会进化论、泰西生物学、伦理学、心理学等等思想,上述思想不分古今中外与时间顺序,全都"皱褶"在近代"道"的概念中,时间向度纵跨数千年,空间范围包含全球,在这样的"道"的概念中,连续性与非连续性的框架似乎是难以成立的。

据此,本书基于过去前辈学者在"道"的连续性与非连续性面相的观察基础上,主张应转向从"有机性"面相进行重审,亦即近代知识人追求的"道的近代转向"是通过"天"概念的收敛与转化、"公"概念的扩大与反噬,以及"人"概念的觉醒与群化三种思潮转变同时有机共振完成的。通过有机式视角的考察结果,可补足与修正前辈学者在考察中国近代"道"的概念发展时,基于连续性与非连续性视角提出的"天道"与"人道"二元断裂论述的不足,并指明其中的有机盈虚消长机制。本书从中国近代"道"的概念发展过程中提出概念发展的有机性视角,可修正过去"连续性/非连续性"的思考框架,避免线性思考造成一种概念发展必

---

① 斯金纳指出"连贯性神话"是指"为了发掘出最大限度的连贯性,可以忽略作者本人有关自己行为意图的陈述,甚至可以将所有那些不利于他们思想体系连贯性的著述忽略不计"。本书在此处引申指出研究者为了符合连续性与非连续性论述框架,可将超出框架的材料忽略不计,或是忽略连续性内部存在的差异因素的问题,这也是一种连贯性神话。参见 Quentin Skinner,"Meaning and Understanding in the History of Ideas," in *Visions of Politics*, Vol. I, *Regarding Method* (Cambridge: Cambridge University Press, 2002), pp. 57 - 89.

是基于新陈代谢或思想的连续性与非连续性规律的偏差认识,从而片面地认为中国近代"道"概念的思想转型就是"天道"概念完全代谢后,"人道"概念完全取代的过程。以后来历史加以验证,"天道"概念并非完全地线性代谢,只是在当时的历史语境中,在"道"概念的有机盈虚消长机制中稍微消隐,事实上,与博物馆化相对应同时发展的,是"天道"仍以一种民间叙事的方式坚定地存留在中国的文化语境中,如"天道酬勤"等,而由上即可见以有机式全面观照视角修正连续性与非连续性观察视角的必要性与重要性所在。

其三,有关"公"的意义及"公"与"天"的概念关系问题。

近代中国在"积私以为公"的思想于明清以降蓬勃发展,以及国际外交事务日益增多而使用《万国公法》等内外思想语境脉络酝酿下,逐渐在传统中国的"天道"与"人道"之外发现了"公道"概念。而近代"公道"概念并非传统意义,而是"道"的概念在"皱褶"进西方近代"权利""公利""个人""社会""世界""正义""平等"等概念后形成的新的"公道"概念。本书通过人机共读,在"天道"与"人道"之外发现"公道"概念,并指出其在近代中国"道"的概念系统中的重要性,提出中国近代"道"的概念系统乃是由"天道""公道""人道"三个主要概念组织架构而成并具备了有机的盈虚消长机制。

过去学者亦曾讨论过"公"的概念史。如金观涛与刘青峰先生在研究近代"公理"概念时曾归纳其四种用法:一是代表超越中国原有天理的公共普遍之理,二是以中国传统天理去谈公理,三是偏离道德领域而指社会达尔文主义或不属于道德的正当性如个人权利等为公理,四是代表新道德或是道德化极强的社会道义如平等、革命。以上除指示出传统"公"的概念类型之外,还展现出"天"与"公"的概念在古代具有的一种奇妙张力,带有"一致"与"冲突"的双层结构。一致性的方面如沟口雄三指出"公"的概念具有道义性,具有以共同体的共同伦理为基础的伦理性,"公"是对独占、利己的"私"而言的分配的公平、均分,而这样的"公"的理据来源就是"天",基于"民所欲,天必从之",天的均平思想是"公"的概念生成的背景,展现出中国原理性的公理主义式的"公"的概念,后来近代中国知识人将中国传统重视连带性(人际关系、网络)的"天下公"塞进近代领域性的"国家公"的框架中,故近代"公"的概念具有传统中"以天为公"的思想。① 而冲突性方面如金观涛与刘青峰先生指出,"公理"是超出个人与家庭的公共普遍之理,但

---

① 沟口雄三著,郑静译,孙歌校:《公私》,《中国的公与私·公私》(北京:生活·读书·新知三联书店,2011)。

私领域的父子关系却是整个人伦道德社会秩序的基础，是最普遍的道德秩序，是中国文化中的公共普遍之理，那么，社会秩序为家庭关系的延伸，社会正义便是由个人道德与家庭伦理等"天理"中推出，故此时若引入另一种代表公共之理的"公理"去处理社会问题，就可能颠覆"天理"，因此士大夫很少使用可能与爱有等差和长幼有序的"天理"（儒家伦理）相对的"公理"，"公理"多为平民使用。① 后来到了近代，虽然晚清立宪派在中西公私二元论框架中用"公理"概念作为公领域事务的合理性论证，但偶尔也会不由自主地使用传统常识理性结构去使用"公理"概念，使得"公理"概念潜存着道德化倾向，展现出如用道德合理性去论证社会达尔文主义、个人权利等正当性或是平等与革命等新道义的现象。② 本书在研究"公道"概念之后除发现其与"公理"概念一致，也具有与"天道"概念"一致"与"冲突"的双层结构以及潜在道德化倾向外，还想进一步补充指出，在中国传统"以天训公"之说法中应当注意"心"的概念的重要性。本书通过研究发现，正因具有"心"这个概念桥梁，连接"天心"与"公心"，才能使"天道"与"公道"、"天理"与"公理"具有一致性而不相冲突。就此亦可见从"概念桥梁"视角出发确实可深化学界关于"公"与"天"的概念关系的相关讨论。

其四，有关"道"的失能与复归，兼论思想结构问题。

此前的学者虽然已经勾勒并提出中国近代"道"的概念发展系谱，但却未深入讨论"道"的概念在近代转型后对中国原生语境的冲击，以及当时知识分子面对近代思想转型期中"道的失能"现象的回应。这两个层次的讨论正是目前中国近代"道"的概念研究上亟待补足之处。

本书基于金观涛、刘青峰两位先生关于近代儒学价值逆反的理论，由"道"的概念研究出发，观察到近代知识人在面对"天道""公道""人道"概念失能的语境下，逐步产生价值逆反，最终接受共产主义的发展历程。中国近代"道"的概念是在一个混生演绎的文化镶嵌语境下发展而成，是基于中国传统的"天""公""人"三个本土观念资源慢慢形成，在面对国际失信的情况下所产生的对"天道""公道""人道"概念价值逆反的结果并非线性代谢，不是对旧"道"逆反后就线性代谢掉旧"道"而完全接受新"道"，而是在逆反后引起中国"道"的概念产生有机盈虚

---

① 金观涛、刘青峰：《"天理"、"公理"和"真理"——中国文化合理性论证以及正当性标准的思想史研究》，收入《观念史研究：中国现代重要政治术语的形成》（北京：法律出版社，2010），页45。

② 金观涛、刘青峰：《"天理"、"公理"和"真理"——中国文化合理性论证以及正当性标准的思想史研究》，收入《观念史研究：中国现代重要政治术语的形成》（北京：法律出版社，2010），页55—56。

消长,使在国际公领域中不管用的"天道"概念消停萎缩,管用的"公道"乃至"人道"概念成长勃发,因此就有机盈虚消长机制而言,没有什么东西消灭,都只是暂时消退,等到新的时代命题出现,有机盈虚消长机制又会启动,运转着各种化生之"道"以回应时代新命题。本书通过延展"价值逆反"理论,提出应从"二元代谢式逆反"转向"有机盈虚消长式逆反"的思考框架,这样的观察视角会更为立体与全面,方能看出"天道""公道""人道"概念并未因失能而消失,而是在盈虚消长机制中理随势变地等待着新时代命题的需要而复归。

过去研究者在讨论中国近代思想结构时,或从线性视角提出"由天到人"的世俗化转型结构,或从理想与现实层面提出近代思想的"双层结构",从本书研究结果来看,皆可进一步深入探讨。

张立文曾指出中国的"道"分"天道"与"人道","天道"是指世界的存在及其形式,以五行—阴阳—道器—心物为主轴与内涵,"人道"则指人的价值观、伦理道德等,是以心性—仁义—名实—王霸等为主轴与内涵。[1] 而段炼认为以"由天到人"即可指称中国终极价值的现代转型,如其指出从儒家道德的内在理论来看,"天道"是超越世界和德性的终极来源,但在"公理"世界观逐步形成以及社会进化论的引入下,儒家道德的德性伦理("仁")与规范伦理("礼")逐步瓦解,这促使传统儒家道德价值的超越之源"天道"被科学的、进化的理性尺度所取代,而产生一世俗化倾向,终极价值从超越的源头("天")转向由"人"的世界所裁定。[2] 本书经由研究所得,首先修正前面学者的说法并加以补充,指出"天道"与"人道"概念不仅止于如上述所谈的传统论述结构,在近代泰西伦理学传入中国后,纳入了如自由、平等、正义、社会主义等西方现代性概念,形成一套近代"天道"与"人道"的概念论述;其次,反思前辈学者认为中国近代知识人都想追求"人的觉醒",因而产生的激进式"人道"概念史书写模式,本书从"天道""公道""人道"概念研究中得出,"道"的概念发展是一种渐进的有机盈虚消长形态,亦即由"天"到"人"的过程中,还有"公"的概念作为转折枢纽,并非一步到位地由"天"至"人"直线发展,而是"天""公""人"三者有机共振、盈虚消长,就此本书修正、细化并扩充了中国近代"道"的思想转型结构,从线性结构转为有机结构。本书主张有机性框架才是更为准确理解中国近代思想转型结构的框架。

---

① 详见张立文:《中国哲学范畴发展史·天道篇》(北京:中国人民大学出版社,1988)与《中国哲学范畴发展史·人道篇》(北京:中国人民大学出版社,1995)。

② 段炼:《世俗时代的意义探询——五四启蒙思想中的新道德观研究》(台北:秀威资讯,2012),页44。

　　而在张灏先生提出的近代思想双层结构理论中，理想与现实是倾向于矛盾与冲突的，但本书从中国近代"道"概念的总体发展中看到，理想与现实并非分裂的矛盾与冲突的双层结构，而是呈现出一种"在现实基础之上追求理想"的中国式现代化规律，正如西方近代"人道"概念主要是从"工具理性"出发追求一种保障人类最大幸福的秩序，但中国式现代化论证结构不会全面地以"工具理性"去认识"人道"概念，而是主张基于人道的程序正义去追求其上作为实质正义的人道之道德。就此而言，以基于西方二元式思考的双层结构论述框架去讨论中国近代思想结构是不够全面与周延的，因此本书主张应当采用中国传统"理在气中"的思维框架去讨论中国近代思想结构，如此才能理解"价值理性体现于工具理性"之中的中国式现代化论证结构，从这样的中国式现代化规律框架出发，才能真正理解中国人的合理性论证方式。"道"的概念正是基于"理在气中"的中国式现代化规律，方能具备传统道德与近代正当性双层合理性的结构。

　　而通过对"道"概念的近代转型过程的研究，结合前辈学者的讨论，可以看到中国近代思想转型的动力所在。"道"的概念确实经历了如林毓生指出的意识形态化以及王汎森指出的主义化现象，因此才会有"人道"概念结合"主义"概念再现为"人道主义"概念，并在"五四"前后大量涌现的现象；与此同时，"道"的概念也经历了许纪霖指出的政治化与罗志田指出的激进化现象，这才可见"道"的概念不再如传统中国只在天理心性与仁义道德上谈，而能成为立宪、革命等政治运动与新文化运动等社会运动的动力根源，并成为不同阵营互相攻击时必定援以作为自身合法性论证时的根据。至于前面提到许纪霖主张的中国近代道德观有道德世俗化的趋势，这思潮也影响了"道"的概念不再只是要求人们遵守道德伦理，更多地是以追求自身世俗利益与快乐为根本价值。总结而言，从"道"概念的转型与变迁研究中，确实可见意识形态化、主义化、激进化、政治化、世俗化等现象，这是中国近代思想转型期中无可回避的五种重要思潮力量，也是中国近代思想转型中的主要结构。

第三节　"数字概念史"方法论的确立

　　为何概念史研究方法的数字转向是必要的？这个问题要从"想象未来"去解答。在当前数字时代，数据量正以惊人速度增长，如据 IDC 公司统计，在 2011年全球被创建与复制的数据总量为 1.8ZB，已远远超过人类有史以来所有印刷材料的数据总量 200PB。[①] 而根据意大利 PXR 研究机构数据统计,2020 年全球范围内创建、捕获、复制和消费的数据/信息量为 64.2ZB,并预估 2025 年全球数据总量将超过 181ZB。虽然全球数据总量只有 2% 会被存储并于未来可见,但对于人文研究者而言已是天文数字。[②] 因此未来的史料都将是数字化史料,近代史料目前已大量数字化并且这一工作仍将继续进行,即使古代史料也将全面数字化,我们终将走入一切皆数字的世界。在旧文本不断地被数字化、新文本的膨胀速度难以想象之下,未来人文研究者若不凭借数字方法,必定遇上无法通读史料的问题,甚至连选精集粹式地选择重要文本也有困难,因为重要文本的产生速度也会随着数字技术的精进而日益加快,这就是概念史研究方法必须进行数字转向的必要性。

既然概念史的数字转向具有如上的必要性,那么,为何德国的概念史理论在经历语言学转向之后,并未进一步进行数字转向? 这是因为德国概念史家没有跨领域到计算机与统计领域,没有深入地进行概念史理论方法的创新思考工作,然而中国学者早在 20 世纪 90 年代就开始尝试词汇—概念计算的"数据库方法",主张以关键词为核心进行思想概念的研究,这即可视为中国数字概念史方法的源头,至今已开展了长达二十余年的探索。[③] 本书通过数字人文方法视野研究中国近代"道"的概念史,在德国概念史理论基础上提出新的理论方法,基于"概念词族""概念网络""概念桥梁""概念间性"等研究视角,提出了一套结合定量数据线索与定性人文分析方法共振循环分析诠释的数字概念史理论方法,能有效地深化并推进既有的概念史理论。

结合一亿余万字的近代思想史语料进行大数据文本挖掘和可视化呈现,从概念层面对思想概念的转型与变迁进行学术探讨,不但可以从宏观视野勾勒出中国近代"道"的概念转型与变迁样态,归结出"道的现代性",还可打破前人基于人工阅读分析而易于滑入线性史观和二元框架的困境,深化历史研究的视角与向度。本书通过"天道""公道""人道"三个概念史研究案例,除证明了数字概念

---

① The 2011 Digital Universe Study:Extracting Value from Chaos, International Data Corporation and EMC,June 2011;李国杰、程学旗:《大数据研究:未来科技及经济社会发展的重大战略领域——大数据的研究现状与科学思考》,《中国科学院院刊》2012 年第 6 期,页 647;钱志新:《数据大金矿》(南京:南京大学出版社,2013),页 1。

② 见栾晓曦、赵易凡:《全球数据量井喷但存储量只占 2%》,《产业转型研究》2022 年第 12 期。

③ 见金观涛、刘青峰、章清:《中国现代政治观念形成的计量研究》,《近代中国史研究通讯》第 28 期(1999 年 9 月),页 77—99。

史方法具有处理大数据文本的能力外,还要呼应莫莱蒂提出的远读理论,证明即使是小数据研究亦能发挥数字人文方法之所长。[1] 基本上,一般想法大多仍认为,数字人文研究在处理大规模数据时才能体现出其有效性,然而,本书想指出,数字人文方法除具备处理大规模数据的优势外,在处理小规模数据时也具有优势,亦即即使是处理一本书或一篇文章或者几百条材料,数字人文方法亦能通过其擅长复杂计算的能力,展现出小数据中的复杂结构,这是人工分析所无法完成的。例如本书研究的"天道"概念虽仅有 800 余条材料,通过人工阅读分析,仍能勾勒出"天道"概念在近代的发展轨迹。但人工阅读分析所无法意识与掌握到的,是"天道"概念在百年中与众多概念间的复杂分合情况。如同本书通过机器阅读后所勾勒出与"天道"概念共现的前 10 高频共现关键词,乃至扩展至共现的150 个关键词,及其在百年时间序列中的各时间点发展与彼此间的集群现象,以及基于上述复杂考察后所得出的"天道"论述在近代的归拢整并与有机盈虚消长轨迹,这些都是机器阅读视野优于人工阅读视野,以及运用数字人文方法处理小数据亦十分有效,能给出人力所不能提出的观察视角的明证。

　　本书通过机器阅读找出"道"的核心概念及其关键词语料后,结合人机共读的方法即可全体掌握数据中的复杂系统与演变现象,这是人工阅读视野难以发现的信息,也是纯粹依靠技术无法触及的人文分析内核。而本书通过计算得到数据线索后,即可进一步结合剑桥学派思想史方法,通过数字人文的共读视野,回到语料中去分析,关注近代知识人使用"天道""公道""人道"论述时的"以言行事"与"以言取效"层面的意涵,通过方法融合即可避免仅看数据进行量化解释时可能导致的历史扁平化问题,可呈现出概念发展历史中的厚度,使得历史中的概念、论述与行动间的丰富性得以展现。由上可见,数字概念史方法可以帮助研究者同时具备宏观、客观和微观的视角,发现更为长时段、更为复杂、更为系统有机的概念发展机制。

　　正如前述指出的,本书认为以往所谓的连续性与非连续性考察视角实际上根本无法趋近历史真实,德勒兹的"皱褶"式的考察视角似乎更为适当,但要进入"皱褶"考察前,首先必须打破线性单一的选精集粹式的史料收集模式和研究者主观有限经验的认知结构。因为过去采用人工选精与集粹史料的方式进行研究,受到所收到资料结构的限制,就易于滑入连续性与非连续性二元框架式的分

---

[1]　关于莫莱蒂的说法,可参见 Franco Moretti,"Conjectures on World Literature," *New Left Review* 1（Jan. 2000）, pp. 54 - 68；Franco Moretti, *Distant Reading*（London：Verso,2013）.

析讨论。然而通过机器阅读,以大规模样本为研究对象进行远读时,就能发现在长时段复杂史料中,根本不存在所谓连续性与非连续性的二元与线性结构,而是复杂的"皱褶"现象,而数字概念史方法擅长处理复杂史料,正是一种能呈现"皱褶"式的历史考察视角的最好方法。除了能以"皱褶"视角趋近真实历史外,运用结合语言与数字转向后的数字概念史方法能进入单句之下,回到单词,可有效避开作者的主观阐释与修辞遮蔽,最后发现历史真实,就此即可回应后结构主义史学家提出的难以从文本中找到文本作者真实意图,因为语言会在超越单句层面之上的词语系统与叙事中发挥作用,影响研究者观察的问题,正因数字概念史观察的是单句之下的单词,故可避开文本词语系统的修辞遮蔽,可照见文本表层之下的真实。

而中国的数字概念史研究法的重要性,还在于解决了过去历史学因为没有证据可以证明,因此无法找到思想演变内在逻辑"Y 导致观念 X 演变为观念 Z"的问题。运用数字技术可以实现语言学与哲学交会后所提出的研究视角:当一普遍观念在历史上曾经存在并且转化为社会行动时,一定可以找到语言学证据,因为任何观念表达流传后成为社会普遍观念,都离不开语言。通过数字技术得以计算表达有关观念的关键词的使用频度,得以突破人力限制,找到千万条语言例证去证明分析的可靠性,也得以突破语种限制,从多语种文本分析中得到思想传播演变的轨迹。研究者可通过关键词统计分析去寻找历史上存在的普遍概念出现及其变迁的语言学证据,借此勾勒与验证概念史发展轨迹。[1] 凭借计算机技术,概念史研究者终于得以掌握多元复杂的概念间的互动关系。而数字转向作用于历史研究,为趋近"真实的历史"提供了可能,我们可以预判,面向未来的人工智能转向必可进一步拓展历史研究的视野,概念史、思想史、文化史乃至物质史之视域皆可融通,带来"完整的历史"研究新境界。

如 20 世纪 80 年代,新文化史家林·亨特(Lynn Avery Hunt)在《法国大革命中的政治、文化和阶级》[2]一书中提出有关革命词汇考察的主张,认为通过日常言谈中大量增加的言辞,可以观察动荡的革命局势,例如伴随法国国王在社会中的神圣地位开始衰落,与王权、贵族和旧制度有关的名词成了禁忌。然而,彼时的研究者只能通过人工阅读找出伴随王权而衰弱的旧制度名词,观察其消长;

---

[1] 见金观涛、刘青峰:《历史的真实性:试论数据库新方法在历史研究的应用》,《清史研究》2008 年第 1 期,页 90—108。

[2] 原名 *Politics, Culture, and Class in the French Revolution*,中译本由汪珍珠译,华东师范大学出版社(2011)和北京大学出版社(2020)先后出版。

如今凭借本书提出的数字概念史方法，就可通过机器阅读长时段、大规模的史料，找到更大规模的衰落消失的旧制度相关概念词，更具规模与更明确地指出王权衰落的关键年代，二者结合得出的方法论，可以帮助今天的历史学者从词汇的角度观察任一重大历史变革的分期与语言面貌。[①] 而通过大语言模型所揭示的人工智能技术，可以想见未来不仅可以从文本词汇的层面观察"概念"与"言谈"，甚至可以超越"史料"限制，提供跨媒介的全数据，涵盖更为完整的历史时空，届时更可突破书写与言谈、精英与庶民的定性分野，发现更趋近历史的真实。

另外，近来有人曾尝试运用谷歌新闻数据集/COHA（美国历史英语语料库）上训练的标准谷歌新闻词向量（Google News word2vec Vectors，11）作为词向量训练集，分析现当代的性别和种族刻板印象，以 10 年为单位，一共有 9 组，并设定比对组，使用 GloVe 算法在 1988 至 2005 年的《纽约时报》标注文本中训练词向量。在研究关于亚洲人的刻板印象问题中，通过词向量计算方法，客观定量地证明了对 20 世纪亚裔美国人的刻板印象是如何发展和变化的。研究发现，在 1950 年之前与亚洲人联系最紧密的形容词是野蛮、可恨、可怕、怪异和残忍等极度负面的词，而在 1950 年以后，特别是 20 世纪 80 年代，随着美国亚裔人口的增加，这些词在很大程度上被敏感、被动、自满、活跃和热情等取代，由此显示了社会上对亚裔美国人刻板印象的转变。[②]

由上可见，数字技术确实可帮助研究者更高效、多元、长时段地描述与掌握历史现象。而随着大语言模型的推出及其惊人的迭代效果，可以确信，人工智能正是数字概念史研究方法未来的主要发展方向，正如前述这类词向量方法的概念关键词计算，未来即可通过人工智能协助进行快速计算，得出的向量词汇概念，乃是德国概念史理论中所未见的概念类型。而通过图像与媒体识别得出的概念具象化计算结果，也是传统图像学研究方法中所未见的。这些人类能够解释甚至是无法解释的计算结果的意义到底指向何方，将是一个非常重要的问题，甚至可能会决定历史研究理论的新方向。

从本书研究中可见，通过运用数字概念史方法，除得以验证、修正过去的研

---

① 关于林亨特通过言词进行法国大革命的相关研究，参见 Lynn Hunt, *Politics, Culture, and Class in the French Revolution* (Berkeley and Los Angeles: University of California Press, 1984), pp. 19 - 51.

② N. Garg, L. Schiebinger, J. Dan, et al., "Word Embeddings Quantify 100 Years of Gender and Ethnic Stereotypes," *Proceedings of the National Academy of Sciences of the United States of America*, 2018, 115(16), pp. 3635 - 3644.

究成果外,还能更进一步提出新的研究成果乃至树立问题意识。[1] 未来还可望在数字方法的帮助下,采用多语种的自然语言处理技术,建立多语种的概念史数据库平台,进行全球概念史比较研究,甚至还能期望通过日益迭代的人工智能技术,发现更多元面相的概念研究新视角与新视野,这样崭新的宏观与复杂的概念研究,唯有在数字方法的协助下才能完成,而这正是数字概念史方法确立的合理性与必要性所在。

---

[1] 参见邱伟云:《验证、修正、创新:数字史学方法的三重功能》,《南京大学学报》(哲学·人文科学·社会科学)2019 年第 2 期,页 87—90。

图书在版编目（CIP）数据

道不远人：中国近代"道"概念的盈虚消长/邱伟
云著. —上海：中西书局,2023
　　ISBN 978 - 7 - 5475 - 2130 - 4

　　Ⅰ.①道… Ⅱ.①邱… Ⅲ.①道—研究 Ⅳ.①B2

中国国家版本馆 CIP 数据核字(2023)第 130625 号

道不远人：中国近代"道"概念的盈虚消长

邱伟云 著

责任编辑	邓益明	
装帧设计	黄　骏	
责任印制	朱人杰	
出版发行	上海世纪出版集团	
	中西书局(www.zxpress.com.cn)	
地　　址	上海市闵行区号景路 159 弄 B 座(邮政编码：201101)	
印　　刷	上海商务联西印刷有限公司	
开　　本	700 毫米×1000 毫米　1/16	
印　　张	14.5	
字　　数	246 000 字	
版　　次	2023 年 12 月第 1 版　2023 年 12 月第 1 次印刷	
书　　号	ISBN 978 - 7 - 5475 - 2130 - 4/B · 123	
定　　价	80.00 元	

本书如有质量问题,请与承印厂联系。电话：021 - 56044193